관점의 차이와
변화를 중심으로 쓴

# 교육철학 및 교육사

| **윤재흥** 저 |

PHILOSOPHY AND
HISTORY OF EDUCATION

학지사

# 서문

'교육철학 및 교육사' 과목을 강의하면서 나름대로의 생각을 정리해서 같은 제목의 책을 낸 지 벌써 5년의 시간이 흘렀다. 그동안 강의를 통해 학생들과 대화하면서 여러 부분에 걸쳐 부족함을 느끼게 되었다. 조금씩 고쳐 쓰고 또 보완할 부분들을 보완하다 보니 생각보다 많은 부분을 고쳐 쓰게 되었다. 전체적인 체계와 논점은 바뀌지 않았지만 모든 내용을 다시 검토하고 많은 내용을 보완하고 수정하였다.

그렇지만 '인간과 교육에 대한 관점의 다양성과 변화'를 중심으로 교육의 철학과 역사를 재구성해 보려는 기본적인 의도는 이번에도 그대로 적용되었다. 이 책은 교육철학 및 교육사를 각 철학적 입장과 시대의 주도적인 관점과 관련해서 다루고 있다. 교육은 인간을 키워 주는 활동이다. 인간과 인간이 만나고 대화하고 어울리면서 서로에게 영향을 주고받으며 그 과정에서 성장하고 변화해 가는 것이 교육이다. 여기에는 인간과 교육을 이해하는 사람들의 관점이 개입된다. 그리고 그 관점이 어떤 것이냐에 따라서 교육은 달라진다.

한 시대의 사람들은 그 시대의 관점 안에 머물러 있다. 한 사회에 속한 사람도 그 사회의 주도적인 교육적 관점 안에 머물러 있다. 이 책에서 우리는 특정한 관점이 어떤 시대와 결합해서 그 시대의 교육과 사람, 사람들의 삶을 어떻게 바꾸고 영향을 주었는지를 살펴볼 것이다. 이를 통해 다른 시대의 사람들이 갖지 못했던 통찰을 갖게 되기를 바란다. 이와 같은 방식으로 우리는 이 책에서 다양한 관점을 만나 대화할 것이고, 그 결과로 이런 관점을 상대적으로 비교하고 평가할 수 있는 눈을 갖게 되기를 기대한다.

비교의 눈은 매우 유용하다. 우리는 다양한 관점을 다루면서 비교를 통해 각각의 관점이 가진 장점과 단점을 파악할 수 있다. 어떤 특정한 하나의 관점이 교육을 주도하면서 사람과 교육을 왜곡하고, 결과적으로는 비인간화하는 것을 이해하고 그것을 비판할 수 있는 비판의 눈을 갖게 될 것이다.

비교 · 비판의 눈과 더불어 가질 수 있는 또 다른 장점은 사람과 교육을 보는 시야가 확장될 수 있다는 것이다. 이를 통해 우리의 학생과 자녀들이 가진 다양한 가능성을 볼 수 있게 될 것이다. 결과적으로 남들이 보지 못하는 잠재 가능성과 장점을 파악하고 이를 키워 줄 수 있는 커다란 새로운 가능성을 갖게 되기를 기대한다.

인간 삶의 역사가 끊어지지 않는 한 관점들은 변화해 가고 교육도 변화해 간다. 그러므로 우리는 인간에 대한 공부와 관점에 대한 공부를 중단할 수 없다. 끝없이 등장하는 새로운 삶의 문제, 교육의 문제, 우리의 학생들이 가진 또 다른 새로운 가능성을 위해서 인간과 관점에 대해 문을 열어 놓고 부단히 도전해야 한다.

이번에 많은 부분을 보완하고 수정하였지만 여전히 부족한 부분에 대한 아쉬움이 남아 있다. 시대별로 변해 가는 기본적인 관점들의 특징과 변화를 잘 짚어 내지 못한 부분들이 계속 마음에 남는다. 또 쉽고 간결하게 서술하기 위해서 도식적으로 대표적인 관점만을 부각하여 인위적인 느낌을 줄 수도 있다고 생각한다.

처음에 쓸 때부터 보완하고 싶었던 부분들을 이번 기회에 새롭게 쓰고 보충하였다. 무엇보다 한글의 창제와 보급에 대한 부분을 보완하였다. 아직 충분히 보완하지 못한 부분에 대해서는 기회가 되면 온전히 다시 쓰고 싶은 생각이 있다. 삼국과 부여, 발해 등에 대해서도 이번에 여러 부분을 고쳐 쓰고 보완하였다. 조선의 기본 관점으로서의 성리학은 다시 썼지만 여전히 부족함을 느낀다. 앞으로도 인접 분야의 연구 성과들을 계속 살펴보면서 지속적으로 보완해 나가려고 한다.

다른 장들도 보다 상세한 설명이나 예시가 필요하다고 생각하는 부분들을 중심으로 설명을 추가하였다. 서양의 고대와 중세, 르네상스 시대 등의 교육사와 이소크라테스, 아우구스티누스, 에라스무스, 프뢰벨 등 여러 사상가들에 대해서 설명을 추가하였다. 거의 모든 장에서 수정과 보완이 이루어졌다. 또 그동안의 세월의 흐름과 그에 따른 변화와 그것을 바라보는 나름대로의 생각을 추가한 부분도 있다. 학계의 연구동향이나 한국현대교육 등의 부분들이다. 학생들이 어렵다고 의견을 제시한 부분들은 조금 더 쉽게 쓰려고 노력했다.

막상 글을 마무리하려고 하니 많은 아쉬움이 남는다. 조금 더 공부해서 근본적으로 다르게 써야 하지 않을까 싶은 부분들도 남아 있다. 무엇보다 학생들의 반응을 듣고 더 많은 부분을 보완하고 싶은데 이번 기회에는 여기에서 마무리해야 할 것 같다. 부족한 부분에 대해서는 동료 학자들과 학생들의 많은 질책과 보완의 요구를 기다리며 지속적으로 보완할 것을 약속드린다.

2018. 1.

윤 재 홍

# 차례

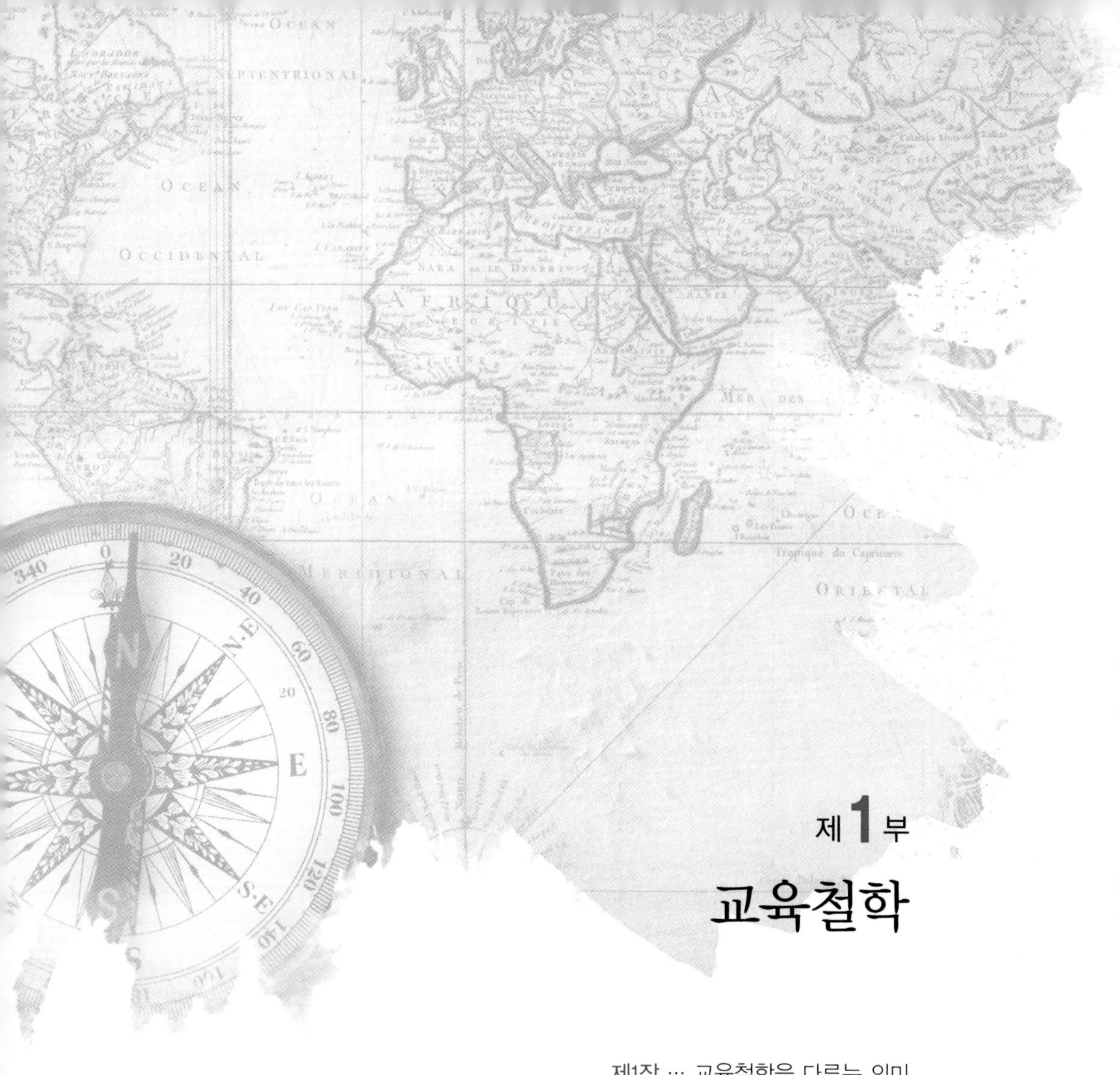


# 제 1 부

# 교육철학

# 제 1 장
# 교육철학을 다루는 의미

## 1. 예비교사로서의 대학생활의 의미

옛 사람들의 삶에서 삶의 장소, 곧 생활공간의 변화과정은 집에서 골목으로, 골목에서 마을로 그리고 마을을 벗어나서 넓은 세계로 확산되고 또 수렴되는 점진적인 과정이었다(윤재홍, 2004). 이는 삶의 과정의 변화가 공간의 변화와 함께함을 보여 준다. 공간의 변화는 인간 존재의 변화와 공간을 매개로 하는 관계의 변화를 의미한다. 또한 생활공간의 변화와 함께하는 삶의 관계 변화와 역할 변화를 의미하는 것이기도 하다.

집은 기존의 인간관계 안으로 태어나서 그 관계에 깊이 뿌리내림으로써 안정을 누리고 사람됨의 기본적인 본질을 습득하는 공간이다. 집이 있기에 인간은 세계 안에 그냥 던져지는 것이 아니다. 새들이 둥지에 태어나듯이 인간은 집이라는 안정의 공간 안에 태어난다. 집이라는 질서 지어진 세계, 안정된 둥지, 어머니의 품 안으로 태어나는 것이다. 집이 안정의 공간이라면 집을 안락하게 만드는 것은 집에 함께 거주하는 가족이다. 집에 태어난다는 것은 가족 안으로 태어난다는 것과 같은 의미이다.

어머니의 공간인 안방에서 어느 정도 성장하면 어린이들은 마당으로 나간다. 마당은 집 안에 있으면서 일정하게 바깥세계에 열린 공간이다. 마당은 안과 밖이 공존하는 중간세계적인 특징을 가지고 있다. 마당을 나서면 만나게 되는 골목 또한 중간세계적인 특징을 가지고 있다. 안과 밖에 대비적으로 존재하는 마당과 골목이라는 중간세계에서 안과 밖의 세계가 교차되고 교류한다. 마당과 골목에서 어린이들은 집 안에서의 안정된 관계에 기초해서 바깥세계와의 관계를 조심스럽게 모색한다. 집이 주는 절대적인 안정에 기초해서 인접한 공간과 질서를 향해 조심스럽게 초보적인 탐색을 실험한다. 마당과 골목은 그래서 대표적인 어린이의 공간이다.

마을은 어린이의 공간인 마당과 골목에 비해서 청소년의 공간이라고 할 수 있다. 그 안에서는 집의 질서에 얽매이기보다는 전승되어 온 공동체의 문화가 더 중요한 의미를 갖는다. 또한 또래집단이라는 세대공동체의 문화가 지배적 규범이 된다. 마을 안에서 집을 초월하는 더 큰 공동체의 질서를 경험하고 보다 폭 넓은 관계 안에서 자신을 성장시키게 된다. 지역공동체로의 편입과 더불어 새로운 질서를 향한 보다 폭넓은 도전과 탐색도 마을과 또래를 매개로 이루어진다.

어린이의 삶은 이미 만들어진 기존의 관계 안에 자신의 존재를 정착시켜 가는 과정이다. 인간으로 태어난 것 그 자체가 이미 가정이라는 기존의 질서 안으로 태어남을 의미한다. 어린이는 가정의 문화 안으로 태어나서 그 가정의 질서에 자신을 동화시켜 간다. 그러므로 어린이의 탄생과 성장은 가정을 중심으로 하는 기존의 질서 안에 정착하는 것이요, 그것에 뿌리내림으로써 자신의 존재를 만들어 가는 과정이다.

청소년기의 삶은 가정이 주는 존재의 안정에 기초하고 있다. 가정의 안정이 만들어 주는 자신감에 기초해서 조심스럽게 이웃과 친숙한 세계 안에서 새로운 삶과 질서를 시험하고 모색하는 과정이다. 이 시기에는 새로움에 대한 끝없는 동경과 달콤하고도 은밀한 탐색의 즐거움이 있으며, 숱한 도전에서 오는 실패의 아픔도 있다. 성인들의 사회는 이들의 미성숙함을 고려하고 또 이들이 수행하는 모색적인 활동이 갖는 새로운 시대에 대한 창조적 기능을 고려해서 실수와 실패가 가져오는 혼란을 허용한다. 청소년기의 도전과 새로운 모색들은 책임이 일정하게 유보된 실험적인 도전이다. 어른들의 보호 안에서 기성의 질서 안에서 이루어지는 한정된 모색이다.

어린이와 청소년 단계의 삶이 일정한 정도로 성취된 후에 청년들은 넓은 세계로 나가서 자신의 삶을 새롭게 개척한다. 바깥세계는 더 이상 가정의 안정의 힘이 미치지 않으며 책임 없는 여유로운 모색도 허용되지 않는다. 바깥세계는 더 이상 안정의 공간도, 유보된 책임 속에 이루어지는 실험적 모색의 공간도 아니다.

세계는 이제 내가 삶 전체를 걸고 맞닥뜨려야 하는 현실이다. 세계는 이전의 누군가가 정돈해 놓은 질서이며 견고하게 자리 잡은 채 흔들리지 않는 기성의 질서이다. 다른 한편으로 세계는 새로운 세대의 창의적 도전을 기다리고 있으며 새로운 질서를 요청하고 있다. 다양한 새로운 시도들이 사회 전체에 새로운 활력을 가져다주기를 기대한다.

우리가 충분한 창의성과 창조의 능력으로 준비되어 있으면 이 세계는 나의 작품이 될 것이다. 그렇지만 준비 없이 세계 안으로 들어가면 우리는 타인의 질서 안에 편입되고 타인의 작품의 부품으로 전락한다. 기성의 질서 안에 끼워 맞추어지고 사용될 뿐이다. 혹은 무질서를 초래하는 무모한 시도와 좌절, 상처의 연속일 수도 있다. 무모한 도전과 실패는 개인적인 상처와 더불어 사회의 혼란과 무질서를 초래하기도 한다.

독일의 철학자 볼르노(O. F. Bollnow)는 그의 책 『인간과 공간(Mensch und Raum)』에서 "인간은 세계 안에서 자신의 관점으로부터 새롭게 질서를 만들어 간다."고 하였다(Bollnow, 1984). 모든 사람은 어떤 형태로든 이미 정돈되어 있는 세계 안으로 태어난다. 가정, 사회, 학교, 국가 등은 이미 이 세계를 살다 간, 그리고 현재 살고 있는 이들에 의해서 정리된 세계이다.

이미 만들어진 질서 안으로 동화되고 타인의 요청에 순응하는 것도 의미가 있다. 그러한 동화와 기존의 질서에 대한 순응이 사회의 안정을 만들어 내는 기초이다. 그러나 오늘날 우리의 교육, 우리들이 살아갈 삶의 터전으로서의 교육 현장은 '문제 있는' 곳이다. 기존의 질서와 규범이 이미 부적절한 것으로 판명되었고, 새로운 질서를 요청하고 있다. 따라서 교사와 예비교사들에게는 새로운 창조의 능력, 세계를 자신의 공간으로 새롭게 정돈하는 능력이 필수적이고도 시급한 과제가 되었다.

이와 관련해서 대학생활은 청소년기의 자유롭고 책임이 유예된 모색기의 마지막 시기라고 할 수 있다. 또 책임 있는 청년기의 삶을 출발하는 시기라고도 할 수 있다. 중 · 고등학교 시절을 통해서 자신의 삶에 대해 생각하고 어떻게 이 세계 안에서 자신의 삶을 세워 갈 것인지, 어떻게 기존의 질서 안에 자신의 질서를 새롭게 구축해 갈 것인지를 생각했다면 이 시기는 본격적인 출발이나 충실한 최후의 준비과정이 될 수 있다. 그렇지 않다면 이 시기를 통해 진실로 자신의 삶의 길을 깊이 생각해 보아야 한다.

물론 이미 주어진 질서 안에서 충실하게 살아갈 수 있다. 그것도 의미 있는 삶이다. 그러나 그것에 만족할 수 없고 무엇인가 문제의식을 갖고 있다면 어떻게 새롭게 이 세계를 만들어 갈 것인지를 깊이 고민해야 한다. 교육철학 및 교육사는 학생들과 함께 대화하며, 이에 대해서 생각하는 시간이다. 그 대화는 우리 공통의 관심사인 '교육'을 매개로 해서 이루어질 것이다.

대학은 이미 주어진 질서 안에 편안히 안주함을 떠나서 이제 자신이 책임지는 세계, 자신이 설계하는 인생, 자신의 질서를 새롭게 구축하기 위한 최후의 준비기간이다. 따라서 대학에서는 기존의 것에 동조하기보다는 새로운 질서를 창조하는 능력을 배우게 된다. 이를 위해 대학은 자유를 부여하고 있다.

청년기의 삶은 본격적인 자기 세계의 개척이요, 책임 있는 삶의 출발이다.

더 이상 관용이 허용되지 않는다. 독자적인 삶의 질서를 세우기 위한 새로운 도전과 시도는 힘겹고 위험한 모험이다. 그 모험의 성공은 개인적인 성취와 함께 사회의 변화와 발전을 가져다준다. 그렇지만 실패는 곧바로 삶과 그 삶에 깊이 연결된 내적 사람됨의 실패와 상처가 되고 만다. 적게는 한 시기에 걸친 실패이지만 크게는 삶 전체에 걸친 치명적인 실패가 될 수 있다. 특별히 많은 사람의 지도자일 경우 그 실패의 고통과 위험은 더욱 커진다.

교육을 담당하는 교사의 경우가 대표적인 예이다. 교사가 자신의 교육적 삶에서 실패할 경우 그것은 단순한 개인 교사 한 사람의 실패가 아니라 그의 교육의 울타리 안에 있는 수많은 학생들의 교육적 삶의 실패를 함께 의미하기 때문이다. 우리는 여기에서 교사의 무거운 책임을 알 수 있으며, 교육이라는 과업의 무게를 생각하게 된다.

교사가 되기 위한 예비과정에 있는 학생들에게 있어서 대학생활은 매우 중요하다. 우리나라의 교사양성과정은 대학을 졸업하면 곧바로 현장의 교사가 될 수 있는 체제로 되어 있다. 따라서 대학은 최종적인 교사예비과정이며, 더 이상의 연습은 없다. 그러므로 대학에서 준비되지 못한 교사는 부적절한 상태로 현장에 나가게 되고 부실한 교사가 된다. 실제로 오늘날 우리 교육의 현장에는 교직을 단순하게 좋은 직업으로만 생각하고 교사가 된 사람들이 만들어 내는 많은 문제들이 존재한다.

교직은 매우 큰 책임이 따르는 직업이다. 교사는 언제나 미성숙한 학생들과 마주한다. 그래서 교사가 하는 말과 행동은 성장과정에 있는 학생들에게 종종 결정적인 영향을 미친다. 교사와의 만남이 때때로 어떤 학생을 위대한 사람으로 만들기도 하고, 반대로 실패한 인생으로 만들기도 한다.

교사가 그의 지도를 받는 학생들에게 결정적인 영향을 미칠 수 있기 때문에, 그리고 보다 더 그 영향을 돌이키기가 힘들기 때문에 교사의 책임은 무한히 크다. 학생들에게 인생은 단 한 번의 기회이고 교사는 학생들의 인생을 성공으로 또는 실패로 이끄는 커다란 영향력을 가지고 있다. 따라서 최종적인 단계에서 교사가 되기를 희망하고 준비하는 예비교사들에게는 커다란 책임감이 요청된다. 일차적으로 교사로 살아갈 자신의 단 한 번의 삶을 위해서, 그리고 자신이 책임질 학생들의 단 한 번뿐인 삶을 위하여!

## 2. 왜 교육철학을 다루는가

철학은 본질을 추구하는 물음이다. 본질에 대하여 질문하면서 근본적으로 새로운 이해를 추구하는 것이다. 어떤 문제를 본질에까지 철저하게 이해해서 근본적으로 새롭게 보고, 새로운 방향으로 해결의 길을 열어가는 것이다.

교육철학은 교육의 본질을 추구하는 물음이며 시도이다. 교육현상이나 교육문제의 본질을 이해하기 위한 철저한 노력이다. 이전의 이해를 뛰어넘는 보다 본질적인 이해와 해결책을 찾기 위한 과정이라고 할 수 있다.

그리고 철학은 나와 지금의 현실의 절실한 문제에서 출발한다. 철학은 철저하고 근본적인 데까지 이르는 사유라 할 수 있다. 따라서 피상적이거나 먼데 있는 것에서 출발할 수 없다. 내게 가까운 것, 내게 절실한 것, 내가 중요하게 여기는 것에서 철학이 가장 분명하게 도출될 수 있다. 내게 절실한 문제일수록 깊이 생각하고 철저하게 탐색하고, 끝까지 추구해서 새로운 해결책, 근본적인 대안, 새로운 지평에 이를 수 있기 때문이다.

위대한 철인들의 철학들도 그들에게 밀접한 문제에서 출발했다. 우리가 아는 철인들도 그들에게 가장 절실한 문제들에서 출발했다. 자신들의 일상적인 삶에서 문제를 발견하고 거기에서 출발한 것이다. 오늘 우리에게 그들의 철학이 낯설게 느껴지는 것은 우리가 살아가는 일상, 삶의 맥락과 그들의 삶의 맥락이 서로 멀기 때문이다.

플라톤(Platon)의 관념론도 플라톤의 구체적인 삶의 문제로부터 나온 결과이다. 우리는 플라톤을 관념론의 대표자라 부른다. 그런데 철학이 현실의 구체적인 문제라고 한다면, 그의 관념론은 그러한 현실과 거리가 먼 문제가 아닌가?

그의 관념론은 현실을 초월한 '이데아'의 세계가 있어서 그 세계가 참되고 영원하며 불변하는 세계라는 것이며, 현실은 그 그림자에 불과하다는 것이다. 현실의 사람들은 참된 것을 보지 못하고 그림자와 허깨비에 현혹되어 살아간다는 것이다. 현실이 혼란스럽고 타락한 것은 이처럼 참된 것, 즉 이데아를 알지 못하는 데에 있다고 한다. 그래서 이데아의 세계를 보고 알게 되면 그 참됨에 따라서 현실을 개선할 수 있다는 것이 플라톤의 생각이다.

이러한 생각에 따르면 이데아를 보고 아는 것이 매우 중요하다. 그렇다면 이데아는 어떻게 보고 알 수 있는가? 일반적으로 모든 사람이 이데아를 볼 수 있고 알 수 있는 것은 아니다. 오직 이성의 본성을 많이 가지고 태어난 사람이 잘 교육받을 때 이데아를 인식할 수 있다. 이성의 훈련에 있어서는 '변증법'이 가장 중요한 과목이다. 이 변증법을 통해서 '이성'을 훈련해서 진리의 세계인 이데아를 인식할 수 있는 사람이 철인이다. 오직 철인만이 거짓의 세계인 현실에 존재하면서도 참된 세계인 이데아의 세계를 알 수 있다. 그렇기 때문에 참된 이데아를 인식한 자가 마땅히 국가를 통치해서 바로 국가의 질서를 만들어 가야 한다는 것이 철인왕(哲人王), 철인통치론(哲人統治論)이다(오인탁, 2001a: 319).

플라톤의 이데아론의 현실 연관성은 그가 왜 그와 같은 국가개혁론을 쓰게 되었는지를 알면 더 분명하게 드러난다. 알다시피, 플라톤의 스승 소크라테스(Socrates)는 아테네의 법정에서 사형선고를 받고 독약을 마시고 죽었다. 그런데 플라톤의 입장에서 보면 아테네는 사랑하는 그의 조국이다. 소크라테스는 그가 평생 사랑하고 존경한 스승이며, 자신이 귀족으로서의 기득권과 출세의 길조차 포기하고 따랐던 너무도 소중한 사람이다. 우리가 플라톤과 소크라테스의 사상을 서로 구별하기 힘들 만큼 이들 두 사람은 정신적으로 연결되어 있었다. 그러나 자신이 사랑하는 조국이 자신의 가장 사랑하고 존경하는 사람인 스승을 죽인 모순적이고 비극적인 상황이 플라톤에게 주어졌다. 그는 이러한 기막힌 상황을 어떻게든 해결해야 했으며, 그 치열한 모색의 결과가 '국가론'으로 나타난 것이다. 그 핵심이 이데아론이다. 그의 이데아론은 지극히 개인적이고 현실적인 문제의식에서 출발하였다.

플라톤의 이데아론은 현실과 이데아의 극단적인 대조를 특징으로 한다. 이데아의 세계가 참된 세계인데 반해 현실 세계는 아무런 진리도 포함하지 않고 있는 그림자요 허상으로 묘사된다. 현실 안에서 살면서도 그 현실 세계를 극단적으로 부정하는 새로운 관점이 이데아론에서 제시되었다. 그만큼 당시의 아테네의 현실에 대한 그의 문제의식이 심각하고 절실했음을 알 수 있다. 플라톤이 제시한 이와 같은 새로운 관점을 통해서 우리는 모든 현실적 교육에 대해서 진리라는 이상적인 기준으로 철저하게 비판하고 개선할 수 있는 길을 열 수 있게 되었다.

그렇다면 우리의 시대에 우리의 철학이 없는 것은 절실한 문제의식이 없기 때문이라고 판단할 수 있다. 이는 우리가 우리의 문제를 깊이 생각하지 않았기 때문이다. 혹은 무반성적으로 유행과 일상적 삶의 패턴 속에서 안주하고 영합하기 때문이라고도 할 수 있다.

우리는 앞에서 철학이 현실에서 출발하고 또 나의 문제로부터 출발하는 것임을 보았다. 철학이 본질과 근원을 탐구하는 것이고 그만큼 철저하고 포괄적인 접근이라면 '나'와 '지금'이라고 하는 전제조건은 필수적인 것일지도 모른다. 내게 절실한 문제, 지금 당면한 문제일 때 그것을 끝까지 추구하고 철저하게 탐색해서 새로운 차원을 개척할 수 있는 끊임없는 동력이 생길 수 있기 때문이다.

우리가 교육에 대해 혹은 교육을 철학하고자 한다면, 마찬가지의 맥락에서 다음과 같이 말할 수 있을 것이다. 즉, 교육이 나에게 의미 있는 일이 되어야 한다. 그것도 절실하게 의미 있는 일이 되어야 한다. 또한 지금 내가 살고 있는 현실 안에서 의미 있는 문제가 되어야 한다. 내가 교육을 철학하기 위해서는 교육이 나의 절실한 일이 되어야 한다.

그러므로 우리는 다음과 같이 말할 수 있다. 교육을 다만 직업으로, 생계의 수단으로만 생각하는 사람은 교육을 철학할 수 없다. 나름대로의 교육철학에 입각해서 자신의 교육을 세워갈 수 없다는 말이다. 남이 정해 놓은 방식, 유행, 모범을 따라서 교육할 수는 있어도 나름대로 의미 있다고 여기는 이상에 따라서 신명나게 자신의 인격, 존재, 삶 자체를 몰입해서 교육할 수는 없다는 것이다.

수단으로서의 교육은 마찬가지로 나의 삶을 도구화시키는 것이 된다. 교육을 단순한 직업으로, 돈벌이의 방편으로 여기는 것은 교육을 삶을 꾸려가는 수단으로 삼는 것이다. 따라서 그러한 사람이 교직에 종사하게 될 때 그는 자신의 삶 자체를 도구적 삶으로 전락시키고 만다. 자신의 존재, 혼, 꿈, 정열을 다해서 자신의 삶과 사람됨을 복되게 하고, 성장시키며 학생의 삶을 함께 성장시켜 가는 참된 교육, 생명이 있는 교육은 도구적 삶에서는 불가능하다. 그는 다만 자신의 직업을 도구화시킬 뿐만 아니라 그 직업으로 사는 자신의 삶 전체를 도구화시킨다. 뿐만 아니라 자신과 함께 교육의 다른 한편으로 참여하는 학생들의 삶도 도구화하고 마는 것이다. 오늘날 우리 교육의 문제와 혼란과 비참은 이러한 데에 큰 원인이 있다.

지나간 교육을 다루는 것은 오늘의 교육, 나의 교육을 세워 가는 데 바람직한 지침을 얻고자 함이다. 교육의 철학을 논하는 것은, 위대한 철인들의 교육이해를 알고자 하는 데 있기보다는 내가 교육을 철학하기 위함이다. 다시 말해서, 나의 삶에서 교육이 중심인지, 나는 나의 삶을 교육 안에서 실현해 가고자 함을 확신하고 있는지를 확인하는 일이다. 나의 현재와 미래의 삶과 사람됨을 생각할 때 언제나 교육을 함께 생각하고 교육이 핵심적인 문제로 부각되는지를 확인해 보는 탐색의 과정이다. 그것이 일차적인 과제이고, 그다음으로 나의 삶의 길인 교육을 위해서 현재의 교육을 철저하게 이해하는 것이 과제이다. 이는 일차적으로 이해의 문제이며, 그다음으로는 비판적인 과제이다. 현실을 잘 이해하고 비판함으로써 새로운 교육, 미래의 이상적인 교육을 그려볼 수 있기 때문이다.

그러기 위해서는 교육의 목적이 되는 바람직한 사람됨에 대한 이해가 있어야 할 것이다. 교육철학, 교육사, 교육사상사 등 기존의 교육을 정리한 내용들은 이러한 과정에서 도움을 주기 위한 과목들이다. 다양한 인간관, 교육이해, 교육적 실천들은 모두 그 당시의 현실에서, 그 사상가들의 삶에서 절실한 문제를 해결하기 위한 노력에서 나온 것이다. 그 안에는 그들이 교육을 두고 고민한 내용의 핵심이 담겨 있나. 그것을 통해서 오늘 우리의 교육이 형성된 배경, 새로운 교육적 이상의 설계에 도움이 될 수 있는 요소 등을 검토할 수 있다. 그것이 교육철학과 교육사를 다루는 이유이다.

## 3. 교사의 전문성과 대화능력

플라톤은 진리에 도달할 수 있는 유일한 길이 변증법을 통한 이성의 훈련이라고 했다. 그래서 그가 구상한 국가에서 최고의 리더인 철인들은 교육의 최종 단계에서 변증법만을 집중적으로 교육받는다(Platon, 1997). 변증법은 독일어로 dialethik이라 쓴다. 이 말은 2를 의미하는 dia와 말 또는 이야기를 의미하는 lethik의 결합으로, 이는 곧 대화가 변증법의 근원임을 의미한다. 그러므로 진리를 탐구하는 과정으로서의 학문은 곧 변증법의 훈련이고, 대화의 훈련이라고 할 수 있다.

플라톤은 변증법을 통해 이성을 훈련하고 진리를 볼 수 있는 사람이 지도자가 되어야 한다고 했다. 즉, 이성을 사용해서 진리를 볼 수 있는 사람이 그 진리에 비추어 왜곡된 현실을 변화시킬 수 있다고 보았다. 따라서 진정한 지도자는 진리를 보고 그 진리에 따라서 사는 사람이다. 이것은 다시 말해서 변증법을 통해 자신을 진리로 도야한 사람, 곧 대화할 수 있는 사람을 말한다.

대화함으로써 자신의 편협한 세계 안에 머무르지 않고 끊임없이 새로운 의견과 대결해서 자신의 사고와 이해의 지평을 확산시켜 갈 수 있는 사람, 혹은 전혀 새로운 차원으로 지평의 융합을 이룩할 수 있는 사람이 지도자이다.

플라톤은 오직 통치자, 즉 철인들만을 위해서 변증법을 가르쳐야 한다고 했다. 또한 오직 변증법을 통해서 훈련된 자만이 진리를 인식하고 그 진리에 따라서 통치할 수 있다고 했다. 통치는 다른 사람의 삶까지 책임지고 인도한다는 의미로 바꿀 수 있을 것이다. 그의 영향 아래 있는 모든 요소를 바른 질서로 인도하고 복되게 하는 책임이 통치자에게 있으며, 플라톤의 철인 통치는 그런 의미이기 때문이다.

대학에서의 수업은 대화이다. 변증법적 과정이다. 교수가 정답을 제시하고 그것을 받아서 적고 암기하고 시험 치는 것이 아닌 대화를 통해서 새로운 해결책과 보다 나은 결론을 모색하는 것이며, 보다 명쾌한 해명과 깊은 해석을 추구하는 과정이다. 닫힌 과정이 아니라 언제나 열린 과정이다.

따라서 나의 말에 대한 동조가 필요한 것이 아니라 나와는 다른 독자적인 너의 말을 요청한다. 내가 생각한 것과 다른 너의 생각이, 나의 해석과 다른 너의 해석이 필요하다. 나에 대한 너의 다름이 만나서 보다 나은 단계로, 새로운 지평으로 나아간다. 나의 지평과 너의 지평이 대화 안에서 맞닥뜨리고 융합됨으로써 확장해 가는 과정을 반복하는 것이다.

정에 대한 반이 없다면 변증법이 성립할 수 없는 것처럼, 나의 말에 대해서 다르게 말하는 너의 말이 없을 때 대화는 성립하지 않는다. 나는 너의 말을 기다리는 존재이다. 너의 말이 없으면 나의 존재는 고립되고 고정되고 질식하고 만다. 나의 껍질을 깨고 들어오는 너의 말에 의해서 비로소 나의 존재는 세계 안으로 움을 틔운다. 햇살처럼 바람처럼 빗방울처럼 나에게 부딪쳐 오는 너의 말, 그 말로 인해서 나는 성장하고 풍부해진다.

그런데 우리는 대학에서조차 콩나물처럼 길러진다. 너를 향해서 말하기보다는 너에게 기대어 졸고 있다. 나는 너의 존재를 보고 알기보다는 너와 다르지 않은 나로 얽혀 있다. 공존하기보다는 밀생한다. 언제든 단 한 번도 분리된 적이 없기 때문에 너와 나는 다르지 않다. 다르지 않으므로 우리는 대화할 것이 없다. 너를 들여다볼 수 없고, 들여다보더라도 나와 다름없는 너, 복제된 내가 너의 안에 있다.

교사는 지도자이다. 학생들의 삶의 지도자이다. 학생들을 통해 그들이 살아갈 사회와 국가와 민족과 세계를 지도하는 지도자이다. 교사가 편협한 사고 안에 머물러 있으면 그에게 배우는 학생들의 생각과 행동과 사람됨이 좁고 편협하게 된다. 따라서 참된 교사는 지도자로서의 대화능력을 갖춘 사람이어야 한다. 대화함으로써 자신의 한계를 끊임없이 초월하고 새로운 세계에 열려 있는 사람이다. 또한 학생들과 대화함으로써 그들을 자신의 삶의 좁은 범주에서 이끌어 내서 사람됨의 폭넓은 우주로 이끌어 가는 자이다.

교사의 편협함은 학생들의 편협함을 낳고, 그것이 모여 획일적인 사회를 낳는다. 대화할 수 없는 부적격의 교사들에 의해 독재가 잉태되고 민주주의가 말살된다. 획일성 안에서 유행과 독재와 여론의 조작이 이루어지고 그 안에서 우리는 매몰되거나 질식한다. 그것이 한국교육이 걸어온 길이고 한국사회가 직면한 대화 없는 일방통행의 비참한 현실이다.

반면에 교사의 관점이 열려 있고 다양한 각도에서 학생들을 바라볼 수 있으면 학생들의 삶은 새로운 가능성을 향해 열릴 수 있다. 교사의 열린 관점이란 평범하고 단순하고 무관심한 사람들의 눈에는 보이지 않는 학생들의 가능성, 내면세계의 고민, 잠재된 능력들을 발견할 수 있는 눈을 말한다. 지금까지 단 한 번도 발견되지 않았고 누구도 찾아내지 못했으며 그래서 학생의 내면에 잠들어 있던 가능성을 불러내는 새로운 관점을 말한다. 획일화된 사회와 획일화된 관점의 독주 속에서 무시되고 주변으로 밀려나 버린 가능성을 찾아내는 관점의 힘이다. 가능성이 없는 것이 아니라 가능성을 인정받지 못한, 실패자로 낙인된 수많은 학생들을 다시 교육 안으로 불러오고 삶에 새 힘을 부여하고 우리사회의 건전한 시민으로 키워 내는 관점을 말한다.

교육철학의 관점들은 우리에게 인간과 인간의 교육을 이해할 수 있게 하는 통로이다. 우리는 이 관점들을 통해서 학생들을 이해하고 우리교육의 현장을 이해할 수 있다. 때로는 무시당하고 가능성 없는 존재로 여겨져서 실패자로 낙인찍힌 학생들 안에서 새로운 가능성을 발견하는 통로가 된다. 때로는 사회의 모순과 불평등 때문에 배제되고 불이익을 당하는 학생들을 위해 제도의 모순과 사회의 부조리를 비판하고 폭로하고 개혁하는 통로가 되기도 한다.

교육철학의 관점들은 교사들에게 교육하는 자로서의 전문성을 갖추게 한다. 다른 사람은 발견하지 못하고 그래서 해결할 수 없는 학생들의 가능성과 문제를 발견하고 키워 주고 꽃피우게 한다. 다른 사람들이 포기하고 무시했던 학생들과 교육의 모순과 문제를 발견하고 그 해결책을 제시하며 새로운 교육을 일구어 내는 전문성이 된다. 당연해 보이는 현실 속에서 모순과 거짓과 허상을 찾아내고 감추어진 진실과 진리를 찾아내서 미래의 학생들의 삶과 교육과 우리사회에 새로운 질서를 만들어 내는 힘이 된다.

교육철학을 공부하는 것은 과거의 유산을 정리하는 작업이 아니다. 교육철학의 관점들이 어떤 상황에서 등장해서 어떻게 교육을 변화시켰는지를 알아가는 과정이다. 마찬가지로 오늘의 교육현실을 바라바고 그 문제들을 파악하며 변화를 만들어 내는 데 과거의 관점들을 적용해 보고 새롭게 변화를 모색하며 이 시대 우리의 문제에 적합한 새로운 해결책을 만들어 가는 과정이다. 그것은 곧바로 교사와 교육전문가로서의 전문성을 훈련하는 과정이요 교육의 힘을 키워 가는 과정이다.

그런 의미에서 교사는 다양한 관점으로 무장하고 다양한 입장에서 학생들과 대화하는 사람이어야 한다. 그것이 인간을 교육하는, 민주사회의 미래의 주인들을 양성하는 교사들이 지녀야 할 전문성이다. 참된 인간으로서 다양한 가능성을 가진 학생들과 인격적으로 마주선 대화하는 교사들의 모습을 기대한다.

# 제 2 장 교육철학의 기본 관점들

## 1. 관념론

관념론(觀念論, Idealism)은 현실을 초월한 이상의 세계를 상정하고 그 이상의 세계의 속성을 정신적인 것으로 여긴다. 그래서 관념론은 이상주의와 연결된다. 이와 같은 생각의 출발점은 플라톤의 이원론적 세계관이라고 할 수 있다. 그는 세계를 눈에 보이는 현실 세계와 눈에 보이지 않는 관념의 세계 혹은 이상(idea)의 세계로 구별하였다. 감각을 통해서 파악할 수 있는 세계(가시계, 可視界)와 오직 정신적 능력을 통해서만 알 수 있는 세계(가지계, 可知界)의 구분을 의미한다. 현실 세계와 이데아의 세계의 뚜렷한 구분 때문에 이원론적 관점으로 불린다.

이 중에서 우리가 감각적으로 파악할 수 있는 현실 세계는 일시적이고 유동적인 세계이다. 플라톤은 이와 같이 일시적이고 끊임없이 변화하는 것은 진정한 것일 수 없다고 보았다. 이와 같은 현실 세계에 대비해서 진리의 세계는 영원하며 보편적이고 절대적이다. 진리의 세계는 현실을 넘어서 이상의 세계에 존재하며 정신적인 속성을 갖는다. 진리의 세계인 이데아는 참된 세계이며, 현실 세계는 본질의 세계인 이데아의 세계를 모방한 것에 불과하다. 진리의 세계가 가진 정신적인 속성 때문에 진리는 감각적으로 파악할 수 없는 세계이며 오직 이성의 작용을 통해서만 파악될 수 있다. 또한 우리가 감각을 통해서 사물들을 지각할 수 있는 것도 그 사물의 이데아가 정신적인 실재로서 존재하기 때문이다.

이러한 플라톤의 생각에 따라서 관념론은 정신적인 것, 이상적인 것에 진정한 가치를 부여하고 이를 탐구하고 추구하려는 경향과 연결된다. 경험을 해석할 때에도 관념적인 것 또는 정신적인 것이 중심 역할을 한다고 믿는다. 감각이나 경험의 대상이 불변하는 고유성을 가진 실체가 아니라 인식하는 사람의 정신적인 작용에 종속되는 현상에 불과하다는 것이다. 이와 같은 점이 인식 대상들이 우리의 의식 외부에 의식과 독립하여 실제로 존재한다는 실재론과 분명한 차이점이다.

이와 같은 관념론은 몇 가지 뚜렷한 특징을 가지고 인류의 삶과 교육에 영향을 끼쳐 왔다.

첫째, 관념론에서는 현실을 초월한 이상의 세계를 상정하고 그것에 대해 절대적인 가치를 부여한다. 참으로 의미 있고 가치 있는 것은 현실 세계에 존재하는 것이 아니라 현실을 초월해서 존재하는 이상의 세계라는 것이다. 이러한 생각에 따라서 영원하고 절대적인 이상을 상정하고 그것을 추구하는 특징을 갖는다. 현실을 초월한 이상에 대한 추구는 종종 현실 도피적 경향이나 현실의 삶에 대한 부정적 인식으로 연결되기도 한다. 모든 종교적인 가치관들에서 우리는 이와 같은 특징을 쉽게 확인할 수 있다.

둘째, 관념론에서 이야기하는 이상이나 진리 등은 보편성과 불변적인 특징을 갖는다. 현실 세계에서 의미나 가치는 시대적, 공간적 맥락에 따라서 달라질 수 있다는 점에서 상대적이다. 그렇지만 관념론에서 이야기하는 이상이나 진리는 절대적인 가치이다. 따라서 시대와 공간의 차이를 초월해서 언제나 동일한 가치이다. 그런 점에서 누구에게나 동일한 가치로 여겨진다. 이와 같은 동일성은 종종 국가나 사회의 구성원들을 연결하는 공동의 가치로 작용하는 긍정적 측면이 있다. 반면에 누구에게나 동일한 가치와 의미를 강요하는 획일적이고 전체적인 강압으로 작용하는 부작용을 낳을 수도 있다.

셋째, 관념론에서 이야기하는 진리나 이상은 정신적인 특징을 갖는다. 관념론에서는 이와 같은 정신적인 속성으로서의 진리에 이르는 길을 인간의 이성으로 파악하였다. 누구에게나 동일한 공동의 진리로서의 이상에 도달하는 길은 누구에게나 동일하게 주어진 이성이라는 속성이다. 따라서 인간에게 주어진 이성은 절대적 진리에 이르는 도구로서 절대화되고, 이성의 계발이 가장 중요한 교육적 과제로 확인된다. 이와 같은 이성에 대한 가치부여는 이성 중심적인 인간이해의 확고한 바탕을 이루었다.

이와 같은 관념론의 교육원리는 다음과 같이 정리할 수 있다.

첫째, 관념론의 교육에서는 진리에 대한 탐구가 공통적이고 최우선적인 과제이다. 진리는 누구에게나 동일한 것으로 여겨지며 모든 학생들을 진리를 향해 교육하는 것이 목적이 된다.

둘째, 학생들에게는 모두 이성이라는 인간 고유의 자질이 주어져 있다. 이를 잘 훈련하고 발달시키면 스스로 진리를 인식할 수 있게 된다. 그러므로 진리를 향한 이성의 훈련이 가장 중요한 교육의 과제가 된다.

셋째, 학교의 교육내용은 현실 세계와 관련된 유용한 실제적 지식들보다는 진리에 대한 내용이 된다. 또한 진리를 향한 이성의 훈련과 관련된 관념적인 지식들이 주를 이룬다.

넷째, 이성의 훈련은 주로 언어 능력과 관련된 교과들을 통해서 이루어진다. 따라서 논리학, 수사학, 변증법 등의 언어 관련 교과들이 중요한 과목이 된다.

다섯째, 학생들의 흥미나 관심보다는 보다 성숙한 이성의 소유자이며 진리에 대한 지식을 가진 교사들이 주도하는 학습이 이루어진다(김정환, 1987: 105).

## 2. 실재론

실재론(實在論, Realism)은 인간 인식의 대상이 인간의 지각이나 사고에 관계없이 독립적으로 존재한다는 철학적 견해이다. 인간의 정신과 독립된 실재의 존재를 의심하고 대상의 모든 성질이 정신의 작용에 종속된다는 관념론과 대립되는 입장이다. 철학사에서 실재론의 등장은 플라톤의 제자 아리스토텔레스와 밀접하게 관련되어 있다. 아리스토텔레스(Aristoteles)는 플라톤의 이데아론을 계승하면서도 현실을 이데아의 그림자로만 보는 현실 부정적인 관념론은 거부하였다. 그는 현실이 불완전한 세계이기는 하지만 현실에서도 이데아를 찾을 수 있다고 하였다.

이러한 생각이 현실 안에는 실체가 있을 수 없다는 관념론적 생각에 반대되는 실재론의 출발이 되었다. 아리스토텔레스에게 있어서도 이데아 혹은 진리를 아는 것이 궁극적인 목적이지만, 실재론에서는 이데아라는 눈에 보이지 않는 세계에서 찾는 것이 아니라 현실 속에서 찾을 수 있게 되었다. 이에 따라서 현실과 관련된 학문들도 새롭게 가치를 인정받게 되었다. 아리스토텔레스의 실재론은 이후 서양의 역사에서 기본적 관점 중의 하나로 작용하였다. 플라톤의 관념론이 현실부정의 이상주의를 대표한다면 아리스토텔레스의 실재론은 현실 긍정의 관점들에 토대를 제공하였다는 점에서 매우 큰 의미가 있다. 두 관점 사이의 대비는 기독교 신앙과 결합한 서양 중세와 근대의 다양한 관점들에서 복합적으로 드러난다.

교육학적 측면에서 실재론은 사물의 질서나 체계가 객관적으로 존재하며 인간은 그러한 실재로부터 지식을 획득할 수 있다고 한다. 따라서 관념적이고 추상적인 지식을 추구하기보다는 우리의 현실 세계에 근거한 지식을 추구하고 그것에 기초해서 살아가는 것이 더 바람직하다는 입장이다(정영근 · 정혜영 · 이원재 · 김창환, 2006: 75).

실재론의 특징을 요약하면 다음과 같다.

첫째, 인식의 대상은 인식하는 사람의 의식이나 주관에서 독립하여 존재하며 그것에 대한 객관적 파악을 통해서만 참다운 인식이 성립된다.

둘째, 참된 지식은 관찰 가능해야 하며 관찰자와 독립적으로 그 본질들이 증명될 수 있어야 한다.

셋째, 이데아와 같은 초월적인 진리를 인정하지만 그것은 현실과 동떨어져 있는 것이 아니다. 발견될 수 있는 질서와 구조 및 법칙을 가지고 현실 안에 포함되어 있다.

넷째, 따라서 관념론과 마찬가지로 진리가 중요하고 진리를 인식하는 것이 중요하다. 그것은 추상적인 지식으로서 탐구되는 것이 아니라 현실 안에 실제로서 존재하며 객관적으로 탐구되어야 한다(이형행 · 권영성, 2010: 93).

실재론의 교육원리는 다음과 같이 정리할 수 있다.

첫째, 진리를 인정하고 진리를 추구한다는 점에서 관념론과 일치한다. 따라서 실재론에 있어서도 공동의 진리에 대한 추구가 교육의 최고의 목적이 된다. 이를 위해서는 이성의 계발이 마찬가지로 중요한 의미를 갖는다.

둘째, 그럼에도 불구하고 진리를 추상적이고 관념적인 것으로만 여기지 않고 현실 세계 안에 내포된 것으로 본다는 점에서 차이가 있다. 따라서 현실 세계에 대한 탐구가 매우 중요하다.

셋째, 교육의 내용 역시 이성의 계발을 위한 교과들과 현실 세계와 관련된 교과들이 모두 중요하게 여겨진다. 관념론에서 중요하게 여겨지던 언어와 관련된 인문교과들과 더불어서 자연과학들이 중요하게 다루어진다.

넷째, 교육의 방법에 있어서도 현실 세계의 탐구와 관련된 과학적, 실험적 방법들이 활용된다. 더불어서 이성의 훈련과 관련된 대화적 방법 등이 함께 수행된다.

## 3. 실용주의

실용주의(實用主義, Pragmatism) 혹은 프래그머티즘은 20세기 초 미국을 대표하는 철학적 경향이다. 교육학에 있어서는 듀이(J. Dewey)를 중심으로 하는 진보주의 교육사조의 기초를 이루는 철학적 토대를 제공하였다. 실용주의라는 말은 행동이나 사건 등을 뜻하는 그리스어 prágma에서 유래하였다. 일반적으로는 실험, 경험, 실제 등과의 관계를 강조하는 맥락으로 사용된다. 이 개념에서 보듯이 실용주의는 관념론과 실재론 등에서 강조하는 현실과 거리가 있는 진리나 추상적 가치보다는 현실적인 내용에 관심을 집중하였다.

실용주의의 특징을 정리하면 다음과 같다.

첫째, 실용주의자들은 현실과 실천을 강조한다. 이들은 전통철학이 주로 현실 저편에 있는 초월적이고 변하지 않는 진리를 추구하는 관념적 성격을 가지고 있다고 비판하였다. 그래서 실용주의에서는 현실에 큰 도움이 되지 않는 관념은 의미 없는 것이라고 보았으며 현실적 가치와 실천을 중요하게 여겼다.

둘째, 실용주의자들은 영원하고 변하지 않는 진리를 인정하지 않았다. 반대로 진리나 가치는 상대적인 것이라고 주장하였다. 세계는 끊임없이 변하며 윤리, 규범, 가치 등은 사회와 문화에 따라서, 또 시간의 흐름에 따라서 변해 간다는 것이다. 진리나 가치가 변화해 가기 때문에 그것에 대하여 기록해 놓은 지식 역시 변하기 마련이다. 예전에 가치 있던 지식이 지금은 별 가치 없는 것이 될 수 있다. 또 우리 사회나 문화 안에서는 중요한 내용이 다른 문화권으로 가면 의미 없는 것이 되기도 한다. 따라서 어떤 특정한 지식을 진리나 가치와 연결시켜서 학생들에게 전달하고 주입시키는 것은 적절하지 않을 수 있다. 학생들이 살아갈 미래사회는 지금과는 많이 달라질 것이고 그에 따라서 가치의 기준도 변화할 것이기 때문이다.

셋째, 실용주의에서는 이분법적인 대립을 강조하기보다는 조화와 상호작용을 추구하였다. 개인과 세계, 정신과 몸, 생각과 행동, 이론과 실천, 교육과정과 학생을 이분법적으로 분리하지 않고 서로 연결되어 상호작용 하는 실체로 파악하였다. 개인은 세계 속에서 경험한 것에 기초해서 생각하고 이 생각은 다시 환경과 세계에 영향을 미친다. 마찬가지로 몸과 정신도 끊임없이 상호작용 한다. 교육과정은 학생들에게 영향을 미치고 학생들의 성장을 위해 구성되지만 학생들의 필요와 관심이 다시 교육과정에도 영향을 미치는 순환적인 상호작용의 과정을 구성한다. 이처럼 실용주의는 기존에 대립적인 것으로 여겼던 것들 사이의 밀접한 관계와 상호작용을 강조하였다(주영흠 · 이승원 · 심승환, 2010: 299).

이에 따라서 실용주의적인 교육에서는 지식 위주의 교육에서 벗어날 것을 강조한다. 지식의 축적보다는 삶에 집중하였다. 변화하는 삶 속에서 늘 새롭게 등장하는 문제들을 해결할 수 있는 능력을 키워 줘야 한다고 주장하였다. 학교는 지식의 전달 장소가 아니라 삶의 현장을 반영해야 한다. 학교는 삶에서 일어날 수 있는 상황과 문제들을 담아낼 수 있어야 하며, 그러한 삶의 현장과 문제들을 해결해 가는 과정에서 학생들은 성장하고 문제해결의 능력을 키워 가야 한다.

실용주의적인 교육에서는 학생들의 참여와 주도적인 학습을 강조한다. 적극적인 참여와 협력적인 문제해결 노력이 미래사회의 삶에 대한 대처능력을 키워 줄 수 있기 때문이다. 또한 삶 속에서 일어나는 다양한 현상 속에서 가치 있는 문제나 상황을 발견해 내는 능력도 그 안에서 함께 키워 갈 수 있다.

# 제 3 장 20세기 전반기의 서구 교육철학

교육철학을 비롯한 모든 철학은 사회의 갈등과 문제들에 대한 깊이 있는 성찰에서 발전한 것이다. 그리고 철학은 문제들을 지적인 탐구와 행위들로 전환시키는 것을 목적으로 한다(Noddings, 1995: 199). 교육철학의 과제나 영역은 일정하게 정해질 수 없으며, 오늘날 사회의 복잡성의 증가와 더불어서 확장되어 가고 다양한 주제들이 늘 새롭게 등장할 수밖에 없다. 교육철학은 교육현실의 문제에 대한 철학적 탐구이며 해결책의 제시이다. 새로운 시대는 새로운 문제를 낳고 그에 대한 대답으로서 교육철학은 새로운 해답을 제시한다.

각각의 사회문화적, 역사적 배경과 맥을 같이하는 학문연구의 축적과정의 차이에 따라서 독일과 영・미의 교육철학은 서로 다른 양상으로 전개되었다. 독일 교육철학계는 교육학의 학문적 독립과 성격규명이라는 기본적인 주제 위에서 현실교육의 변화를 수용하였다는 특징이 있다(오인탁, 1990). 이에 비해서 미국의 20세기 교육철학은 듀이를 중심으로 하는 진보주의 교육사조가 주도하는 가운데 진보주의에 대항하거나 보완하는 입장에서 새로운 주장들이 대두되었다(Kneller, 1971).

이러한 흐름은 20세기 중반을 지나면서 변화하기 시작하였다. 독일의 경우에는 실존주의, 교육인간학 등이 중요한 관점으로 새롭게 부각되고 활발하게 연구되었다. 이에 따라서 연구의 경향은 보다 다원화되는 양상을 보이기 시작했다. 영·미의 경우에는 사조 중심의 연구경향이 1950년대까지 지속되다가 1960년대 이후에는 분석철학의 영향을 받아 교육적 개념과 문제에 대한 논리적 분석을 중심으로 교육철학이 전개되었다(유재봉, 2004).

20세기 후반에는 사회의 다원화에 발맞추어 유럽과 영·미의 교육철학계 모두에서 연구의 관심과 경향이 다원화되는 양상을 보이고 있다. 포스트모더니즘의 등장은 하나의 관점과 논리에 기초하지는 않았지만 모더니즘이 이끌어 온 기존의 철학적 조류와는 분명하게 다른 방향으로의 전환을 이룩하였다. 그리고 그러한 다양한 주제들은 아직까지 분명하게 정리되지 않았다.

## 1. 독일 교육철학

19세기 말에서 20세기 초반에 걸친 시기에 독일의 교육철학계는 응답해야 할 몇 가지 문제들을 가지고 있었다. 문제들은 사회문화적 배경을 포함한 시대적인 상황 안에서 대두되었다. 아울러서 교육철학을 포함하는 폭넓은 학문적 영역 안에서 이루어진 연구 성과의 축적과 한계에 대한 인식이 문제의 또 다른 원인이 되었다. 첫째, 자연과학의 팽창에 따라서 진정한 학문은 자연과학과 같은 객관성을 특징으로 해야 한다는 도전에 직면해 있었다. 둘째, 19세기의 급격한 산업화와 자본주의의 확대에 따른 비인간화의 문제에 대한 대안을 제시해야 했다. 셋째, 제1차 세계대전과 제2차 세계대전이라는 비극적 상황에 따라 이성적 존재로서의 인간에 대한 이해가 붕괴되고 있다는 문제에 직면해 있었다(Bollnow, 1988). 넷째, 아울러서 다양한 학문분야의 등장과 그 연구 성과들의 축적, 종래의 인간이해의 틀로는 담아낼 수 없는 새로운 인간 속성에 대한 주장 등이 등장하면서 통일된 인간이해가 붕괴되고, 인간이해의 혼란이 초래되었다(Scheler, 1975: 9).

이와 같은 문제 상황에 대한 해답으로서의 성격을 가지고 있는 것이 20세기 전반기 유럽의 철학과 교육철학이다. 문제에 대한 응답에 있어서 어떤 태도를 취하느냐에 따라서 몇 가지 중요한 철학적 사조들이 등장하였다. 공통의 문제와 그에 대한 공동의 관심, 연구의 축적이 사조들을 탄생시키는 배경이 되었다.

문제의 해답은 몇 가지 방향으로 갈라져서 나타났다. 실증주의, 경험과학적 교육학, 분석철학 등과 같이 철학의 성격을 자연과학과 같은 객관성이나 엄밀함을 특징으로 하는 학문으로 새롭게 정립하려는 시도가 있었다. 이에 대해서 정신과학적 교육학, 교육인간학 등과 같이 인간의 가장 중요한 본질을 정신으로 파악하고 정신의 특징인 자율성에 비추어 볼 때 인간을 대상으로 하는 연구는 객관적인 특징을 가질 수 없다는 입장을 취하기도 하였다.

### 1) 정신과학적 교육학

정신과학적 교육학은 1920년대부터 1933년까지 독일 교육학의 학문적 성격과 이해를 주도하였다. 그리고 제2차 세계대전이 끝난 후 1960년대까지 독일 교육학계의 지배적인 학문적 경향이 되었다(오인탁, 1990: 144).

정신과학적 교육학은 전통적인 교육학을 규범적 교육학이라고 규정하였다. 신앙이나 윤리학에 뿌리를 둔 교육학은 언제나 그 신앙이나 윤리에 의해 규정된 것을 학생들에게 전달하고 각인시키려고 한다. 교육의 목적이 종교적 · 윤리적 가치에 의해 미리 규정되고 교육은 학생들을 미리 설정된 교육목적으로 인도하는 활동으로 이루어졌다는 것이다.

이에 대해서 정신과학은 삶이 윤리학에 우선한다고 하였다. 삶에 앞서서 미리 주어진 규범과 이론들을 거부한다. 인간의 삶이 규범과 이론에 우선적인 위치에 있다는 것이 정신과학의 입장이다. 정신과학에서는 삶이 먼저 이루어지고 그러한 삶을 관찰하고 연구함으로써 비로소 이론이 성립될 수 있다고 본다. 예술 활동에서 창작이 먼저 이루어지고 그러한 창작에 대한 비평이나 이론화가 나중에 이루어지듯이, 인간에 대한 이론들도 삶의 우선성에 기초해야 한다는 것이다.

그러므로 전통적인 교육학과는 달리 정신과학에서는 이론과 실천의 관계에서 실천이 우선적이다. 이론이 삶과 교육에 앞서 이끌어 가는 것이 아니라 삶의 현장이 먼저이고, 교육의 현장에서의 교육적 실천이 먼저라는 것이다. 정신과학적 교육학은 삶의 우선성을 인정하고 현장의 교육활동을 연구하고 이를 통해서 교육학 이론을 이끌어 내고자 하였다(오인탁, 1990: 206; Wulf, 1983). 이렇게 만들어진 이론은 현장에 적용되고 다시 현장을 연구하여 이론이 개선되는 이론과 실천의 순환적 상호작용이 이루어져야 한다는 것이다.

정신과학은 그 말이 분명하게 드러내듯이 인간을 정신적인 존재로 파악한다는 매우 분명한 특징을 가지고 있다. 정신과학의 창시자인 딜타이(W. Dilthey)는 정신과학을 자연과학에 대비시켜서 분명하게 제시하였다. 그는 자연과학의 대상인 자연현상이 반복 가능성을 특징으로 한다고 파악하였다. 그렇기 때문에 반복적으로 되풀이되는 자연현상을 관찰하면 그 안에서 법칙을 발견할 수 있다는 것이다. 또한 그 법칙에 기초해서 예측할 수도 있고 설명할 수도 있다는 것이다. 자연과학이 가진 객관성은 그와 같은 반복 가능성 법칙에 기초하고 있다.

예를 들면, 지구의 공전에 따라서 계절은 해마다 봄, 여름, 가을, 겨울이 반복해서 등장하고 사라져 간다. 온도가 내려가서 0℃가 되면 물은 얼음이 되고 다시 온도가 올라가면 얼음이 녹아 물이 된다. 우리는 이처럼 반복되는 성질에 기초해서 계절의 변화와 물이 어는 것을 예측할 수 있다. 또 계절의 변화와 물이 얼음이 되는 것을 자연의 법칙으로 설명할 수도 있다.

이와는 대조적으로 인간과 인간의 삶은 반복되지 않는다. 인간은 정신적인 존재이기 때문이다. 정신의 특징은 자율성이다. 자율적인 정신은 동일한 조건 안에서도 서로 다르게 판단하고 행동하도록 인간을 움직여 간다. 우리는 같은 상황 안에서 서로 다르게 느끼고 생각하고 선택한다. 같은 상황 안에 존재하는 여러 사람들의 판단과 선택이 각기 다를 수 있다. 뿐만 아니라 같은 사람이라도 비슷한 상황에서 서로 다른 판단과 행동을 한다. 종종 우리는 전에는 좋아했던 음식이나 옷이나 반복적인 일상에 대해서 싫증을 내고 다른 것을 요구하곤 한다. 한 사람을 좋아하고 사랑하다가 얼마 지나지 않아서 다른 사람에게로 관심을 옮겨가곤 하는 것이 일반적인 사람들의 모습이다.

또 인간의 삶에서는 비슷한 현상이 전혀 다른 의미일 수 있다. 같은 반에 앉아 있는 학생들도 각각의 내면을 들여다보면 서로 다른 생각과 미래에 대한 희망을 가지고 있다. 또 같은 학생이라도 어제와 오늘의 내면적인 세계가 같다고 볼 수는 없다. 이와 같은 차이는 그들의 자율적인 판단이 축적된 그들이 경험한 삶의 차이에서 오는 것이다. 인간의 생각은 그의 삶과 밀접하게 연결되어 있다. 정신과학은 인간과 인간의 삶이 갖는 이와 같은 특징에 주목한다. 삶의 경험과 인간의 내면세계의 뗄 수 없는 연관성과 그 역사성을 만들어 내는 정신작용의 자율성에 주목한다.

이미 살아온 삶의 경험이 만들어 내는 생각의 차이들은 새로운 판단과 생각에 언제나 영향을 미친다. 이것을 전이해라고 한다. 삶의 경험의 차이와 그 경험에서 비롯된 전이해(前理解, Vorverständnis)는 그의 새로운 판단과 생각에 영향을 미친다. 정신이 가진 자율성과 그의 삶의 경험이 만들어 낸 역사성이 모든 인간 현상을 유일회적(唯一回的) 현상으로 만든다. 그러므로 인간 현상에는 동일한 현상의 반복이 있을 수 없다.

이것이 인간 현상을 끊임없이 반복되는 자연현상과 구분한다. 그러므로 인간 현상에서는 객관적인 법칙을 발견할 수도 없고, 법칙에 기초해서 설명할 수도 없다. 정신적 활동의 산물로서의 인간 현상은 역사성을 특징으로 한다. 인간의 정신세계는 삶의 세계와 언제나 연결되어 있으며, 개인의 생각과 행동은 살아온 경험에 의존한다. 각기 다른 의미를 갖는 인간 현상은 자연현상처럼 법칙에 기초해서 설명할 수 없고 다만 이해하고 해석할 수 있을 뿐이다.

이와 같은 인간 현상의 이해를 위해서 정신과학은 해석학을 방법론으로 적극 활용한다(Wulf, 1983: 57). 해석학은 처음에는 성서해석에서 비롯되었다. 인쇄술이 발명되기 이전에 만들어진 여러 필사본들 중에서 더 오래된 원전을 찾는 작업과 세월이 흐르면서 변화된 단어들의 의미 등을 찾는 작업에서 해석학이 발전하였다. 이러한 해석학의 방법을 딜타이가 정신과학의 방법으로 도입해서 현대 해석학의 길을 열었다. 정신과학 안에서 해석학은 성서해석의 방법으로부터 텍스트들에 담긴 원저자의 의도와 의미를 찾아내는 일반적인 방법으로 발전하였다. 그래서 정신과학적 교육학을 다른 말로는 해석학적 교육학이라고도 한다. 이후에 해석학은 더 발전하여 현대철학을 대표하는 흐름이 되었다.

### 2) 경험적 교육과학

경험적 교육과학은 1920년대부터 대두되기 시작하였으며, 1960년대 중반 이후부터 정신과학적 교육학이 주도적인 위치를 잃어 가면서 새롭게 주목받았다(Wulf, 1983: 60). 경험적 교육과학은 교육학이 독립된 학문으로 성립되기 위해서는 자연과학적 연구와 마찬가지로 엄격한 연구방법에 따라서 연구를 수행하고 객관성을 확보해야 한다고 주장하였다. 독일과 달리 행동주의적 연구가 활발하게 전개된 미국의 연구경향을 수용한 영향도 일정하게 작용하였다.

1920년대의 레이(Lay)와 노이만(Neumann)에 의한 실험적 연구 이후에 1960년대의 교육적인 사실연구, 서술적 교육과학, 교육과학의 사실주의적 전환 등을 거쳐 비판적 합리주의의 수용과 행위연구로 나아가게 되었다 (Benner, 1978; Wulf, 1983: 65-66).

교육적인 사실연구는 페터센 부부에 의해 주도되었는데, 이들은 교육과학의 경험적 연구방법론의 개발을 시도하였다. 이를 위하여 교육학적 상황을 관찰하고 기록하는 것에서 교육학적 사실연구의 가능성을 찾고자 하였다.

서술적 교육과학은 피셔(A. Fischer)와 로흐너(R. Lochner)가 주도하였다. 이들은 교육학도 자연과학과 마찬가지로 보편성과 가치중립성을 가져야 한다고 생각하였다. 이러한 입장에서 교육적 실천과 교육학의 이론연구는 엄격하게 구분되어야 한다고 주장하였다. 교육과학은 실증주의적 입장이 주장하듯이 가치중립적인 '순수한 서술'의 과학이 되어야 한다는 것이다.

사실주의적 전환은 로트(H. Roth)가 주도적으로 시도하였다. 독일 교육학계의 주된 흐름이었던 정신과학적 교육학에 대한 비판에서 출발한다. 정신과학적 교육학이 역사적-이념적 연구와 해석학적-역사적 방법론에 치중함으로써 교육학의 불균형을 초래했다는 것이다. 따라서 심리학, 사회학, 경제학 등 인접한 사회과학들의 경험적 연구 성과들을 수용하는 작업과 교육학 안에서 사실에 대한 경험적 연구의 확장을 주장하였다. 이러한 사실주의적 전환의 시도는 정신과학적 교육학과 경험적 교육과학의 협력을 통한 교육현실의 문제해결을 지향하고 있다고 평가할 수 있다.

브레친카(W. Brezinka)는 교육학을 교육과학, 교육철학, 실천적 교육학으로 구분할 것을 주장하였다. 이를 통하여 교육과학을 교육철학이나 실천적 교육학으로부터 분리시켜 하나의 엄격한 경험적 · 분석적 사회과학으로 정립하고자 하였다.

경험적 교육과학은 정신과학 일변도의 독일 교육학계에 객관성을 추구하는 행동과학적 경향의 필요성을 인식시키는 데 기여하였다. 이를 통하여 정신과학적 교육학으로 치우친 독일 교육학계의 연구경향을 보완하였다는 평가를 받고 있다. 20세기 후반에는 비판적 합리주의의 영향을 받아들임으로써 실증주의적 경향의 교육과학으로 발전하고 있다(오인탁, 1990: 150-157).

### 3) 비판적 교육과학

비판적 교육과학은 1960년대 이후 정신과학적 교육학의 대안으로 등장한 이론의 하나이다. 프랑크푸르트 학파의 비판이론(Kritische Theorie)을 수용함으로써 정립되었다. 비판이론은 전통적인 교육이론들이 사회적인 요인을 고려하지 않고 있다는 점을 비판하였고, 사회철학으로서의 비판이론을 주장하였다. 이러한 비판이론을 수용하는 비판적 교육과학은 종래의 정신과학적 교육학과 경험적 교육과학에 대항하여 교육의 역사적 · 해방적 성격을 강조하였다. 또한 사회와 과학의 구조를 분석하고 그 모순을 극복하고자 하였다(오인탁, 1990: 158).

비판적 교육과학에 따르면 인간은 사회적 존재이며 결코 혼자 따로 떼어서 존재하지 않는다. 따라서 인간에 대한 연구와 분석 그리고 인간을 대상으로 하는 교육 역시도 사회로부터 분리해서 접근할 수 없다. 교육은 가능한 한 다수에게 공헌할 수 있도록 사회를 합리적으로 개혁하고 발전시키는 집단적인 과정이 되어야 한다.

이들은 또 신마르크스주의(Neo-Marxism)라는 이름에서 나타나듯이 마르크스주의의 영향을 받아서 사회를 갈등론적인 관점에서 바라본다. 사회를 서로 조화를 이루어서 협력하는 관계로 보지 않고 갈등과 모순이 사회관계의 근본이라고 여기는 입장이다. 이와 같은 생각에 기초해서 사회 안에 뿌리내리고 있는 모순을 파악하여 폭로하고 비판하는 데 주력하였다. 이를 통하여 모순 속에서 고통을 겪는 인간의 해방을 이룩하는 것을 목적으로 하였다.

그런데 사회의 근본적인 모순을 파악하는 데 있어서 마르크스주의와 다른 생각을 가졌다. 마르크스(K. Marx)와 그의 추종자들은 인간 사회의 갈등과 모순의 근본적인 원인을 하부구조에서 찾았다. 삶의 물질적인 토대가 모순의 근본적인 원인이며 인간의 생각을 포함한 상부구조는 모두 이러한 물질적인 하부구조의 지배를 받는다고 하였다. 그렇기 때문에 하부구조의 핵심인 물질적인 불균형을 해소하면 이상적인 사회를 이룩하고 인간의 해방을 가져올 수 있다고 보았다. 물질적 하부구조의 불평등이 사회 모순의 근본이라고 보았기 때문에 그 해결책 역시 물질의 공동소유와 공동분배에 기초한 공산사회의 실현에서 찾고자 하였다.

이에 대해서 비판이론은 마르크스주의의 갈등론적 관점을 수용하면서도 갈등의 원인에 대한 이해에서는 다른 입장을 취하였다. 신마르크스주의로서의 비판이론은 갈등과 모순의 근본적인 원인을 하부구조가 아닌 상부구조에서 찾았다. 이들은 공통적으로 잘못된 이념으로 인한 인간 이성의 도구화를 비판하였으며 이를 비판함으로써 인간의 해방을 지향하였다. 특히 이들이 주력하는 것이 자본주의 사회의 물질주의에 의한 이성의 도구화이다. 물질적 풍요가 인간에게 행복을 가져다줄 수 있으며, 그것이 가장 중요한 요인이라는 생각의 허구성을 비판하는 데 주력하였다.

교육과 교육학은 언제나 경제적, 사회적, 정치적 배경으로부터 영향을 받을 수밖에 없다. 비판적 교육과학은 이와 같은 교육과 교육학의 현실적인 맥락을 비판하고 폭로하는 역할을 수행하고자 한다. 특히 현대의 자본주의 사회에서 교육이 처한 상황과 모순에 대해서 깊은 관심을 기울였다. 교육 안에 깊이 침투한 물질주의적 이데올로기, 불평등과 그릇된 이념 등에 대하여 주목하며 이들이 갖는 문제를 비판하고 이를 통한 개혁과 인간의 해방을 지향하였다.

이 밖에도 비판적 교육과학은 교육실천의 장인 교육사회와 사회적 조건들에 내재되어 있는 다양한 허구적 이데올로기를 비판적으로 분석하고 폭로하며 대안적인 실천을 통해 인간과 사회를 해방시키고자 한다. 계몽, 해방, 참여, 사물화, 비판, 사회, 의사소통 등의 핵심개념을 통해 비판적 교육과학의 특징을 이해할 수 있다(Benner, 1978; Paffrath, 1987; Wulf, 1983). 오늘날 비판적 교육과학은 교육현실의 다양한 문제들로 그 대상영역을 확장해 가고 있다. 비판이론의 영향은 미국을 비롯한 다양한 국가들로 확산되었으며 사회와 교육 안에 포함된 다양한 모순들과 부조리의 개혁에 기여하고 있다.

## 2. 미국 교육철학

20세기 전반기는 미국이 세계 최고의 국가로 등장한 시대이나. 세1차 세계대전과 제2차 세계대전이라는 두 번의 세계전쟁을 치르면서 미국은 유럽중심의 기존 질서를 극복하고 새로운 세계의 중심으로 등장하였다. 그 바탕에는 실용주의에 기초해서 민주주의와 자본주의를 잘 조화시킨 미국적 정신이 그 기초를 제공하였다고 할 수 있다. 이와 같은 성장과 번영에 대한 확신과 미국사회에 대한 자부심이 교육적으로는 진보주의의 번영기로 나타났다. 진보주의는 20세기의 시작 무렵부터 1950년대 후반까지 미국교육을 이끌어 간 지배적인 이념이었다.

20세기 전반기 미국의 위기 요인들 중에서 크게 부각할 수 있는 것이 대공황과 동서 양 진영의 냉전이라고 할 수 있다. 그중에서도 대공황은 자본주의에 기초한 미국의 경제질서에 있어서의 커다란 위기였다. 또한 소련과의 경쟁과정에서 발생한 스푸트닉(Sputnik) 사건은 흥미 위주, 아동 중심의 진보주의 교육으로부터 전환하는 결정적 계기를 만들었다. 소련이 미국에 앞서 인공위성을 발사함으로써 과학적 · 군사적 경쟁에서의 패배에 대한 위기의식이 진보주의에 대한 비판과 새로운 교육적 전환으로 나타나게 되었다. 이와 같은 과정에서 진보주의의 대안으로서 재건주의, 항존주의, 본질주의 등이 주목을 받게 되었다. 그럼에도 불구하고 20세기 전반기의 미국교육은 진보주의가 주도한 시대였다고 평가할 수 있다.

## 1) 진보주의

듀이를 대표로 하는 진보주의(Progressivism)는 20세기 초반 미국 교육철학을 대표하는 사조이다. 진보주의는 1918년 '진보주의 교육협회(The Progressive Education Association)'를 결성하면서 본격적으로 출발하였다. 루소의 아동 중심사상이 19세기 독일의 신인본주의 운동 안에서 페스탈로치, 프뢰벨 등의 실천을 통해 새로운 교육의 흐름을 만들었는데 미국으로 수용되어 진보주의를 형성하였다.

거기에 실용주의라는 미국적 전통이 결합되면서 진보주의로 나타났다(Noddings, 1995: 23). 실용주의적 관점에 따라서 진보주의에서는 기존의 교육이 중요하게 여겼던 지식 중심의 교육에 대해서 반대하는 입장을 취하였다. 만약 영원한 진리나 비교적 오랜 기간 동안 변하지 않는 가치가 존재한다면 교육은 그것을 기록하고 전달하는 데 초점을 맞추어야 한다. 그러한 진리나 가치는 어떤 시대나 상황에서도 옳고 의미 있는 것이기 때문이다. 따라서 학생들이 그와 같은 진리나 지식을 알고 있으면 그들의 삶을 살아가는 과정에서 매우 중요한 기초로서 작용할 수 있기 때문이다. 기존의 교육에서는 그러한 진리나 가치를 인정하였고 그것을 기록해 놓은 것이 교과서라고 보았다. 따라서 지식 중심, 교과서 중심의 교육이 되었다. 또 학생들에 앞서서 그와 같은 진리와 가치를 먼저 알고 보다 잘 아는 사람들(先生)이 주도적으로 이를 가르치는 것이 옳다고 여겼다.

그렇지만 실용주의에서처럼 영원한 진리도 존재하지 않고 세계의 본질을 변화로 본다면 기존의 교육이 기초로 하였던 그와 같은 기초가 무너지고 만다. 변하지 않는 진리가 존재하지 않고 계속 변화해 간다면 진리를 기록하고 전달하는 것이 불가능하게 된다. 먼저 살아가고 또 먼저 알아서 뒷사람을 이끌어 가는 존재로서의 교사의 모습도 다르게 이해될 수밖에 없다. 진리를 담은 책으로서의 교과서의 가치도 더 이상 예전과 같이 중요한 의미를 갖지 않게 되었다.

대신에 진보주의에서는 생활에 초점을 맞추었다. 삶이 계속해서 변화해 간다면 지나간 날들의 지식은 현재나 미래에 별 도움을 주지 못한다. 그래서 진보주의자들은 변화하는 삶 속에서 학생들이 스스로 문제를 해결해 나갈 수 있는 능력을 키워 주는 것이 중요하다고 생각하였다. 학생 스스로가 생활을 경험해 보고 생활 속에서 생기는 작은 상황과 문제들을 스스로 해결해 가면서 생각을 성장시키고 문제에 대한 해결 능력도 키워 가야 한다고 생각하였다. 따라서 교육은 생활의 준비가 아니라 생활 그 자체가 되어야 한다는 것이다. 또 경험의 재구성을 통한 성장이 교육의 핵심이라는 견해를 가지고 있다(Kneller, 1971: 48). 이전의 경험이 새로운 경험을 통해서 보완되고 그 결과 새로운 생각과 이해가 생겨나서 성장해 가는 과정이 반복적으로 일어나는 과정이 교육이라는 것이다.

진보주의 교육의 기본 원리는 다음과 같이 정리할 수 있다(Kneller, 1971: 48-53).

첫째, 교육은 생활의 준비가 아니라 생활 그 자체이다.

둘째, 학습은 아동의 흥미와 직접 관련되어야 한다.

셋째, 교재를 학습하는 것보다는 문제해결을 통한 학습이 더 교육적이다.

넷째, 교사는 지시하는 사람이 아니라 안내하고 협력하는 사람이다.

다섯째, 학교는 경쟁보다는 협력을 가르쳐야 한다.

여섯째, 인간의 성장발달의 기본 조건인 사상이나 인간성의 자유로운 상호작용을 위해서는 민주주의가 필수적이다. 민주주의 교육을 위해서는 학교 자체가 민주주의적이어야 한다.

진보주의 교육은 루소(J. J. Rousseau)에서 출발한 아동 중심 교육운동의 미국적 완성이라고 할 수 있다. 이를 통해서 공교육 제도 안에서 아동 중심 교육이 확고하게 자리 잡게 되었다. 그 영향은 자유세계 전체로 펴져 나갔다. 우리나라 역시도 광복 후 미군정하에서 진보주의가 활발하게 수용되어 '새교육운동'으로 전개되었다. 그렇지만 당시의 열악한 상황 안에서 진보주의는 우리교육에 성공적으로 정착하지 못하였다.

미국의 경우 진보주의 교육은 교육의 현장을 혁신적으로 개혁한 공로와 함께 학력저하를 초래한 원인을 제공하였다는 비판도 함께 받았다. 그럼에도 불구하고 여전히 권위적이고 비민주적이며 학생 중심의 교육과는 거리가 있는 우리 교육을 위해서는 분명한 의의를 가지고 있다.

### 2) 항존주의

항존주의(Perennialism)는 진보주의에 대항하여 나타난 사조 중 가장 분명하게 진보주의에 반대하는 입장에 있다. 허친스(R. M. Hutchins)나 아들러(M. Adler) 등이 대표적인 학자들이다. 진보주의가 변화를 강조하고 새로움을 동경하는 것에 비해서 항존주의자들은 절대적인 진리를 옹호한다(Kneller, 1971: 42). 사회의 변화에도 불구하고 변화하지 않는 영원한 것이 참된 것이고 이상적이며 그것이 진리라고 하였다. 교육은 이러한 것을 가르치는 것을 목적으로 하여야 한다는 것이다. 항존주의의 원리는 다음과 같다.

첫째, 환경의 차이에도 불구하고 인간의 본성은 어디에서나 동일하다. 그러므로 교육은 모든 사람에게 있어서 동일해야 한다.

둘째, 이성은 인간이 가진 최고의 속성이다. 따라서 이성을 계발하고 이성이 욕망을 통제하도록 교육해야 한다.

셋째, 교육의 임무는 영원한 진리를 밝히는 것이다. 교육은 아동을 영원한 진리로 인도하는 활동이 되어야 하며, 현실에 적응시키는 활동이 되어서는 안 된다.

넷째, 교육은 생활의 모방이 아니고 생활을 준비하는 것이다. 학교는 생활현장과 같을 수 없고 학생들이 문화적 전통의 핵심을 습득할 수 있도록 계획되고 준비된 곳이어야 한다.

다섯째, 학생들은 영원한 진리와 관련된 내용을 배워야 한다. 실용적인 내용들이 아니라 필수적인 기본 학과와 더불어 이성의 훈련과 지성의 배양과 관련된 내용들을 공부해야 한다.

여섯째, 문학, 철학, 역사, 과학 등의 인류의 지혜와 진리를 담고 있는 위대한 저서(Great Books)를 읽어야 한다고 주장하였다(Kneller, 1971: 45).

이와 같은 항존주의의 주장은 진보주의 교육이 초래한 학력저하나 미국 사회의 전통적 가치의 퇴보 등에 대한 대안을 제시하였다는 의의가 있다. 그럼에도 불구하고 인간을 너무 획일적으로 파악함으로써 인간에 대한 이해와 그에 기초한 교육을 지적인 측면에 한정하였다는 비판을 면할 수 없다. 지적 측면에 치우친 이러한 교육은 교육과 생활의 밀접한 연관 관계를 소홀하게 만들 수 있다. 뿐만 아니라 이성의 계발을 통한 진리의 탐구라는 교육목적과 교육활동은 언제든지 귀족주의적인 경향으로 흘러갈 위험을 포함하고 있다.

### 3) 본질주의

본질주의(Essentialism)는 1930년대 진보주의에 대항하여 나타난 교육사조이다. 배글리(W. C. Bagley)를 중심으로 하는 '미국교육 향상을 위한 본질파 위원회(The Essentialist Committee for the Advancement of American Education)'의 창설과 함께 등장하였다. 이들은 역사적으로 전수되는 문화유산에는 본질적인 내용들이 있으며, 그것은 오늘날에도 필수불가결한 것이기 때문에 교육을 통해서 가르쳐야 한다고 주장하였다. 이를 위해서 지식의 조직과 그 전달, 정신적 훈련과 아동의 노력 등을 강조하는 입장을 취하였다. 이들은 공통적으로 첫째, 교재내용의 재검토, 둘째, 학교계획에서 본질적인 것과 비본질적인 것의 구분, 셋째, 교실에서의 교사의 권위 회복 등에 관심을 기울였다.

본질주의자들 사이의 입장 차이에도 불구하고 다음과 같은 공통의 주장들을 정리할 수 있다.

첫째, 학습은 본질적으로 어려운 훈련과정을 포함한다. 아동의 흥미만을 따를 수는 없고 보다 원대한 목적을 위해 훈련이 병행되어야 한다.

둘째, 교육은 아동이 아니라 교사가 주도해야 한다. 교사는 성인 세계와 어린이 세계 사이의 중개자이며, 전문적인 준비를 갖춘 교사가 학생들의 성장을 지도할 수 있다.

셋째, 교육과정은 선정된 내용을 학생들에게 전달하는 것이다. 사회적 전통은 인간경험의 결정체들이기 때문에 학생들은 개별적인 흥미나 관심에 따르기보다는 이러한 전통을 학습하여야 한다.

넷째, 학교는 전통적인 교수방법을 수용해야 한다. 진보주의의 문제해결학습에도 장점이 있지만 전통적인 정신훈련(mind training)의 교수법들이 갖는 장점을 무시해서는 안 된다.

그렇다면 많은 사람들이 의문을 갖는 항존주의와 본질주의의 차이는 무엇인가?

첫째, 본질주의는 자연적 · 사회적 환경에 대한 개인의 적응에 관심을 갖기 때문에 영원한 진리를 추구하는 항존주의처럼 지적 교육만을 강조하지는 않는다.

둘째, 본질주의는 진보주의 교육의 교육방법을 인정하고 수용한다.

셋째, 항존주의는 과거의 전통을 인간의 보편적 진리로 인정하는 데 반해서 본질주의는 그것을 오늘의 문제해결을 위한 지식의 원천으로 이용하고자 한다(Kneller, 1971: 56-60).

### 4) 재건주의

재건주의(Reconstructionism)는 진보주의와 마찬가지로 실용주의를 바탕에 두고 있다. 그렇지만 진보주의와는 달리 현실을 부정적으로 보고 교육을 통해 새로운 사회를 건설해야 한다는 입장이다. 카운츠(G. Counts)나 브라멜드

(T. Brameld) 등이 대표적인 사상가이다.

브라멜드는 현대문명의 가장 큰 문제를 자본주의 사회의 독점자본의 지배라고 보았고 이를 극복하기 위하여 민중의 교육을 통해 경제적 균등과 민주사회의 재건을 이룩하여야 한다고 하였다. 이 밖에도 재건주의에서는 현대사회의 문제를 생활 · 건강 · 교육수준의 불균형, 인구의 폭발적 증가와 기아, 대지와 수질 등 오염 문제, 국가 간의 적대감과 증오심, 인종 간의 긴장과 파괴행위, 전제적 정치체제, 도덕감각의 붕괴, 과학의 폭발적 발달 등으로 정리하였다.

재건주의는 이러한 문제를 극복하기 위한 교육목적으로 사회의 민주적 개혁과 각 개인의 사회적 자아실현을 내세웠다. 미국을 중심으로 하는 현대사회의 문화적 위기를 타개하기 위해서는 교육을 통해 새로운 구성원들을 양성해야 한다고 하였다. 이를 위해서 교육의 목적과 수단 역시 문화적 위기를 극복할 수 있는 방향으로 변화되어야 한다고 주장하였다.

재건주의 교육의 기본적인 원리는 다음과 같다.

첫째, 교육은 오늘날 인류가 처한 문명의 위기를 극복하고 인간의 평화, 안전, 행복을 실현하는 새로운 사회질서의 창조에 기여하여야 한다.

둘째, 우리가 지향하는 새로운 사회는 민주주의 사회가 되어야 하며, 그 사회를 실현하는 과정 역시 민주적으로 이루어져야 한다.

셋째, 아동, 학교, 교육 등은 사회적 · 문화적 조건의 지배를 받는다. 그런 점에서 진보주의가 개인에 초점을 맞춘 것에 대해서 비판적인 입장을 취한다.

넷째, 교사는 새로운 사회 건설의 필요성과 정당성을 학생들에게 심어 주어야 하며, 그 과정은 민주적으로 이루어져야 한다.

다섯째, 교육의 목적이나 수단은 행동과학의 발견들과 일치되어야 하며, 현대사회의 문화적 위기 해소에 초점을 맞추어야 한다. 행동과학은 감정이나 독단에서 탈피한 보편적인 판단을 가능하게 하기 때문이다.

재건주의는 우리가 살아가는 자본주의 사회와 현대문명에 대한 성찰에 기초하고 있다는 점에서 매우 큰 의의가 있다. 교육이 일반적으로 그 사회와 문화에 대한 적응과 사회화를 목적으로 하는 데 반해서 재건주의는 비판이론과 같은 맥락에서 우리사회를 비판적으로 성찰하고 개혁하는 데 필요한 새로운 관점을 제공한다. 또 그 과정에서 교육의 역할과 민주주의에 대한 명확한 신념을 제공한다는 점에서도 의의를 찾을 수 있다.

재건주의 교육론의 가장 큰 문제점은 행동과학에 대한 맹신이라고 할 수 있다. 행동과학의 발견들 역시 여러 가지로 해석될 수 있으며 당연히 보편적 진리로 받아들여질 수 없다. 그런 점에서 이전의 견해들과 마찬가지로 오류일 수 있다. 따라서 행동주의에 기초해서 모두가 동의하는 미래사회의 이상으로 나아가는 것 역시 힘들다고 할 수 있다(Kneller, 1971: 61-65).

# 제 4 장
# 20세기 후반기의 서구 **교육철학**

1960년대와 1970년대를 거치면서 독일과 미국을 포함하는 서구의 교육철학계는 이전과 다른 경향으로 변화하게 된다. 이전까지 주류로 인정되던 사조들이 퇴조하고 실존주의, 교육인간학, 분석철학 등의 새로운 사조들이 등장하여 영향을 미치기 시작하였으며 전면에 부각되었다. 분석철학은 영·미 교육철학의 주된 조류가 되었다(Noddings, 1995: 42). 1980년대 이후에는 포스트모더니즘이 교육학계에서도 본격적으로 논의되기 시작하였다. 20세기 말의 사회변화의 가속화와 그로 인한 다원화된 사회현실을 반영하면서 포스트모더니즘은 단일한 관점과 논리에 기초하고 있지는 않지만 커다란 변화의 방향을 공유하면서 교육철학에 큰 영향을 미치고 있다(Usher & Edwards, 1994: 1). 이와 같은 다원화의 경향은 21세기 초반에도 계속되고 있다.

## 1. 실존주의 교육철학

실존주의(Existentialism)는 19세기 말 산업사회의 암울한 상황에 처한 인간 존재의 암울함에 대한 인식에서 탄생하였다. 산업화에 기초한 자본주의 사회는 인간을 기계의 부품처럼 취급하여 가치를 상실하게 하였다. 뿐만 아니라 급격한 도시화와 극심한 빈부격차로 인해서 도시빈민층의 삶은 극단적인 상황에 처해 있었다. 빈곤과 질병의 악순환 속에서 인간은 존엄성을 상실하고 신음하고 있었다. 이러한 상황에 대한 비판의 극단적인 형태가 마르크스가 제창한 공산주의라고 할 수 있다. 실존주의는 이와 같은 비참하고 극한적인 인간 현실에 대한 또 다른 목소리로 등장하였다. 삶의 비참함과 인간이 처한 한계 상황 안에서도 인간은 인간으로서 존재할 수 있으며, 인간으로 자기 자신을 결단하여야 한다는 주체성에 대한 각성이 실존주의의 핵심을 이루고 있다.

20세기 들어 잠시 주춤하던 실존주의는 두 차례에 걸친 세계대전을 겪으면서 다시 주목받기 시작했으며 20세기를 대표하는 철학 사조의 하나가 되었다. 세계대전은 이전까지 인간에 대해 가지고 있던 이성적 존재로서의 신념이나 인간 안에 있는 선한 가능성에 대한 믿음을 무너뜨리고 말았다. 서로가 서로를 죽이는 전쟁에 대한 광적인 몰입은 인간 안의 선한 본성에 대한 신뢰를 결정적으로 흔들어 놓았다. 실존주의는 이와 같이 이전까지의 인간에 대한 신뢰와 인간이해의 기본적인 틀이 무너진 상황에 대한 답을 제시하였다. 비록 인간이 처한 상황이 비참하고 인간 자신에 대한 긍정적이고 광범위한 믿음도 상실했지만 그 가운데서도 인간다움을 찾을 수 있고, 스스로 인간다움으로 결단할 수 있다는 것을 실존주의가 제시했기 때문이다.

실존주의 사상을 잘 보여 주는 문장으로 사르트르(J. P. Sartre)의 "실존이 본질에 앞선다(existence must precede essence)."는 말이 있다. 이는 인간의 삶과 인간 자신의 특징을 분명하게 보여 주는 실존주의의 표현이다. 실존주의 이전의 철학, 특히 플라톤 철학에 기초한 서양철학의 전통에서는 현실 세계의 모든 것이 진리의 세계인 이데아 세계의 그림자나 파생체 등으로 이해되었다. 인간 역시 이데아의 세계에 있는 완전한 인간 혹은 신(본질)의 불완전한 모방으로 이해되었다. 이 경우 본질로서의 이데아가 선행하고 현실에 존재하는 모든 것들(실존)은 그 본질을 모방하거나 본질로부터 유출되어 나오는 것으로 이해된다.

이에 비해서 실존주의에서는 인간을 완전히 다른 방향에서 이해한다. 인간은 미리 주어진 어떤 본질로부터 유출되어 나오는 것이 아니라 삶의 현실 속에서 현실과의 상호작용의 결과로 결정된다는 것이다. 따라서 미리 정해진 본질 혹은 태어날 때부터 주어진 가능성으로서의 본질 등의 개념은 성립될 수 없다. 인간의 본질은 현실 속에서 삶을 통해서 만들어지는 것이다. 예를 들어, 우리가 어떤 삶의 체험을 통해서 특별한 전환을 경험하거나, 불교적 개념으로 깨달음을 얻거나 할 때 그 전과 그 후의 나는 전혀 다른 존재일 수 있다. 따라서 태어나면서부터 변하지 않는 나의 나다움은 실존주의적 관점에서는 존재하지 않는다. 삶은 변화하고 인간 역시 변화하기 때문이다. 삶 속에서 어떤 특정한 순간에 자신의 본질을 파악하였다고 하더라도 새로운 순간에 또 다른 나로 변화할 수 있기 때문이다.

뿐만 아니라 인간은 물건들의 경우와 달리 하나의 본질로부터 여러 인간이 파생되어 나오지도 않는다. 물건의 경우에는 하나의 틀에서 여러 개를 찍어 낼 수 있다. 하나를 모델로 해서 비슷한 여러 가지를 만들어 내기도 한다. 이 경우에 본질이 앞서고 현실에 존재하는 여러 형태는 그 본질에 뒤따라 나온다고 할 수 있다. 그렇지만 인간은 현실의 삶 속에서 이루어지는 끊임없는 선택과 결단을 통해서 새로운 주체로 자기 자신을 만들어 간다. 그러므로 현실의 존재에 앞서 존재하는 본질에 따라서 만들어지는 인간이라는 구도가 성립되지 않는다. 이처럼 자기 자신의 존재에 대해서 관심을 가지고 스스로 결단해 가는 존재를 '실존'이라고 한다. 이와 같은 주체적인 결단을 통한 실존적 존재이기에 각각의 인간은 서로 전혀 다른 존재이며 다른 인간과 대체 불가능한 주체적 존재이다.

그런데 문제는 이렇게 스스로의 결단을 통해 만들어진 나 역시 지속적으로 유지되지 않는다는 데 있다. 실존주의에서 실존은 오직 순간적으로만 빛을 발하고 사라지는 것이라고 말한다. 이것은 한 번 파악된 나의 존재가 삶의 현실 속에서 다시금 잊히고 만다는 것을 의미한다. 실존은 언제나 그 자리에 있는 것이 아니라 매일 매 순간마다 새로이 획득되어야 한다(한전숙 · 차인석, 1980: 9). 그렇기 때문에 인간의 삶은 언제나 고독하고 절망적일 수밖에 없다.

하이데거(M. Heidegger)는 인간의 삶의 상태를 잡담과 대화에 비유하면서 인간 삶의 진정한 순간은 숱한 잡담 속에 묻혀 있는 짧은 대화처럼 지극히 적은 부분이라고 하였다. 이처럼 실존주의는 삶에 대해서 비교적 비관적인 태도를 취하고 있으며, 그것은 실존주의가 탄생한 시대적 배경이 반영된 것이라고 할 수 있다.

실존주의 교육철학의 대표적인 인물로는 부버(M. Buber)와 볼르노(O. F. Bollnow)를 들 수 있다. 이들 두 사람은 모두 '만남' 개념을 중심으로 실존주의 교육사상을 전개하고 정리하였다.

부버는 현대 산업사회의 인간들이 관계의 단절 속에서 고독하게 살고 있다고 파악하였다. 더욱이 자본주의 문명은 인간을 사물화시켜서 인간상실과 소외를 초래하였다. 이처럼 그는 현대인이 처한 비인간적인 삶의 원인을 관계의 왜곡과 단절에서 찾았다. 대표적 저서 중 하나인 『나와 너(Ich und Du)』에서 모든 관계를 '나-그것'과 '나-너'의 관계로 구분하였다. '나-너'의 관계가 인간 사이의 인격이 뒷받침된 참된 관계라면 '나-그것'의 관계는 대화적 관계를 벗어난 이용 가치에 기초한 관계라고 하였다. 따라서 현대인의 문제를 극복하기 위해서는 인격적인 '만남'에 기초한 참된 '나-너' 관계를 회복해야 한다고 주장하였다. 이와 같은 맥락에서 그는 모든 참된 삶은 '만남'이라고 하였다. 또 만남을 통해서 참된 나를 회복할 수 있다고 하였다(Buber, 1970).

볼르노는 실존주의의 인간관에 기초해서 기존의 교육과 실존주의 교육을 구별하고 실존주의 교육을 '만남'의 교육으로 정리하였다. 그는 기존의 교육을 수공업적 교육이해와 유기체적 교육이해로 구분하였다. 수공업적 교육이해는 학생을 재료로 보고 교사가 기술자가 되어서 적극적으로 학생을 어떤 존재로 만들어 간다고 이해하는 입장이다. 이에 비해서 유기체적-낭만적 교육이해는 학생 안에 이미 어떤 좋은 가능성이 주어져 있다고 보고 교사는 식물을 키우는 농부처럼 학생들의 가능성이 잘 꽃피우고 열매 맺을 수 있도록 돕는 사람이라고 생각한다. 이들 두 전통적인 교육이해는 서로 차이는 있지만 교육의 과정을 연속적인 과정으로 이해한다는 공통점을 갖는다.

반면, 실존주의적 만남의 교육은 비연속적인 교육이다. 다른 사람이나 사상과의 만남이나 신앙적인 체험 등을 통해서 인간은 갑작스럽게 보다 높은 단계로 비약한다. 이처럼 한 사람을 이전보다 높은 차원으로 이끌어 주는 순간적인 만남은 전통적인 연속적 교육과는 다르다. 그렇지만 이 또한 한 사람을 보다 나은 존재로 만들어 준다는 점에서 교육적인 사건이다. 볼르노는 이와 같은 의미에서 만남을 실존적 교육이해의 핵심 개념으로 파악하였다(Bollnow, 1959).

실존주의적 인간관은 교육철학뿐만 아니라 교육심리학, 상담 등 현대의 여러 학문 영역에 수용되어 깊은 영향을 끼쳤다. 실존주의는 인간의 주체적 결단과 의지의 강조 등을 통해 전인교육과 인간존중과 관련된 현대 교육학의 제 영역에 큰 영향을 미치고 있다.

## 2. 교육인간학

교육인간학(Pädagogische Anthropologie)은 1945년 이후 철학적 인간학과의 밀접한 관계 속에서 독일 교육학 안에서 대두되었으며, 1960년대에 여러 학자들이 논의에 참여하면서 독일 교육학계의 주요한 흐름이 되었다. 교육인간학은 인간 외적인 관점에서 인간을 이해하는 것을 거부하고 오직 인간 중심으로 인간을 이해하고 통합된 인간이해를 추구한다는 공통의 특징을 가지고 있다(윤재흥, 1999).

교육인간학의 특징은 교육인간학이 기초하고 있는 다음과 같은 두 가지의 인식론적 전제에서 분명하게 드러난다. 첫째, 어떤 특정한 측면에 기울어지지 않고 인간이 가진 모든 본질적 특성들을 근본적으로 동등하게 수용한다. 둘째, 원천적으로 인간으로부터 출발해서 인간을 인간 자체로부터 이해한다. 따라서 인간을 인간 외적인 존재와 비교하는 것으로부터 출발하여 인간을 이해하려 해서는 안 된다(Bollnow, 1988: 47).

이와 같은 교육인간학의 전제들은 교육에 있어서의 인간중심주의와 전인교육을 위한 강력한 밑받침이 될 수 있다. 또 다른 측면으로는 비인간적이고 편협하게 치우친 교육에 대한 비판적인 토대로 작용할 수도 있다. 예를 들어, 인간에게서 발견되는 모든 특질들을 동등하게 수용한다는 원리는 우리 교육의 지식교육에 대한 지나친 편향성을 비판하는 근거가 될 수 있다. 교육인간학은 또한 교육 외적인 시도들이 인간과 교육을 도구화하려는 시도에 대한 비판의 안목을 제공한다. 경제적 입장에서 국가경쟁력의 강화를 위해 교육을 도구화하려는 시도나 공산주의 사회 실현을 위한 혁명전사의 양성을 목적으로 하는 교육 등 교육을 비인간화하고 도구화하려는 모든 시도들에 대한 비판의 안목을 말한다.

1970년대까지 활발하게 연구된 교육인간학의 경향은 크게 통합적 교육인간학과 철학적 교육인간학으로 구분할 수 있다. 통합적 교육인간학에서는 수많은 개별적인 연구 성과들에 기초해서 최대한으로 통합적 인간상을 정립하는 것을 목표로 하는 반면에 철학적 교육인간학은 교육적 존재로서의 인간의 본질에 대한 통찰을 목표로 한다.

1970년대에 들어서면서부터 교육인간학은 인간학 자체에 대한 비판 및 교육학의 학문적 성격변화, 그리고 기존의 교육인간학에 대한 문제제기에 따라 다양한 관점에서 비판을 받게 되었다. 비판과 시대적 상황의 변화를 거치면서 교육인간학은 사회적 교육인간학, 행위적 교육인간학, 역사적 교육인간학, 발달적 교육인간학 등의 새로운 영역과 연구경향으로 변화되어가고 있다(정혜영, 2003: 103-109).

## 3. 분석철학적 교육학

1950년대 이후 교육학에 적용되어 영향을 미치기 시작한 분석철학(Analytic philosophy)은 1970년대까지 중요한 교육철학의 연구주제를 형성하였다. 분석철학은 논리학과 언어에 중요한 관심을 가졌다. 이들은 사고를 명확하게 만들고 제한함으로써 사고가 불투명하고 희미해지지 않도록 하는 데 초점을 맞추었다. 이를 위해서 사고가 표현되는 통로인 언어에 초점을 맞추었다. 그런 의미에서 분석철학은 언어분석철학이다.

이들에 따르면 철학을 포함한 많은 문제들이 언어의 복잡성에서 비롯된다. 적합하지 않은 다양한 맥락에서 개념들을 무분별하게 사용하는 것이 혼란을 가져오는 원인 중의 하나이다. 예를 들어, 식물의 성장과 어린이의 성장에서 '성장'이라는 개념을 동일하게 사용함으로써 식물의 성장에 포함된 의미가 어린이라는 전혀 다른 맥락에 무분별하게 전용된다는 것이다.

이와 같은 문제의식에서 출발한 분석철학은 크게 논리실증주의적 입장과 일상언어철학의 입장으로 나누어졌다. 논리실증주의적 입장은 우리가 사용하는 자연언어를 통해서는 언어 혼란의 문제를 극복할 수 없다고 본다. 그래서 기호논리학과 같이 엄밀한 인공언어를 만들어서 이 문제를 극복하려고 한다. 이에 비해서 일상언어철학은 자연언어를 분석하여 그 의미를 명확하게 하고 엄밀하게 사용함으로써 이 문제를 극복하려고 시도하였다.

분석철학적 교육학 역시 이와 같은 분석철학의 접근을 따르고 있다. 이들은 교육과 관련된 다양한 개념들을 분석해서 명확하게 하고자 하였다. 교육, 지식, 수업, 교화, 적응, 학습, 사회화, 평가 등 다양한 맥락에서 사용될 수 있는 교육 개념들을 분석하고 명료화하는 작업을 주요 과제로 하였다(유재봉, 2004; Noddings, 1995: 42).

분석철학적 교육학의 대표적 학자인 피터스(R. S. Peters)는 교육의 개념을 분석하여 우리가 '교육'이라는 용어를 쓸 때에는 최소한 다음과 같은 세 가지 기준을 충족시켜야 한다고 주장하였다(Peters, 1978: 45).

첫째, 규범적 준거로서 교육은 가치 있는 것을 전달함으로써 그것에 헌신하는 사람을 만드는 활동이다.

둘째, 인지적 준거로서 교육은 지적인 안목을 길러 줄 수 있는 내용들로 구성되어야 한다.

셋째, 과정적 준거로서 교육의 과정과 방법에 있어서는 학습자의 자율성과 능동성이 중시되어야 한다.

분석철학은 학문으로서의 교육학이 보다 엄밀한 체계를 형성하고 개념을 명료화하는 데 기여한 바가 크다. 이를 통해 교육학의 과학화에도 기여하였다. 반면에 교육의 이념, 교육관 등 전통적으로 교육에서 중요하게 여겨지던 근본적인 것들이 교육철학에서 배제되는 결과를 초래하였다. 또한 이미 만들어진 언어와 사상에 대한 분석에 초점을 맞추었기 때문에 창조적이고 생산적이기보다는 비판적이고 이론 편향적이라는 한계를 갖는다. 이러한 이론편향성 때문에 현장에서의 교육의 실천에는 기여하기 어렵다는 비판을 받고 있다.

## 4. 포스트모더니즘

1980년대 이후 교육학과 교육의 현실을 둘러싼 문제들은 보다 더 다양하게 분화되었다. 사회의 다원화와 문제의 다양화를 반영하는 사상적 조류가 포스트모더니즘(post-modernism)이다. 그렇지만 다원적인 사회와 마찬가지로 포스트모더니즘으로 지칭되는 조류 자체도 단일하지 않으며, 매우 다양한 접근들이 그 안에 포함되어 있다(오인탁, 1996: 354).

포스트모더니즘은 모더니즘이 지향하던 단일한 진리, 이성 중심의 인간이해, 인간중심주의 등과 거리를 두며 비판적인 입장을 취한다. 모더니즘의 이성중심주의에 기초한 종래의 인간과 세계에 대한 이해들이 포스트모더니즘 안에서 새롭게 이해되고 비판되고 해체되었다. 상대적으로 모더니즘이 주류로 인정한 것들에 의해 배제되었던 인간성을 구성하는 이성 이외의 부분들, 여성, 다양한 하위문화들, 성 등이 사회문화의 전면으로 등장하고 복권되었다. 이에 따라서 상대주의와 비이성주의가 포스트모더니즘을 대표하는 특징으로 이해되곤 한다(Rosenau, 1991).

이러한 포스트모더니즘의 등장은 교육 안에서 두 갈래로 이해되고 있다. 하나는 모더니즘의 이성중심주의에 대한 비판적 흐름으로서 상대주의와 비이성주의를 강조하는 경향이다. 모든 인간들은 이성이라는 공통 요소를 가지고 있으며 이 이성에 기초해서 서로 소통할 수 있고 또 보편적인 진리와 공동의 이해에 도달할 수 있다는 근대의 이성중심주의에 대해 비판적인 입장이다. 다른 하나는 종래의 모더니즘이 지향하였던 동일성과 주류문화에 의해 배제되었던 것들에 대해 관심을 기울이는 경향이다. 이를 통해서 모더니즘의 한계를 극복하는 한편, 모더니즘의 비판정신과 민주주의는 더욱 발전될 수 있다는 입장이다.

포스트모더니즘의 상대주의적 경향과 비이성주의는 교육에 있어서도 많은 변화를 초래할 수 있다. 모더니즘에 기초한 기존의 교육에서는 누구에게나 동일한 보편적인 진리를 추구하였다. 이를 위해서 진리에 도달할 수 있는 공통의 자질인 이성을 훈련시키는 지적 교육이 중심이 되었다. 당연히 이성적으로 더 훈련된 교사가 중심이 되었고, 진리를 담고 있는 교과서들이 중요하게 취급되었다.

반면에 비이성적이고 비합리적인 것으로 분류된 것들은 교육에서 배제되었다. 인간을 구성하는 여러 가지 요소들 중에서 이성 이외의 요소들은 상대적으로 덜 중요하게 다루어지거나 배제되었다. 신체의 교육, 감성의 교육 등은 전통적인 교육에서 이성의 훈련에 비해 덜 중요한 위치에 있었다. 성적인 부분이나 자유로운 감성의 표출 등은 절제되거나 혹은 배제되고 억압되었다.

포스트모더니즘의 상대주의는 이러한 근대적 교육전통을 바꾸어 놓을 수 있다. 이성은 이제 인간에게 유일한 덕목이 아니다. 공통의 이성에 근거한 공통의 진리 역시 당연한 것으로 받아들여지지 않는다. 그 결과 교과서에 기초한 교사 중심의 수업의 권위는 급격하게 감소하고 있다. 이성의 훈련에 집중된 교육내용 역시 큰 변화를 겪을 수밖에 없다. 이제는 교육 안에서 다양한 인간의 가능성들이 함께 논의되고 실천되고 있다. 교사의 역할이나 학교의 형태, 교육의 내용 등 교육 전반에 걸쳐서 다양성과 비형식성이 증가되고 있다.

또 근대의 이성중심주의적 경향에 따라서 비합리적인 것으로 간주된 것들은 교육에서 배제되거나 비판의 대상이 되었다. 오늘날 포스트모더니즘 안에서 새롭게 부각되는 개별 문화들의 특징적인 요소들이나 전통적인 생활방식 등이 근대교육 안에서는 배제되고 비판받았다. 우리의 근대화 과정에서도 전통적인 생활방식과 문화를 구성하는 많은 요소들이 비이성적이고 비합리적인 것으로 간주되어 폐기되었다. 한국적인 가옥, 생활방식, 무속을 비롯한 각종 민속 등이 모두 비합리적인 미신이나 구시대적이고 비효율적인 것으로 간주되었다. 오늘날 이러한 요소들은 포스트모더니즘의 상대주의와 비이성주의 안에서 새롭게 복원되고 가치를 인정받고 있다.

포스트모더니즘은 여전히 교육적으로 검토 중인 과제이고 페미니즘, 생태주의, 환경문제, 다문화주의 및 다원주의 등과의 관련 안에서 지속적으로 논의되고 있다(Noddings, 1995; Usher & Edwards, 1994). 포스트모더니즘의 등장과 더불어 다양성이 존중되고 많은 새로운 요소들이 교육적으로 의미 있게 부각된 것은 긍정적 요소라고 할 수 있다. 반면에 포스트모더니즘이 가진 상대주의와 비이성주의를 극단적으로 수용할 경우에는 소통 불가능성과 교육의 붕괴를 초래할 수도 있다는 우려가 함께 존재하는 것이 사실이다.

## 5. 교육철학의 최근 연구동향

### 1) 서구 교육철학계의 연구동향

1980년대에 접어들면 영 · 미 교육철학계는 인간의 본성을 새롭게 규정하려는 노력과 사회적 실제에 대한 관심이 증가되면서 분석적 교육철학은 주류로서의 세력을 잃게 된다. 교육철학의 관심영역은 교육 개념 분석과 교육적 논의의 논리적인 가정을 밝히는 등의 순수 이론적인 것에서 벗어나 인간의 삶과 직접 관련된 다양한 사회적, 정치적 문제와 교육정책 등과 같은 교육실제로 전환되었다(유재봉, 2004: 104). 이전의 주류였던 듀이 철학, 분석철학, 대륙철학, 논리학과 비판적 사고, 인식론, 사회철학 등의 주제와 함께 윤리학과 도덕교육, 사회정치철학, 페미니즘 등으로 논의를 확산시켜가고 있다. 아울러서 예술교육, 다문화교육, 종교교육 등도 중요한 논의의 주제로 부각되고 있다(Noddings, 1995: 198-199; Sterba, 2001). 한마디로 교육철학은 사회와 인간관의 변화를 반영하면서 실제 교육현상에 대한 접근으로의 방향을 전환하였다.

최근 서구 교육학계의 연구동향의 특징을 몇 가지로 정리하면 다음과 같다.

첫째, 교육과 교육학의 바탕이 되는 삶의 변화와 그에 따른 인간관의 변화에 대한 연구들이 다수를 차지하고 있다. 포스트모던 사회, 다원주의, 다문화 및 다민족 사회, 국가 간 이해, 환경 및 생태, 인터넷 및 정보화 등이 중요한 주제로 논의되고 있다.

둘째, 사회와 인간의 변화에 따라 교육은 어떻게 이해되고 변화될 수 있는가에 대한 논의들이 활발하게 전개되고 있다. 평생교육, 직업교육, 환경교육, 도덕교육, 공동체 교육, 미의식을 포함한 감성교육, 종교교육과 영성교육, 인터넷 매체 교육 등의 주제들이 교육철학의 논제로서 새롭게 부각되고 있다.

셋째, 학교의 역할과 변화, 교육개혁 등 현재의 학교를 비롯한 교육 상황과 문제에 대한 논의가 증가하고 있다. 교육개혁, 교사교육, 교육의 질, 평가, 학교 연구, 가정교육, 고등교육 등의 주제들이 현장교육과 관련하여 자주 거론되고 있다.

넷째, 사조나 사상가 자체에 대한 연구는 줄어들었다. 대신, 현안 문제와 관련하여 사조나 사상을 재해석하고 비교의 관점으로 끌어들이는 연구들이 많아졌다. 또한 도덕교육, 페미니즘, 포스트모더니즘 등과 관련해 20세기 후반에 등장한 사상가들(Greene, Noddings, MacIntyre, Taylor, Rawls, Williams, Rorty 등)에 대한 논의가 비교적 활발하게 진행되고 있으며, 이들의 현실교육에 대한 이해와 주장을 검토하는 논의를 통해 새로운 연구의 흐름들이 생겨나고 있음을 알 수 있다.

최근의 서구 교육철학계는 시대적 변화에 부응하여 새로운 교육철학적 모색이 다양하게 이루어지고 있다. 새로운 주제들이 많이 교육철학의 영역 안으로 등장하여 교육현실의 문제에 답하면서 교육철학의 영역을 풍부하게 확장시키고 있다. 주제는 다양하게 분산되었지만 교육철학은 여전히 현실교육의 문제를 파고들어 인간과 교육의 본질을 묻고 있으며, 새로운 인간이해와 교육이해를 재구성하기 위한 시도를 계속하고 있다. 따라서 그 안에서 이전

시대의 교육철학자들의 사상과 관점들이 함께 동원되고, 또 새로운 관점들이 함께 논의되고 있다. 이런 과정을 통하여 교육철학은 변화하면서 풍부해지고 있으며, 새로운 인간이해와 교육이해를 향해 열려 있다.

### 2) 한국 교육철학계의 연구동향

앞에서 보았듯이 현대 서구 교육철학은 현실의 교육 상황과의 밀접한 연관 아래 연구되어 왔으며, 20세기 말로 오면서 점차적으로 그 거리를 더 근접시켜 왔다. 현재 새롭게 등장해서 논의되고 있는 서양 교육철학의 다양한 주제들은 기존의 철학적 관점 및 사유양식과 그 결과로서의 철학적 체계가 담아내지 못했던 새로운 문제들을 논의하면서 등장하였다.

이에 대해서 한국의 교육철학 연구가 어떤 방향으로 전개되고 있는지를 살펴보자. 최근 교육철학계에서는 교육철학 연구의 동향에 대한 분석과 미래의 연구 방향에 대한 논의들을 새롭게 시도하였다. 이와 같은 연구사 및 교육학의 성격을 둘러싼 논의들은 기존의 교육철학 연구에 대한 반성과 반성에 기초한 새로운 방향모색이라는 점에서 의의가 있다. 논의의 내용들을 요약하면 다음과 같다.

첫째, 학교교육, 교육개혁, 열린교육 등 현장교육과 관련된 연구들이 증가하고 있다(박의수, 2004). 교육철학계의 최근의 연구경향을 대표하는『교육철학』에 실린 주제들 중에서도 "다문화사회 및 다문화교육에 대한 논의와 그 적용의 적절성 고찰"(장사형, 2017), "공립학교에서의 종교교육의 필요성과 역할"(한일조, 2017), "국가 수준 인성교육 정책에 대한 철학적 고찰"(최석민, 2016), "2015개정 교육과정의 쟁점과 교육철학의 과제: 핵심역량과 교육목적을 중심으로"(박창언 · 김유라, 2016) 등 현재 우리 사회에서 논의되고 있는 주제들에 대한 교육철학적 논의들이 전개되고 있다. 이와 같이 우리 교육현실과 직접 관련 있는 주제들이 교육철학 연구의 연구 주제로 등장하고 있는 것은 매우 바람직한 현상으로 평가할 수 있다.

둘째, 다문화, 정보화 사회, 환경교육, 생태, 여성, 공동체, 통일 등의 20세기 이후의 인간 상황과 교육 상황의 변화를 반영한 새로운 주제들이 논의되고 있다. 이는 서양의 사조 중심이나 사상사 중심의 연구들과는 다른 경향의 새로운 연구경향들이 나타나고 있음을 보여 준다. 영·미 교육철학계나 유럽의 교육철학계에서 보이는 연구 관심의 다양화 현상이 우리 학계에도 그대로 나타나고 있으며, 연구의 격차가 해소되어 가고 있음을 보여 준다.

이러한 성과와 함께 다음과 같은 한계도 지적되었다.

첫째, 여전히 현실과 동떨어진 연구가 많다. 1991년 이후 2003년까지의 교육철학, 교육학 연구, 박사학위논문을 분석한 박의수의 연구 결과에서도 인물과 교육사조에 대한 연구가 전체 연구의 42%를 차지하고 있다. 이에 비해서 우리 교육의 현안이라고 할 수 있는 통일, 교육개혁, 열린교육 등은 66편으로 14%에 불과하다(박의수, 2004).

둘째, 학교교육, 인성교육, 도덕교육 등 현재 우리 교육의 첨예한 문제들이 독일의 학교교육이론, 듀이, 롤스(J. Rawls), 오크쇼트(M. Oakeshott) 등의 도덕교육론 등에 대한 연구에 의존하고 있다. 현실의 문제에 대한 천착은 없고 대안은 동떨어진 곳에서 연역적으로 제시되고 있다. 외국에서 연구된 성과들이 우리 교육의 문제에 대한 해결책과 실천을 위한 지침으로 소개되고 있다.

셋째, 새로운 주제들이 등장하였으나 이미 영국과 미국, 독일에서 다룬 내용들을 소개한 경우가 많다. 그래서 대부분의 새 주제에 대한 연구 앞에는 외국 학자의 이름이 붙어 있다. "노딩스(Noddings)의 배려를 위한 대화의 교육적 의미" "하버마스(Habermas)와 루만(Luhmann)의 의사소통이론과 교육" 등으로 외국 교육철학의 수용과 소개의 범주 안에 머물러 있는 연구들이 많은 실정이다. 2000년대에 들어와서도 별다른 변화가 없어서 절대 다수의 연구들이 외국학자나 외국이론을 소개하는 데 머무르고 있다.[1)]

이러한 한계들은 교육철학계의 '방법론적 반성의 공백'상태를 보여 주는 것으로 이해된다. 외국의 교육사조들의 내용을 수용하는 데 치중하고 있으며, 수용에 있어서도 그러한 교육사조들이 전개된 바탕을 이루고 있는 방법론들을 인식하고 수용하는 데에는 소홀하였다는 것이다. 이에 따라서 방법에 대한 이해가 부족해서 방법론을 통로로 만들어진 내용의 수용으로 그친 측면이 있다(오인탁, 1990, 2004)는 것이다. 같은 맥락에서 연구동향과 관련된 최근의 연구에서는 공통적으로 교육철학 연구의 현실과의 거리를 우려하면서 한국 교육의 현장에 대한 관심과 철학을 요청하고 있다(박의수, 2004; 오인탁, 2004; 유재봉, 2004).

교육철학의 전통적 과제 중 하나는 언제나 시대를 읽는 것이다. 시대를 읽는다는 것은 시대를 바르게 그리고 다르게 보고 듣고 말하기를 끊임없이 시도하는 것이다. 그리하여 시대를 앞서서 사유하며 길을 제시하고 밝히는 것이다(오인탁, 2004: 82). 교육철학을 비롯한 모든 학문은, 비록 그것이 순수 이론을 추구하는 기초학문이라고 할지라도, 현실과의 끊임없는 순환적 상호작용 위에서만 성립할 수 있다. 이런 의미에서 한국의 교육철학이 정체성을 확립하지 못하고 있다는 비판 역시 가장 중요한 원인은 교육현실과의 괴리에서 찾을 수 있다(박의수, 2004: 18).

따라서 한국의 교육철학 연구가 한국 교육에 기여할 수 있기 위해서는 방법론에 대한 충실한 이해에 기초해서 한국 교육의 현실에 접근할 수 있어야 한다. 끊임없이 교육현실에 대해 관심을 가지고, 기존의 교육이해와 연구 결과들이 보지 못했던 문제의 본질적인 측면들을 새롭게 이해할 수 있을 때 우리 교육에 대한 이해를 심화시킬 수 있고, 문제의 본질을 파악해서 근본적이고 적절한 대안들을 제시할 수 있다.

---

1) 실례로 2017년 7월 현재 『교육철학』지의 최고 인용 학술논문은 듀이(Dewey) 관련 논문이다. 최근 10년으로 한정하면 퇴계와 듀이 관련 논문이 최상위 그룹에 속한다. 인용 빈도 상위 그룹에 속한 학술논문 중 우리 교육현실을 다룬 논문은 찾아보기 힘들다.(Naver 전문정보 『교육철학』)

기존의 것을 모르고서는 새로운 것을 창조할 수 없다는 점에서 서양 교육철학의 관점과 연구방법을 소개하고 재생산하는 것은 의미 있다. 그렇지만 그 안에 머물러 있는 것만으로는 부족하다. 어떤 연구 관점과 방법론의 소개와 이미 연구된 연구 결과들을 공부하는 것과, 그 관점 및 방법론으로 우리 교육의 현실을 파악해 내고 그 특징에 비추어 대안을 제시하는 것은 다른 차원의 문제이다. 그런 맥락에서 최근 우리 학계에서도 정부의 교육정책, 현행 교육과정 및 교과서, 인성교육, 다문화 등에 대한 검토가 이루어지는 것은 바람직한 방향으로의 변화라고 평가할 수 있다.

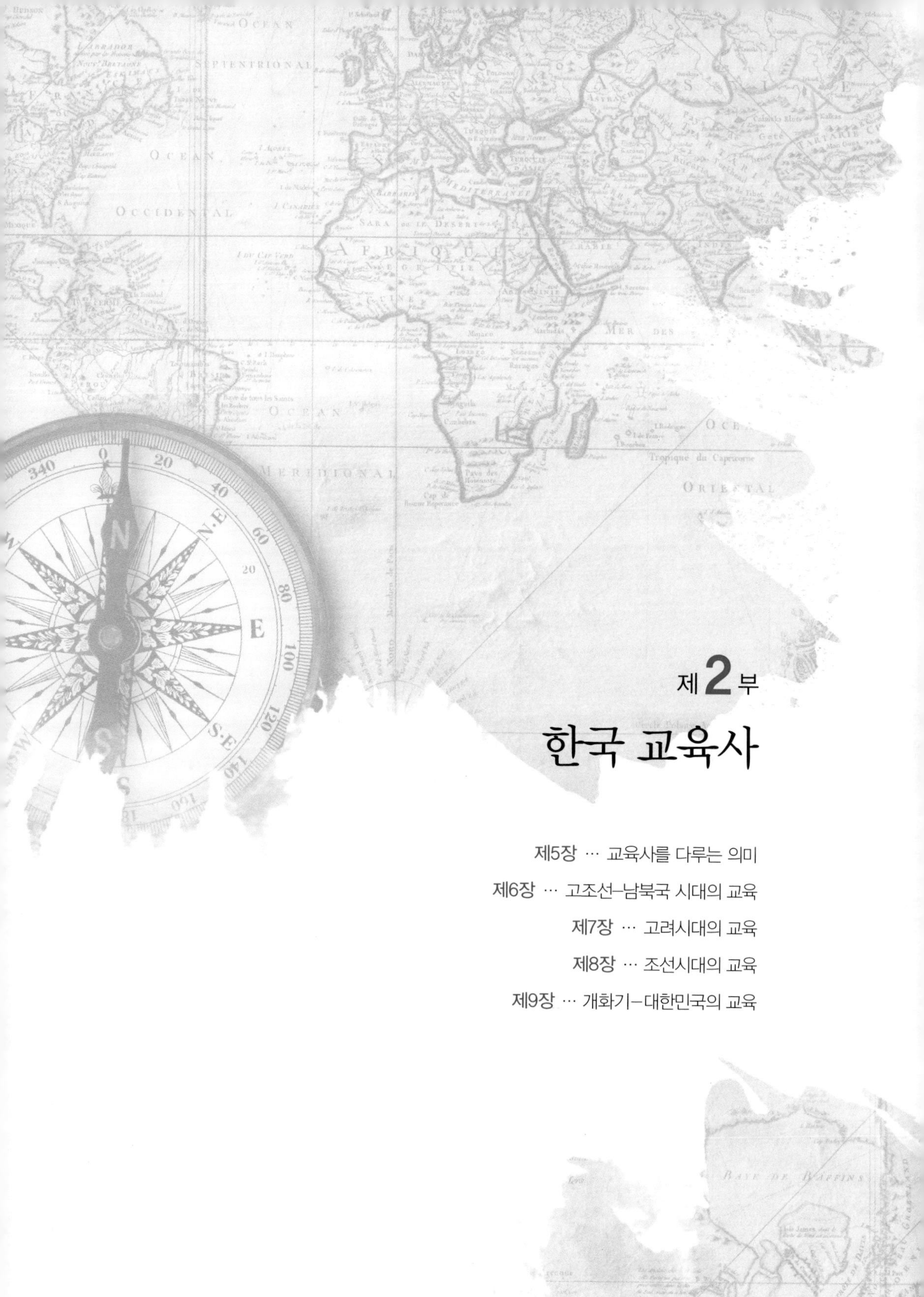

OCEAN
SEPTENTRIONAL
OCCIDENTAL
MERIDIONAL
ORIENTAL
Tropique du Capricorne
N
E
S


# 제 2 부 한국 교육사

# 제 5 장
# 교육사를 다루는 의미

## 1. 교육사는 우리에게 어떤 의미가 있는가

역사란 무엇인가? 사노라면 때때로 옛날 일기를 들추어 볼 때가 있다. 예전의 어느 땐가가 그리울 때, 나를 잃어버린 것 같을 때, 외롭고 쓸쓸할 때 등. 어떤 경우든 현재의 삶이 순탄하지 않고 문제가 생겼을 때 우리는 옛 일기를 들추어 보게 된다. 옛 일기를 읽으면서 그 안에서 나를 찾는다. 오늘의 나를 있게 한 예전의 나의 모습, 혹은 오늘의 나와 다른 어떤 나, 나의 잃어버린 자아를 찾는 것이다. 또 오늘의 나를 있게 한 과거의 나의 모습과 결정적으로 나를 변화시킨 계기를 만든 시간들의 흔적을 찾는 것이다.

역사도 그와 같지 않을까 생각해 본다. 과거의 나를 찾거나 오늘의 나를 이루게 한 과거의 나를 보는 것처럼 오늘날의 우리 사회를 만든 과거의 우리 사회의 모습을 돌이켜 보는 것이다. 오늘의 나를 형성하고 있는 예전의 나, 내 안에 간직되어 있어서 나를 움직이는 과거에 관심을 갖는 것이다. 이를 통해서 오늘의 나를 이해하고 새로운 나를 향해 나아가는 디딤돌로 삼는 것이다. 사회와 국가와 민족에 있어서도 역사는 이와 같은 의미가 있다. 현재의 우리가 비롯된 예전의 우리의 삶을 돌이켜 오늘을 이해하는 노력이며, 미래의 우리를 설계하는 일이다.

교육의 역사는 무엇인가? 교육의 역사와 철학은 인간이해의 변천사이면서 그에 따른 인간 교육의 변천사이다. 인간을 어떻게 이해하는가에 따라서 교육의 변화가 이루어져 온 역사이다. 전 시대를 주도했던 인간관이 새 시대의 흐름 안에서 새롭게 조명되고 조정되어 새로운 이상적 인간관이 형성된다. 새로운 인간관이 채택되어 전파되면서 또 한 시대의 주류 인간관이 된다. 이렇게 해서 역사 속에는 다양한 인간관이 등장하고 변화해 왔다. 각 시대의 교육은 각기 그 시대의 이상적인 인간의 양성을 목표로 한다. 따라서 인간관의 변화는 교육의 변화를 만들어 낸다. 인간관의 변화는 곧 교육의 변화를 의미한다.

역사 속에서 등장한 다양한 인간관과 그 변화와 다름을 보는 것이 교육의 역사이다. 과거를 돌이켜 봄으로써 우리 세대를 이해할 수 있다. 더 나아가 현재와 미래의 나와 우리의 삶을 어떻게 변화시킬지를 생각하는 것이다.

대학생이 되기까지 우리는 주어진 세계 안에 살았고 이미 만들어져 있는 관계와 질서 안에 나의 삶과 존재를 맞추어 왔다. 그렇지만 앞으로는 나의 생각과 꿈에 따라서 내 삶과 주변, 나의 시대와 세계에 새로운 질서를 만들어 나갈 것이다. 나의 관점에서 기존의 질서를 개혁하고 새로운 세계를 만들어 나갈 것이다. 그것을 준비하는 과정의 최종단계가 대학생활이다.

교육사는 지나간 시대의 질서와 그 질서가 기초하고 있는 인간관과 그 인간관에 기초해서 이루어진 교육의 역사를 살펴보는 것이다. 지나간 시대의 인간관과 그에 따라 형성된 교육은 어떠했으며, 오늘의 그것은 어떠한지를 살펴보는 것이다. 그와 같은 작업을 통해서 오늘날 우리의 현실의 변화를 위한 기본적인 생각과 이해를 구축해 가는 기초를 쌓아가는 것이다.

역사 공부는 이해의 지평을 확장해 가는 과정이다. 가다머(H. G. Gadamer)는 해석학을 논하면서 '지평 융합(fusing of horisons)'이라는 말을 만들어 냈다(Gadamer, 1960: 307). 내가 가지고 있는 어떤 사실, 문제에 대한 이해는 삶의 경험과 지식과 관점에 기초해서 만들어진 나의 이해이다. 따라서 그 이해는 내적 세계라는 단일한 지평에 속하고 있다. 우리의 속담에 "우물 안 개구리"라는 말이 있다. 이것은 한 사람의 이해의 지평이 그 사람의 삶의 세계에 제한되기 때문에 빚어지는 이해의 한계를 분명하게 보여 주는 말이다. 우물 안에 있는 개구리가 그 우물 안의 세계만을 전체로 여기며 살 수밖에 없는 것처럼, 우리도 자신의 경험 세계가 만들어 낸 이해 안에 한정되어 있다는 것이다.

그런데 우리가 여행이나 어떤 특별한 계기를 통해서 낯선 세계를 경험하게 되면 이전에 경험하지 못한 낯선 세계를 알게 된다. 이와 같은 낯선 세계에 대한 경험은 우리에게 새로운 이해의 차원을 열어준다. 또 어떤 사람의 책을 읽음으로써 그 사람의 내적 세계에 공감하게 될 때 독자로서의 나의 내적 세계와 저자의 내적 세계가 합해져 하나의 새로운, 보다 넓은 이해의 세계와 차원으로 승화한다. 이 경우 내적 세계를 지평으로 본다면 두 개의 이해의 지평이 하나의 보다 넓은 지평으로 합해진 것이 된다. '지평 융합'이란 이러한 이해의 만남과 확장의 과정이라고 간단하게 설명할 수 있다.

그렇지만 지평 융합은 단순하게 나의 세계를 조금씩 넓혀 가는 것을 의미하지는 않는다. 확장이 아닌 융합은 기존 세계를 보전하고 그 영역을 확대하는 것은 아니다. 기존의 나의 생각과 나의 이해와 나의 중심이 흔들리고 개혁되며 새로운 차원으로 나아가는 것이다. 나의 동일성이 보전되고 흔들리지 않는 평온한 성장을 지평 융합이라고 하기는 어렵다.

오히려 지평 융합은 나와는 다른 이질적이고 낯설고 충격적인 세계를 경험하는 것을 의미한다고 보아야 한다. 내가 예측하지 못하였고 기대하지 않았던 그 무엇인가를 만나고 경험하고 부닥쳐서 기존의 내가 흔들리고 깨어지고 새롭게 정립되는 그런 만남을 의미한다. 낯선 세계와의 만남을 통한 근본적이고 날카로운 변화가 지평 융합이라는 말의 의미에 포함되어 있다.

역사를 통해서 나와 다른 시대, 나와 다른 지역에 대해 공부하고 이해하게 될 경우, 우리는 거기에서도 지평의 융합을 경험할 수 있다. 이 시대의 우리 사회에 국한된 나의 경험과 그 경험에 기초하고 있는 나의 이해가 다른 시대와 다른 지역의 삶의 역사를 통해 확장되고 새로운 차원으로 나아가게 되기 때문이다. 역사는 나의 제한된 시대적 · 사회적 삶을 보다 폭넓은 경험으로 열어 주는 역할을 한다. 그 안에서 나의 이해지평의 확장과 내적 세계의 성장이 이루어진다. 역사 공부는 현재 나의 일상 문제에서 출발해서 문제의 근원으로 거슬러 올라 해결책을 탐색하는 것이다. 그리고 나의 이해의 확장을 통한 내적 세계의 성장을 함께 도모하는 일이다.

## 2. 우리 교육의 뿌리는 무엇인가

고대는 근원이다. 그 이후의 모든 삶이 고대에서 발원해서 흘러간다. 고대는 방향의 제시요, 발전의 전제조건이다. 큰 강의 발원지처럼 고대로부터 여러 흐름들이 시작되어서 오늘날의 세계사라는 큰 흐름이 형성되었다. 그러므로 오늘을 이해하기 위해서는 그 근원이 되는 고대로 되돌아가야 한다. 강물의 흐름을 거슬러 올라가야 비로소 그 근원에 닿을 수 있는 것과 마찬가지이다.

오늘날 한국의 교육은 동양과 서양의 역사적 전통에 함께 연결되어 있다. 따라서 우리 사회의 교육을 이해하기 위해서는 동양적 뿌리와 서양적 뿌리를 동시에 살펴보아야 한다. 고대 그리스의 철학적 근원과 히브리에 근거한 종교적 전통, 근대 이후의 인본주의, 합리주의, 민주주의 등은 우리 시대의 교육과 떼어 놓을 수 없는 중요한 서양적 전통이다. 불교, 유교 등의 동양적 전통은 말할 필요도 없다.

이들 각각의 원천들은 그 후의 시대에서 어떻게 작용하는가? 고대에 이은 중세, 근세, 현세에서, 서구와 한국에서 이들 각각의 원천은 어떻게 작용 · 형성하고 잔존 또는 소멸했는가? 가장 궁극적인 것은 오늘의 한국에서 내게 의미 있는 삶의 현실, 교육의 현장에서 이들 사상이 어떤 의미가 있는지를 다루는 것이 교육사를 배우는 중요한 이유 중 하나가 될 것이다.

그렇다면 처음부터 우리의 것은 없는가? 위에서 언급한 동서양의 전통들은 모두 우리 고유의 것이라기보다는 외부로부터 흘러 들어와서 우리의 전통으로 자리 잡은 것들이다. 처음부터 우리의 것이면서 언급할 만한 중요한 가치를 갖는 전통은 포함되어 있지 않다. 이와 관련해서 동서양의 커다란 전통과 더불어 무엇이 한국교육의 고유 원천인가가 중요한 문제로 부각된다.

오늘의 한국인과 한국교육을 있게 한 원천들, 그래서 오늘의 나를 있게 한 원천들에는 앞서 언급한 요소가 어느 정도 영향을 미친 것이 사실이다. 그렇지만 우리가 아직 밝혀내지 못한 한국적인 어떤 원천이 있는 것도 분명하다. 오늘날 우리가 생각하고 살아가는 방식은 유가(儒家)적인 것도 불가(佛家)적인 것도 도가적인 것도 아니기 때문이다. 이들 요소가 어느 정도 우리의 생각과 삶에 영향을 미치지만 그 외에 어떤 커다란 요소가 오늘의 한국인의 얼을 형성하고 있다.

동서양의 위대한 사상과 원천들이 우리의 교육을 이해하는 데 도움을 주고 또 많은 영향을 미쳤다. 하지만 오늘 우리를 있게 한 원인들 중에는 외래적 전통과는 분명하게 구별되는 우리의 것이라고 할 수 있는 내용들도 있을 것이다. 어떤 영향을 미쳤거나 혹은 미치고 있으면서도 잘 정리되지 않지만 근본적인 뿌리와 작용으로서 고려해야 하는 요소가 반드시 있을 것이다. 이와 관련해서 어떤 이들은 무속을 말하고 또 어떤 이들은 '한' 사상을 말한다. 그렇지만 아직 분명하지는 않다.

이와 관련해서 이 책에서는 천신숭배의 전통을 중요하게 다루었다. 특히 고대사회의 교육과 관련해서 공통적으로 등장하는 천신숭배의 중요성에 주목하였다. 불교 전래 이전의 한국사회에 대한 서술에서는 고조선, 부여, 삼국에서 공통적으로 천신숭배에 대한 기록을 찾아 볼 수 있기 때문이다. 이러한 천신숭배의 전통은 비록 불교에 의해 대체되었지만 조선시대에도 부분적으로 전해졌음을 찾아 볼 수 있다. 앞으로의 연구를 통해 관련 논의들이 보다 활발해지고 우리 역사와 교육사의 뿌리에 대한 이해가 더욱 분명하고 깊어지기를 기대한다.

한국인과 한국의 교육을 이해하는 데 있어서 지금까지 드러나지 않은 우리 고유의 것에 대한 탐색은 지금 이 시대에 주어진 중요한 과제이다. 우리는 지금까지 그것을 모르는 채로 한국인과 한국의 교육에 대해 말해 왔다. 한국인과 한국의 교육을 보다 정확하게 이해하고 그에 기초해서 합당한 개혁을 진행하려면 거기에 대한 고찰과 논의가 보완되어야 한다. 이것이 미래의 주인이 되어 교사와 교육학자로 활동할 젊은 학생들에게 부여된 과제이다.

교육사를 다루는 것은 현재의 우리가 어디에서 왔으며, 우리가 가진 특징, 문제 등의 원인이 어디에 뿌리를 두고 있는지를 알기 위해서이다. 내일을 위한 오늘의 개혁에 있어서 적절한 방향과 방법을 구하기 위해 과거를 돌아보는 것이다. 그러므로 우리가 다양한 요소들을 다루지만 언제나 우리의 한국적 현실, 지금의 나의 모습으로 돌아오게 된다. 나를, 우리를 우리이게 만드는 것은 무엇인가? 그것이 첫 번째일 것이다. 두 번째는 지금의 나로부터 출발하는 미래의 나이다. 지금의 나에 비추어서, 그리고 지나간 시대의 모든 위대하고 아름다운 인간이해에 비추어서 나의 미래의 모습, 우리의 미래의 삶, 다음 세대의 한국인의 사람됨은 어떠해야 할 것인지를 생각하는 것이다.

## 3. 편향된 역사이해와 교육사 서술의 불균형

많은 교육사 관련 교과서들이 한국교육사를 서술하면서 삼국시대를 본격적인 기점으로 하고 있다. 신라의 화랑이나 고구려의 경당을 한국의 전통적인 교육제도로 들면서 이에 대해서 고구려의 태학을 본격적인 교육기관의 첫 형태로 서술하고 있다. 그 이후의 교육사는 대체로 통일신라의 국학, 고려의 국자감, 사학, 향학을 거쳐 조선의 성균관과 사부학당, 향교, 서원 등의 유학 교육기관을 중심으로 서술된다.

이와 같은 입장을 그대로 받아들이면 다음과 같은 커다란 세 가지 문제를 묵인하게 된다. 첫째, 한국교육사의 출발점은 삼국시대로 한정되고 그 이전의 우리 역사는 교육사와는 무관한 역사가 되고 만다. 삼국 이전에 우리 민족에게는 체계적인 교육이 없었고 체계적인 교육을 시행할 수 있는 국가적 · 민족적 역량도 인정하기 힘들다는 것이다. 둘째, 한국교육의 역사는 중국에서 전래된 한학과 유학의 교육으로부터 출발하게 된다. 그 이전의 민족의 전통적 교육은 교육의 역사에서 중요한 비중을 차지할 수 없게 된다. 셋째, 한학과 유학의 교육이 우리 민족의 교육사의 중심을 차지하게 되면 결과적으로 대부분의 피지배층 민중의 교육을 포함해 풍부한 교육적 전통이 배제되고 만다. 한학과 유학은 중국과의 교류와 국가의 통치를 위한 교육이었으므로 민중들의 교육과는 거리가 있었기 때문이다.

실제로 한국교육사의 서술에서 많은 책들이 한글의 창제를 다루지 않고 있다. 유학과 유학교육기관들은 상세하게 서술하면서도 한글의 창제와 보급에 대해서는 전혀 언급하지 않는다. 뿐만 아니라 유학교육 이외의 불교교육과 기술교육, 민간에서 이루어진 다양한 비형식적 교육에 대해서도 서술하지 않는다. 불교가 융성했던 통일신라와 고려시대의 교육에 대한 서술에서조차 불교교육과 관련된 내용은 찾아보기 어렵다. 그래서 한국교육사는 비교적 풍부한 유학교육의 역사, 한국교육의 중국화에 대한 서술이 중심을 이루게 되었다. 그야말로 절름발이 역사요 주류들만의 역사 중심으로 서술되고 있다.

이와 같은 문제들이 생기게 된 원인은 무엇인가? 한마디로 우리 민족의 역사와 교육의 역사를 바라보는 눈이 잘못되었기 때문이라고 할 수 있다. 우리 민족과 교육의 역사 중에서 어떤 것은 가치 있게 생각하고 또 어떤 것은 의미 없는 것으로 여겨 버리거나 혹은 아예 보지도 못하는 역사를 보는 눈의 문제이다.

그렇다면 역사를 바라보는 눈이 어떻게 잘못되어 있는가? 우리 교육사의 서술과 관련해서 역사를 보는 눈, 즉 사관(史觀)이 한쪽으로 치우쳐 있다. 우리의 교육사 서술은 대체적으로 제도교육에 치우쳐 있고 비제도적인 교육은 서술하지 않거나 간단하게 처리해 버리는 경향을 가지고 있다. 또한 주로 중국의 역사서를 중심으로 하는 사서의 기록은 중요하게 취급하는 반면, 그 밖의 기록들이나 신화나 설화는 물론이고 고고학적 발굴 등의 역사적 흔적들은 중요하게 취급하지 않고 무관심한 경향이 있다.

한국교육사의 서술은 학교제도의 나열이 되고, 삼국시대 이후의 유학교육의 변천과정을 주로 다루고 있다. 삼국 이전의 고조선과 선사시대의 교육은 교육사 서술에서 사라져 버리거나 지극히 작은 부분으로 축소되고 말았다. 또한 유학 이외의 사상적 전통들도 우리의 교육사에서 사라져 버리게 되었다. 단군신화를 비롯한 다양한 신화와 설화, 구전 등에 남아 있는 교육적 흔적들이 배제되고, 삼국 이후 우리 역사에서 가장 큰 비중을 차지하였던 불교교육이 제대로 정리되지 못하고 있다. 제도권 밖에서 민족의 삶의 전통을 유구하게 계승해 온 민중들의 일상의 삶과 교육이 교육사에서 사라져 버렸다.

우리 교육의 역사를 바라보는 관점의 특징을 정리하면 다음과 같다.

첫째, 제도교육을 중시하고, 그중에서도 중국에서 전래된 유학교육과 그 제도를 본격적이고 제대로 된 교육으로 취급하는 특징이 있다.

둘째, 분명하게 제시할 수 있는 기록 등의 실증적인 자료들을 중요하게 여기는 특징이 있다. 그중에서도 역사적 기록들을 중요하게 생각하고 기록 이외의 역사적 유산들은 소홀하게 다루는 경향이 있다.

교육사를 보는 데 있어서 전체를 포괄적으로 보고 균형을 유지하는 것이 중요함에도 불구하고 치우친 시각을 갖게 된 원인은 무엇인가?

우리 역사학계가 오랫동안 극복하지 못하였던 문제를 교육사학계도 공유하고 있다고 볼 수 있다. 무엇보다도 그것은 식민사관과 관련이 있다. 식민사관이란 일제 식민지 시대에 일본인들이 한국의 역사를 자신들의 역사보다 못한 것으로 깎아내리기 위해서 한국이란 나라와 민족은 원래부터 열등한 존재들이라는 생각을 심어 주려고 주입한 것이다. 그 내용은 한국의 역사는 원래 독립성이 없이 중국에 종속된 역사라는 것이다. 언제나 타인에 의존하고 독립적이지 않은 민족, 자신들만의 문화적 유산과 정신적 전통을 제대로 발전시키지 못한 열등한 민족임을 주장하였다. 이를 위하여 한국의 문화는 전체적으로 중국의 영향 아래 있다고 주장하였다. 민족의 오랜 역사와 전통을 말살하기 위하여 구체적인 기록과 증거가 없는 전설과 신화와 구전 등을 비과학적인 것으로 치부하여 역사에서 삭제하고자 시도하였다. 이러한 태도를 실증사학(實證史學)이라 한다. 실제로 증거를 제시할 수 없는 모든 것들은 비과학적인 것이기 때문에 역사로 인정할 수 없다는 것이다.

이와 같은 식민사관과 그 핵심이라 할 수 있는 실증사학의 영향으로 우리 민족의 역사는 일제 강점기에 매우 편협하게 이해되고 초라하게 전락하였다. 광복 후에도 일제 강점기에 일본인 학자들의 영향을 받고 성장한 학자들에 의해 그 영향이 오늘날에 이르기까지 지속되고 있다. 교육사학계도 마찬가지여서 식민사관의 영향이 뚜렷하다. 오히려 교육사학계는 역사학계에 비해 그 영향이 더 오래 지속되는 경향이 있다. 전반적으로 교육사학을 연구하는 이들이 너무 적은 것도 그러한 영향을 빨리 극복하지 못하는 원인이 되고 있다.

실증사학에 기반을 둔 식민사관의 영향으로 우리 교육의 역사에서 중요한 사건들은 모두 중국식 교육으로 이해되게 되었다. 또한 중국의 역사서에 기록되지 않은 많은 교육적 사건들이 역사적으로 의미 없는 것으로 비하되고 인정되지 않게 된 것이다. 그 결과 우리 교육의 역사는 중국 교육의 영향을 받은 삼국시대 이후의 교육사로 축소되게 되었다. 그중에서도 지배층의 이념을 대변하는 유학교육의 역사만이 중요한 교육의 역사로 인정되는 결과를 가져왔다.

편향된 사관과 그 결과로서의 교육사 서술의 편향성은 최근의 교육사 연구에서도 지속되고 있다.

# 제 6 장 고조선-남북국 시대의 교육

## 1. 고조선 시대의 교육

### 1) 고조선의 역사와 문화

고조선(古朝鮮)은 역사에 기록된 우리 민족의 첫 번째 국가이다.[1] 고조선의 건국 시기는 BC 2333년으로 전한다. 이보다 더 오래되었다는 주장과 기록들도 있으나 정설로 받아들이지 않고 있다. 고조선은 요령 지방을 중심으로 성장하여 점차 대동강, 한반도까지 그 세력 범위를 넓혀 갔다. 고인돌과 비파형 동검의 출토 분포를 통해 이를 알 수 있다. 최근에 발굴된 유적들은 5,000년

1) 원래의 국명은 조선(朝鮮)인데 삼국유사를 기록한 일연이 위만조선과 구분하려고 고조선이라는 명칭을 처음 사용하였다. 요즘은 고려를 뒤이어 나타난 조선과 구분하기 위하여 고조선이라는 명칭을 널리 사용하고 있다.

이상 된 것들도 있어서 고조선의 연대가 더욱 확장될 가능성도 있다.

고조선은 중국의 전국칠웅(戰國七雄)의 하나인 연과 대립하면서 강력한 국가체제를 갖추었다. 그러나 BC 3세기 후반부터 연이 동방으로 진출하면서 고조선은 밀리기 시작하였다. 이 무렵 고조선은 그 중심지를 요하 유역에서 평양 지역으로 옮긴 것으로 여겨진다.

연에 이어 진(秦)나라가 생겼다가 다시 BC 202년 한(漢)이 중국을 통일하였다. BC 194년 연 지방의 피난민이었던 위만이 반란을 일으켜 왕이 되었다. 이때부터 위만조선이라고 부른다. 위만의 손자 우거왕(右渠王) 때인 BC 109년 한나라가 육군 5만과 수군 7천을 동원해 수륙 양면으로 고조선을 공격하였으며, 일 년간의 저항 끝에 결국 왕검성이 함락되고 말았다. 이때 많은 사람들이 남쪽으로 이주하여 고조선의 문화를 전파하고 삼한의 발전에 기여하였다.

고조선 사회에 대해서는 기록이 전하지 않아 자세하게 알 수 없다. 그렇지만 단군신화나 지금까지 전해지는 8조 금법을 통해서 당시의 사회를 추측할 수 있다.

단군신화에는 분명하게 천신숭배 사상이 나타나 있다. 고조선 중심 세력이 분명하게 천신사상을 가지고 있었음을 알 수 있다. 또한 곰 부족과 호랑이 부족 등이 등장하는 것으로 보아 부족연합의 성격을 가지고 있었음을 알 수 있다. '단군왕검'이라는 명칭은 제정일치의 사회상을 반영하고 있다. 비, 바람, 구름 등을 주관하는 신하들을 통해서는 당시 사회가 농경을 중심으로 하는 사회였거나 혹은 농경사회로 편입해 가는 시기였음을 알 수 있다. 발굴되는 유적들을 통해서는 당시의 문화가 청동기 문화에 기초하고 있었음을 알 수 있다.

또 계급의 분화가 상당히 진전되었을 뿐만 아니라 사유재산제와 신분제가 존재한 사회였음을 알 수 있다. 이를 뒷받침하는 것이 8조 금법이다. 『한서』 '지리지'에 8조의 법 조항 가운데 3개 조항이 남아 있다.[2)]

사람을 죽인 자는 그 즉시 죽음으로 갚는다(相殺以當時償殺).

남에게 상처를 입힌 자는 곡식으로 배상한다(相傷以穀償).

도둑질한 자는 남자의 경우에는 몰입하여 그 집 종(奴)이 되고 여자는 계집종을 만든다(相盜者男沒入爲其家奴女子爲婢).

속전코자 하는 자는 50만 전을 낸다(欲自贖者人五十萬).

## 2) 고조선의 교육

고조선이 갖는 가장 큰 교육적 의미는 민족정신의 뿌리라는 점이다. 단군신화에 담긴 정신은 우리 민족의 근본정신으로서 거듭되는 침략과 역사의 부침에도 불구하고 현재까지 우리 역사를 지탱하는 정신적인 지주로 남아 있다. 고조선이라는 하나의 뿌리와 정신이 있음으로 말미암아 우리는 단합하여 찬란한 역사를 만들어 왔다. 뿐만 아니라 수많은 침략과 역경을 딛고 다시 일어설 수 있는 배경도 고조선이라는 민족사와 민족정신의 뿌리가 있었기에 가능한 것이다. 우리 역사에 등장하는 부여, 고구려, 고려, 조선 등이 모두 고조선을 계승한 국가임을 표방하고 있는 데서 민족사의 근원이자 정신적인 지주로서의 고조선의 위상을 분명하게 알 수 있다.

고조선이 민족의 정신적 뿌리이며 역경을 극복할 수 있는 토대가 되는 것은 고조선이 우리에게 무한한 자부심을 갖게 하기 때문이기도 하다. 고조선은 처음부터 천신의 자손임을 내세우며 등장한 국가이다. 일종의 선민사상이 담겨 있다. 이는 우리 민족에게 다른 민족보다 우월하다는 자긍심을 심어 줌으로써 결코 굴하지 않는 정신적인 힘을 만들어 내었다. 수많은 침략과 지배를 극복하고 다시 일어설 수 있는 자긍심이 거기에 근원을 두고 있다. 뿐만

2) 『규원사화』, 『한단고기』 등에 나머지 조항이 있으나 각기 차이가 있고 정설로 받아들여지지도 않고 있다. 학계의 연구와 새로운 사료 발굴 등을 통해 보완되어야 할 필요가 있다.

아니라 세계 어느 나라와 비교해도 뒤지지 않는 오랜 역사를 가지고 있다는 역사적 전통에 대한 자부심도 함께 심어 줌으로써 우리 역사와 민족에 대한 사랑과 보호의 마음을 가지게 만드는 것이다.

단군신화에는 또한 평화의 정신이 담겨 있다. 곰 부족과 호랑이 부족과의 관계에서 전쟁이 아닌 대화와 조정의 정신을 찾을 수 있다. 인접한 부족들을 힘으로 굴복시키지 않고 자신들의 문화 안으로 통합시켜 가는 과정이 그려져 있다고 해석할 수 있기 때문이다. 이는 우리 민족사에 분명하게 나타나는 평화 애호 사상의 뿌리라고 해석할 수 있다. 강압적인 정복이나 지배가 아니라 올바른 가르침을 통해 교화하고 어울려 살아가는 정신이 우리 민족의 고유 정신임을 단군신화 안에서 발견할 수 있다.

고조선의 8조법은 우리의 역사가 오랜 전통 위에 서 있음을 말해 준다. 강자의 말이 곧 법이 되는 사회가 아니라 누구에게나 공평하게 적용되는 법이 공개적으로 천명되어 있으며, 이에 따라서 움직여 가는 사회였음을 의미한다. 이와 같은 법치의 정신이 고조선부터 존재했기 때문에 우리 민족은 누구보다도 강한 정의감과 평등의식을 가지고 살아가고 있는지 모른다.

직접적으로 우리는 고조선의 건국 정신인 '홍익인간(弘益人間)'의 이념을 교육이념으로 계승하고 있다. 홍익인간이란 "널리 인간 세계를 이롭게 한다."는 뜻으로 단군의 건국이념이다. 이는 단순하게 자신의 나라와 백성만을 위한 이념이 아니라 인간 세상 전체를 향한 교육과 평화의 이념이었다. 인간 세상을 교화하고 이를 통해서 인간 세상을 아름답게 하고자 한 큰 정신이 펼쳐져 있는 것이다.

'홍익인간'은 미군정기에 교육정책을 심의하고 결정하던 '교육심의회'에서 우리의 교육이념으로 결정되었다. 대한민국 건국 후인 1949년 12월 31일에는 공식적인 교육이념으로 명시되었다. 교육법 제1조에 "교육은 홍익인간의 이념 아래 모든 국민으로 하여금 인격을 완성하고 자주적 생활능력과 공민으로서의 자질을 구유하게 하여, 민주국가 발전에 봉사하며 인류공영의 이상

실현에 기여하게 함을 목적으로 한다."라고 분명하게 명시되어 있다. 홍익인간은 단군 이래 오늘날까지 이어지는 한국 교육의 최고 이념이며, 민족 정신사의 지주이다.[3)]

## 2. 부여와 삼국시대의 교육

### 1) 시대적 상황과 교육사적 의의: 전통교육과 외래교육의 갈등기

이 시대는 우리 역사에서 매우 중요한 전환점이다. 중요한 전환의 요소들을 정리함으로써 이 시대가 갖는 특징과 민족사적 의의를 분명하게 이해할 수 있다.

첫째, 고조선의 멸망 이후 분열되어 있던 민족이 비록 부여와 삼국으로 분열되긴 했으나 국가의 형태로 다시 뭉쳐서 민족문화를 계승하고 발전시켜 간 시기이다. 부여와 삼국은 모두 천신숭배의 신앙을 계승하였으며, 제천의식을 가지고 있는 경우가 많아 문화적인 동질성을 가지고 있었다.

둘째, 초기에는 고조선의 전통을 계승한 독자성이 강하였으나 불교의 수용으로 말미암아 전통적인 민족종교와 가치관이 점차 불교로 대체되었다. 불교의 수용과 확산은 삼국에 새로운 사회문화적 분위기를 조성함은 물론 천신숭배를 대체하는 새로운 정신적 기반을 공통으로 제공하였다. 이는 정치적인 통일 이전에 정신적인 공동의 기반을 마련함으로써 후에 삼국의 정신적인

---

3) 홍익인간 내용이 수록된 원문은 다음과 같다.

『삼국유사』: 하시삼위태백가이홍익인간(下視三危太伯可以弘益人間)

『제왕운기』: 하지삼위태백홍익인간여(下至三危太白弘益人間歟)

『세종실록』 지리지: 하지삼위태백의욕하화인간(下至三危太白意慾下化人間)

『응제시주』: 하시삼위태백가이의욕하화인간(下視三危太伯可以意慾下化人間)

통합을 보다 수월하게 만들었다고 볼 수 있다. 반면에 우리 민족의 전통이 불교로 대체되어 지금에 와서는 불교 이전의 전통적인 가치관, 종교, 문화 등을 유추하기도 어렵게 되었다. 불교는 이후 고려시대까지 결정적인 영향을 미쳤다. 우리 역사에 있어서 불교가 갖는 의미는 너무나도 크다. 조선의 숭유억불 정책에도 불구하고 지금까지 불교의 영향이 강하게 남아 있는 것에서 분명한 증거를 찾을 수 있다. 또한 삼국시대 이후의 유물들이 무덤을 제외하면 거의가 불교 관련 유적이라는 것에서도 그 비중의 중요성을 확인할 수 있다.

교육적으로도 이 시대는 중요한 전환점이다.

첫째, 불교의 수용으로 전통적인 가치관과 신앙이 불교적인 것으로 대체되기 시작하였다. 전통적인 교육기관이던 경당, 화랑 등이 갖는 공동교육의 기능이 점차 외래교육으로 대체되기 시작하였다. 중국으로부터 전래된 한학을 포함한 유학과 불교교육이 전통교육을 대체하기 시작한 시기였다.

둘째, 종래부터 있던 한학교육에 더해서 유학교육이 수용되어 국가의 중요한 통치이념으로 자리 잡기 시작하였다. 이에 따라서 전통교육과 유학교육이 공존하였으며, 점차 유학교육이 확산되고 자리 잡기 시작하였다. 불교교육이 일반 민중을 포괄하였다면 유학교육은 주로 지배층의 교육에 국한되었다. 불교의 민중교육과 민중들의 삶에 대한 영향은 고려를 넘어서 유학이 지배적인 이념이었던 조선시대에도 오랫동안 지속되었다.

### 2) 부여

#### (1) 부여의 역사와 문화

부여는 고조선의 멸망 이전인 BC 3세기 무렵부터 존재한 고대 국가이다. 부여의 중심은 부여성(夫餘城)이었고 사방 2,000리에 달하는 평야지대를 영토로 가지고 있었다. 은나라 역법(은력, 殷曆)을 사용하였으며 궁궐, 성책, 창고, 감옥 등 진보된 제도와 조직을 가지고 있었다.

정치체제는 귀족정치로서 지배계급에는 왕과 그 밑에 가축의 이름을 붙인 마가(馬加), 우가(牛加), 저가(猪加), 구가(狗加)와 대사(大使), 사자(使者) 등의 관직이 있었다. 전국을 사출도(四出道) 혹은 사가도(四街道)라 칭하는 지역으로 나누어 마가, 우가 등의 제가(諸加)가 맡아서 다스렸다. 왕은 제가들의 대표로서 군림했고 왕위 또한 세습되었다. 그러나 절대적인 권력을 갖지는 못해서 제가들은 각자 자기들의 지역을 자치적으로 통치하였다.

부여의 언어는 고구려와 유사했으며, 농업과 목축을 겸하였기 때문에 기마술이 뛰어났다. 뛰어난 기마술을 갖춘 군대 역시 강력하였다. 집집마다 무기를 갖추고 있어서 전쟁에 대한 대비가 철저하였음을 알 수 있다.

혼인을 할 때에는 남자 집에서 여자 집에 혼납금(婚納金)으로 소와 말을 보냈다. 형이 죽으면 동생이 형수를 아내로 취하는 취수혼(娶嫂婚, levirate)이 성행하였는데 이 또한 고구려와 비슷한 풍습이다. 일부다처, 축첩, 순장(殉葬) 등의 풍습이 있었으며 흰색을 숭상하여 흰옷을 즐겨 입었다. 또한 남녀노소를 가리지 않고 또 때와 곳을 가리지 않고 항시 노래 부르기를 그치지 않았다고 한다.

부여의 신분 계층은 제가층(諸加層), 부락의 지도층인 호민층, 스스로 무장할 수 있는 읍락민, 빈한한 읍락민, 노비 등 대략 다섯 계층으로 구성되어 있었다(한국민족문화대백과: 부여).

12월에는 영고(迎鼓)라는 제천대회(祭天大會)를 열었다. 이때에는 노예와 외국인을 제외한 전 부족이 모여서 의식을 거행하였다. 축제기간 중 밤낮으로 술 마시고 노래하며 춤을 추고 즐기면서 서로 간의 결속을 도모하였다. 이때 죄수들에 대한 재판과 처벌을 단행했고, 일부 가벼운 죄를 범한 자들은 석방하였다. 이와 같은 제천의식은 고조선의 천신숭배 사상이 계승된 것으로 볼 수 있다. 그런 맥락에서 부여는 아직 불교의 영향이 다른 삼국에 비해서 크지 않았음을 추정할 수 있다. 전쟁이 일어났을 때에는 제천의식을 행하고, 소를 죽여 그 굽으로 길흉을 점치기도 하였다.

법률이 매우 엄정하여 도둑질이나 간음(姦淫) 등에 대하여는 특히 엄벌하였다.[4] 해부루왕(解夫婁王) 때 가섭원(迦葉原)으로 수도를 옮긴 후부터는 동부여라고 칭하였다. 후에 국력이 약해져서 고구려의 보호를 받다가 494년에는 공식적으로 고구려에 합병되었다.

고구려와 백제의 뿌리가 모두 부여라는 점에서 볼 때 부여는 우리 민족사의 맥을 잇는 국가로서 의미가 크다. 고구려 시조의 탄생 설화인 동명왕 설화는 부여의 시조 설화와 같다. 백제의 성왕은 수도를 사비(지금의 부여)로 옮기고 국호를 남부여로 고쳐서 사용하였다. 백제 왕족의 성도 '부여' 씨이다. 이와 같은 몇 가지 사실만으로도 부여가 우리 역사에 끼친 직접적인 영향을 알 수 있다. 뿐만 아니라 부여의 풍속, 의복, 법률 등에서 나타나는 고조선 및 우리 민족의 공통적인 특징과의 유사성에 주목할 필요가 있다. 발해와 삼국은 고조선과 부여의 전통을 함께 계승한 국가로 보아야 할 것이다.

### (2) 부여의 교육

아쉽게도 부여의 교육에 관한 직접적인 자료는 전하지 않는다. 그렇지만 부여에서 비롯된 고구려나 백제의 문화와 교육을 통해서 유사한 면을 유추할 수 있다. 말타기와 활쏘기를 잘했다는 기록으로부터는 마술과 궁술을 포함한 군사교육이 비중 있는 내용이었음을 알 수 있다. 고구려의 경당이나 신라의 화랑도 교육과의 공통점을 찾을 수 있으며, 문무일치 혹은 문무균형의 교육이 부여에서도 이루어졌을 것으로 보인다. 사출도에 기초한 부족 연합체

4) 현재 남아 있는 부여의 법조목은 다음과 같다.

① 살인자는 사형에 처하며 그 가족은 데려다 노비로 삼는다.

② 절도를 한 자는 12배의 배상을 한다.

③ 간음한 자는 사형에 처한다.

④ 부인의 투기(妬忌)를 특히 미워하여 이를 사형에 처하되, 그 시체를 수도 남쪽 산 위에 버려서 썩게 한다. 단, 그 여자의 집에서 시체를 가져가려면 소나 말을 바쳐야 한다.

[그림 6-1] 부여의 위치와 영토

출처: 한국민족문화대백과.

국가로서의 부여의 성격상 그 교육도 중앙의 계획과 통제에 따르기보다는 자치적인 측면이 강하였을 것으로 유추할 수 있다. 또 중국 한나라와의 활발한 교류와 문물수입 등은 한자를 비롯한 중국의 문화가 일찍부터 수용되었음을 짐작하게 한다. 은나라 역법의 사용이나 한자가 새겨진 기와, 활발한 사신 교류 등(이종수, 2010)은 한자교육을 포함한 한학이 발달해 있었을 것으로 추정할 수 있는 근거이다.

## 3) 고구려

### (1) 고구려의 역사와 문화

고구려는 고조선의 천신숭배를 계승하였다. 또 고구려 사람들은 추모왕을 천신의 자손이라고 믿었다. 천신의 후손이 고구려를 세운 만큼 고구려는 남다른 신성한 나라가 되는 것이고, 그것은 고구려인에게는 자부심이었다. 또 천신과 조상신 이외에도 해의 신, 달의 신, 농사의 신, 불의 신 같이 기능을 가진 신들을 비롯해서 다양한 신들을 섬겼다.

고구려 사람들은 사람이 죽어도 저승에서 계속 살아간다는 믿음을 갖고 있었다. 고구려 수도인 국내성에 거대한 무덤들이 만여 개 이상 몰려 있었던 것은 이러한 믿음 때문이다. 고구려인들은 용, 학, 기린 등을 타고 다니며 오래도록 살아가는 신선의 삶을 최고의 이상적인 삶으로 여겼다.

고구려의 문화는 불교의 수용과 서역 및 중국과의 교류를 통해 변화하였다. 불교는 소수림왕(小獸林王) 때인 372년에 도입되었다. 이후 불교는 고구려 왕실의 지원에 힘입어 빠르게 영향력을 넓혀 갔다. 불교를 인접 국가에 전파하는 데 있어서도 큰 역할을 담당하였다. 혜관(慧灌)은 일본으로 건너가서 삼론종(三論宗)을 개창하여 시조가 되었다. 담징(曇徵)은 일본으로 가서 유명한 호류사(法隆寺)의 금당(金堂) 벽화를 그렸으며, 종이, 먹, 맷돌 등도 전해주었다. 혜량(惠亮)은 신라로 가서 불교를 전파하였는데 진흥왕 때 불교조직 정비에 힘써서 국통(國統), 주통(州統), 군통(郡統) 등의 교단조직을 만들었다. 또 스스로 초대 국통이 되었다. 보덕(普德)은 백제로 가서 열반종(涅槃宗)을 만들고 시조가 되었다.

이와 같이 불교는 고구려에 새로운 문화를 보급하였을 뿐만 아니라 신라, 백제, 일본 등으로 확산되면서 당시의 국제적인 문화 교류의 통로가 되었다. 다른 한편으로 불교문화의 수용은 우리 민족사에서 전통적인 종교와 문화라는 정신문화가 최초로 외래의 정신문화에 의해서 대체되는 커다란 변혁을 의미하였다. 그와 함께 우리 문화의 정체성에도 변화가 생겼음이 분명하다. 그만큼 불교의 수용과 전파는 민족사에 있어서 큰 사건이었다.

고구려 사람들은 춤과 노래를 매우 즐겨하는 사람들이었다. 10월에는 시조신(始祖神)을 모시는 동맹(東盟)이란 제전을 열어 부족의 전통을 재확인하고 결속을 강화하였다. 또한 크고 작은 축제가 열려 신분의 높고 낮음, 부유한 정도의 차이를 떠나 서로 어울려 축제를 즐겼다. 매년 초에는 강가에 사람들이 나와 노는데, 왕도 여기에 참관하여 구경을 했다. 사람들은 서로 돌을 던지며 싸우는 돌싸움을 하기도 했다. 이 밖에도 바둑, 장기, 축구와 유사한 축국이라 불리는 공차기 놀이, 주사위 놀이, 윷놀이와 투호 같은 놀이도 즐겼다. 또 씨름과 격투기의 일종인 수박도 있었다. 사냥 역시 고구려인에게는 중요한 오락이었는데, 산과 들에 나가 대규모로 사냥을 하기도 했지만 표적을 설정해 놓고 서로의 활쏘기 솜씨를 겨루는 것도 중요한 놀이였다. 활을 잘 쏘는 사람은 '주몽'이라 부르며 존중해 주었는데, 고구려를 건국한 추모왕의 별명이 곧 주몽이었다.

고구려 언어는 부여(夫餘)의 언어와 비슷하였으며 옥저(沃沮), 예(濊)의 언어와도 비슷하였다고 한다. 고구려의 유산 중에는 석조 문화재들이 많다. 성은 고구려 건축 기술의 종합체였으며 특히 성벽에서 돌출하여 나온 치(雉)는 공격해 오는 적을 삼면에서 반격할 수 있어 성의 방어력을 획기적으로 높였다. 고구려의 성벽 축조 기술의 우수성은 주변국에도 널리 알려졌으며 여러 나라에 영향을 주었다.

돌무덤 역시 고구려의 뛰어난 석조문화를 반영한다. 장수왕릉은 높이 13미터, 폭 31미터의 피라미드 모양으로 축조되어 있다. 돌무덤들과 내부에 돌로 방을 만들고 외부는 흙으로 덮은 고구려의 무덤들이 1만 기 이상 남아 있다. 석조 건축 및 예술의 흔적은 비석들에도 남아 있다. 414년 장수왕이 건립한 광개토대왕비가 대표적이다.[5] 중원 고구려비를 통해서도 고구려의 뛰어난 석조건축문화의 흔적을 찾을 수 있다.

또 고구려의 뛰어난 예술 작품으로는 고분 벽화들이 있다. 안악3호분의 대행렬도, 무용총 벽화의 수렵도, 강서대묘의 현무도, 강서중묘의 주작도 등 뛰어난 벽화들이 전해져 오고 있다. 이 밖에도 수호신인 사신(四神)과 용맹한 수문장, 도깨비, 천상계의 신들의 모습, 별자리 등 다양한 고구려의 벽화가

---

5) 광개토대왕비는 높이가 6.39미터, 무게는 37톤에 이른다.

남아 있어 당시의 문화와 생활을 전해 주고 있다.

(2) 고구려의 교육

고구려의 교육기관으로는 태학, 경당 등에 대한 기록이 남아 있다.

태학은 고구려의 수도에 위치한 고등교육기관으로 372년(소수림왕 2년)에 설립되었다. 우리 역사상 최초의 중국식 교육기관이며 유학교육기관이라고 할 수 있다. 태학의 입학자격은 귀족의 자제이며 설립목적은 관리의 양성이었다. 태학의 교육내용은 오경(五經)과 삼사(三史),[6) ]『삼국지』,『진춘추』 등 중국의 경서와 사서를 중요한 교재로 하였다. 소수림왕 때에 불교의 수용과 함께 태학이 설립되었다는 것은 이때부터 본격적으로 중국과의 교류가 이루어지고 중국 문화의 수용이 이루어졌음을 짐작할 수 있다.

경당은 지방에 위치한 학교로서 경전(經典)을 공부하고 기마(騎馬), 궁술(弓術) 등의 무술을 가르쳤다. 지역의 청소년들이 신분의 고하를 막론하고 같이 공부하며 수련하였다는 점에서 신라의 화랑과 유사한 점이 있다. 최남선은 이를 근거로 삼국에 화랑과 유사한 조직이 공통적으로 존재하였을 것으로 추정하였다(최남선, 1973).

고구려의 역사서로는『유기(留記)』100권과, 600년(영양왕 11)에 태학박사(太學博士) 이문진(李文眞)이 기록한『유기 신집(新集)』5권 등이 있었으나 전하지 않는다. 역사서의 편찬이나 지금까지 남은 비문 등에 비추어 고구려의 한학이 상당 수준으로 발전했음을 짐작할 수 있다.

---

6) 오경:『시경』,『서경』,『역경』,『춘추』,『예기』
삼사:『사기』,『한서』,『후한서』

## 4) 백제

### (1) 백제의 역사와 문화

백제는 고구려와 마찬가지로 부여에 뿌리를 둔 세력에 의하여 건국되었다. 도읍지를 옮겨가는 과정에 따라서 한성시대, 웅진시대, 사비시대로 나눌 수 있다. 중국, 일본 등과 활발하게 교류하면서 강력한 국가로 성장하고 문화적으로도 매우 높은 수준에 도달하였으나 신라 중심으로 통일이 이루어지면서 많은 역사적 기록과 유산을 남기지 못하였다.

백제의 초기 문화는 고구려와 비슷한 점이 많았다. 그렇지만 웅진시대부터는 고구려와의 관계가 소원해지고 대신 중국의 여러 나라들과 활발하게 교류하였다. 지금까지 발굴된 각종 유적들에서는 중국 남조의 양, 동진 등의 영향이 분명하게 나타난다. 백제는 중국 문화와의 교류를 통해서 귀족 중심의 세련되고 우아한 문화를 만들어 낸 것으로 보인다.

백제의 문화는 초기에는 부여의 영향을 받아 민족의 고유성이 강하였을 것으로 추정된다. 점차 중국과의 교류를 통해 중국문화와 불교의 영향을 받았다. 따라서 부여와 고구려와 같은 전통적인 천신숭배의 기본 관점이 점차 불교적인 관점으로 전환하였을 것으로 추정할 수 있다. 왕의 이름이나 미륵사 등의 유적을 통해 볼 때 후기의 백제문화에서는 불교적 색채가 분명하다. 그렇지만 불교로 일원화된 것은 아니어서 금동대향로나 산수문전 등에서 보이듯이 유, 불, 선이 공존하는 문화적 포용성도 확인할 수 있다.

백제는 왕국이었으나 귀족들의 영향이 강하여 귀족회의에서 많은 것을 결정하였다. 귀족회의는 제솔회의(諸率會議), 제신회의(諸臣會議)로 불렀으며 귀족들의 대표인 좌평들의 회의라는 의미에서 좌평회의(佐平會議)로도 불렀다(한국민족문화대백과: 백제). 관리의 등급은 16등급으로 하였고 지방은 22담로로 구분하여 운영하였다.

백제는 건축, 미술 등에서 뛰어난 유적들을 남겼다. 다방면에 걸쳐 수공업이 발달하였고, 그 생산품들은 외국에도 알려져 무역에도 활용되었다. 직조술과 염색술이 뛰어나 일본 등에 직물을 수출하였다. 직조술을 일본에 전파하기도 하였다. 칠지도 등에서 보듯이 제련술과 금은 공예, 도금 및 상감기술 역시 매우 우수하였다. 제철산업이 발달하여 관련 물품들도 일본에 수출하였다. 기와나 벽돌 등의 제작기술도 발달되어 와박사 제도를 운영하였다(한국민족문화대백과: 백제).

백제는 해상무역의 강국이었고 그것을 뒷받침하는 항해술을 갖추고 있었을 것으로 추정된다. 중국의 여러 나라 및 일본과의 긴밀한 관계 역시 그러한 추정을 뒷받침한다. 서해와 남해 및 한강에 인접한 영토적인 특징을 잘 활용해서 중국, 일본 등과 활발하게 교류하였다. 이를 통해서 중국과 문화적으로 활발한 관계를 유지하였고, 신라, 일본 등에 우수한 문화를 전파하는 등 동북아 문화의 교량으로서의 역할을 수행하기도 하였다.

(2) 백제의 교육

백제의 교육에 대한 분명한 기록들을 찾아보기는 힘들지만 이와 같은 우수한 문화들에 기초해서 추정해 볼 때 매우 체계적이고 우수한 교육제도가 있었을 것으로 보인다. 백제의 역사서가 전해지지 않는 등 기록이 많지 않아 추정할 수밖에 없는 아쉬움이 있다.

백제의 교육과 관련해서 주목할 만한 것으로 박사제도를 들 수 있다. 백제는 여러 영역에 걸쳐 박사제도를 운영하였다. 중국으로부터 모시박사(毛詩博士), 강례박사(講禮博士)를 초빙하였고 오경박사(五經博士), 역박사(易博士) 등을 운영하였다. 이는 모두 유학관련 박사들이다. 또 의박사(醫博士), 와박사(瓦博士), 노반박사(露盤博士) 등을 운영하였는데 전문기술과 관련된 박사제도이다. 이들 박사들은 각기 그 분야의 최고 전문가들로서 국가에 필요한 지식을 제공하는 한편 교육도 담당하였을 것으로 판단할 수 있다.

이들 박사들 중에는 역사에 이름을 남긴 이들도 있다. 박사 고흥(高興)은 역사서인『서기(書記)』를 편찬하였고, 왕인(王仁)은 일본에『천자문』과『논어』를 전하였다. 무왕 때에는 오경박사인 단양이(段楊爾)와 고안무(高安茂)가 일본에 유학을 전하기도 하였다. 역사서의 편찬이나 외교사절로서의 역할을 수행하는 등 백제에서 중요한 역할을 담당한 것을 알 수 있다(한국민족문화대백과: 백제).

박사제도의 존재와 그들의 활발한 활동은 역사에 남아 있으나 박사들의 교육적 역할에 대한 기록은 찾아볼 수 없다. 교육기관이 설치되고 체계적인 교육의 교관들로 활동하였는지, 혹은 도제교육과 비슷한 형식으로 교육이 이루어졌는지에 대해서는 알 수 없다. 다만 중국에서 박사들을 초빙하여 유학을 장려한 만큼 고구려의 태학과 유사한 중국식 교육기관의 설치 운영을 짐작할 수는 있다.

백제는 중국의 한학을 일찍 수용하여 상당한 수준에까지 이르렀다. 앞서 살펴본 오경박사, 강례박사, 역박사 등의 명칭은 이를 분명하게 유추할 수 있게 한다. 백제시대의 비문 등은 찾아보기 힘들지만 부여읍에서 발견된 사택지적당탑비(砂宅智積堂塔碑)는 행서풍의 해서체로 기록되었는데 중국 6조 시대(六朝時代)의 사륙병려체 문장으로 되어 있다. 이는 백제인의 문장과 서예 수준의 발달을 분명하게 보여 주고 있다.

개로왕 때(472년, 개로왕 18년) 북위에 보낸 국서가 위서에 실려 있고, 성왕 때(541년, 성왕 19년)는 양나라 사신 육허가 와서 예론(禮論)을 강의했다는 기록이 있다. 근초고왕 때는 아직기가, 근구수왕 때는 왕인이 일본에 한학을 전하였으며, 무령왕 때는 단양이와 고안무 등이 일본에 유학을 전했다. 이와 같은 사실은 백제가 중국과의 교류를 통해 일찍 한학을 받아들이고 발전시켰으며, 이를 일본에 전할 정도로 자체적인 학문적 역량이 매우 높은 수준에 이르렀다는 것을 짐작하게 해 준다. 아울러 한학 및 유학교육의 기관들이 발달해 있었을 것으로 보인다.

중국의 역사서인『주서(周書)』이역전(異域傳)에는 백제의 풍속과 교육에 대해서 다음과 같이 기록하고 있다.

> 풍속이 말 타고 활쏘기를 중히 여기고, 경전과 역사서를 좋아하였으며, 그중 뛰어난 이는 자못 한문을 해독하여 글을 잘 지었다. 그리고 음양오행에 대해서도 이해하였다(손인수, 1998a: 216에서 재인용).

무왕 때에는 젊은이들을 당나라에 보내어 대학에서 공부할 수 있도록 청한 기록도 있다. 또 백제 말기에는 중국과의 교류의 결과로 유교문화가 매우 발달하였다. 중국의 풍속이 많이 전파되어 행해졌으며, 오경을 비롯한 유학 관련 서적이 전해져서 읽혔다. 글쓰기 역시 중국의 형식과 다르지 않을 정도로 한학에 대한 이해가 높아졌다(손인수, 1998a: 217).

백제는 특히 건축에서 뛰어난 유적들을 남기고 있다. 익산의 미륵사지는 거대한 규모와 뛰어난 건축양식을 자랑한다. 미륵사지 석탑은 동양 최대 규모이며 목조탑 형식을 모방한 석탑이다. 정림사지 5층 석탑은 삼국시대 석탑 중 최고의 작품으로 꼽힌다. 또한 벽돌을 아치 모양으로 쌓아 올린 무령왕릉 역시 매우 뛰어난 건축물이다. 경주 황룡사 9층탑 역시 백제 사람인 아비지의 작품이다. 645년에 처음 건축되고 872년에 개축된 이 탑은 높이가 80미터를 넘는 동양 최고의 목탑이었으며, 13세기 몽고의 침입으로 불타기 전까지 600년간 건재하였다고 한다. 이는 백제의 뛰어난 건축술을 보여 주는 것이다. 이 밖에도 일본 각처에 남아 있는 백제인이 건축한 사찰들을 통해서도 백제의 뛰어난 건축술을 알 수 있다. 이와 같이 뛰어난 건축술은 개인의 우수함만으로 만들어질 수는 없다. 우수한 건축 유산으로 미루어 볼 때 백제에는 체계적인 과학기술 및 건축에 관한 교육이 확립되어 있었을 것으로 짐작할 수 있다.

백제의 미술 작품들은 고구려와 밀접한 관련을 보이면서도 독자성을 띠고 발전하였다. 능산리 고분벽화에는 사신도가 남아 있으며, 이와 함께 산수

문전 등에서 발견되는 신선사상(神仙思想)은 고구려와의 연관성을 보여 주는 유물이다. 백제의 유적들에는 불교와 관련된 것이 많다. 사찰과 석탑, 불상, 금동향로 등 중요한 유물들이 대부분 불교 관련 유물이다. 1996년 능산리 건물군터에서 발견된 백제금동대향로(百濟金銅大香爐)는 불교와 신선사상이 함축된 백제 공예품의 진수이다.

**[그림 6-2] 금동대향로**

출처: 문화재청 홈페이지.

이와 같은 사실을 통해서 백제의 문화에는 전통적인 요소가 남아 있으면서도 삼국 중 가장 활발하게 중국의 여러 나라들과 교류한 영향으로 일찍 불교가 정착되었음을 유추할 수 있다. 불교의 발달과 더불어 금속공예, 조각, 회화 등 다양한 미술이 발달하였다. 이를 통해서 이 분야의 교육 역시 활발하게 이루어졌을 것으로 판단할 수 있다. 그렇지만 예술교육의 실상에 대해서는 알기 어렵다. 사찰 중심으로 개인적 전수로 이루어졌는지, 체계적인 학교교육을 통해서 전문 인력의 양성으로 이루어졌는지는 알 수 없다.

백제는 삼국 중 가장 먼저 그 역사서를 편찬하였다. 375년(근초고왕 30년)에 고흥이 『서기』를 편찬하였으며, 그 밖에도 『백제기』, 『백제본기』, 『백제신찬』 등의 역사서가 있었다고 한다. 일본의 역사서에 백제사를 인용한 흔적이 있고 일본 사서의 편찬에 백제의 사관들이 참여하였다는 연구결과들도 있다. 이를 통해서도 백제의 역사학과 학문발달을 유추해 볼 수 있다. 아쉽게도 백제의 역사서는 지금 한 권도 전해지지 않고 있어 찬란했던 백제의 역사는 복구되지 못하고 있다. 그렇지만 역사서 편찬의 기록만으로도 백제의 한학 수준이 매우 발달해 있었으며 체계적인 역사 연구와 기록을 위한 교육과 제도를 구축하고 있었음을 알 수 있다.

## 5) 신라

### (1) 신라의 역사와 문화

BC 1세기 무렵 영남지방에서 시작된 신라는 처음에는 삼국 중 가장 약하였으나 점차 강성해져 고구려와 백제를 통합함으로써 통일 국가를 이루었다. 시조 혁거세(赫居世)로부터 경순왕까지 56대에 걸쳐 992년간 존속하였다. 29대 무열왕 시절에 통일을 이루었으며, 이에 따라 그 전과 후로 나누어 크게 두 시기로 볼 수 있다.[7)]

신라는 고구려나 백제에 비해서 중국의 영향을 늦게 받아들였으며 고유의 종교와 사회정치제도도 오랫동안 유지되었다. 신라 사회의 가장 큰 특징으로 골품제라는 신분제를 들 수 있다. 최고 계급인 진골은 왕권을 세습함은 물론 중앙관직도 독점하였다. 중간 계층인 6두품 출신은 학문적 식견과 실무능력을 바탕으로 중간 관리층을 형성하였다. 골품은 신라 사회에서 개인의 사회활동과 정치활동의 범위까지 엄격히 제한하였다. 골품제는 신라 말기까지 지속되면서 새로운 사회로의 변화를 억제하는 역할을 수행하였다.

부족연합체에서 출발한 귀족국가로서의 신라에는 독특한 의사결정제도가 있었는데 이를 화백이라 한다. 진골귀족 출신의 대신이라 할 수 있는 대등(大等, 혹은 大衆等)으로 구성되는 화백회의에서는 왕위의 계승과 폐위, 대외적인 선전포고, 그밖에 불교의 공인과 같은 국가의 중대한 일들을 결정하였다. 회의는 만장일치에 의해 의결하는 것이 원칙이었다(한국민족문화대백

---

7) 『삼국사기』에서는 신라를 세 시기로 구분하고 있다. ① 상대(上代: 시조~28대 진덕여왕, BC 57~AD 654)는 원시부족국가 · 씨족국가를 거쳐 고대국가로 발전하여 골품제도가 확립된 시기이다. ② 중대(中代: 29대 무열왕~36대 혜공왕, 654~780)는 삼국을 통일하고 전제왕권(專制王權)을 확립하여 문화의 황금기를 이룬 시기이다. ③ 하대(下代: 37대 선덕왕~56대 경순왕, 780~935)는 골품제도의 붕괴, 족당(族黨)의 형성 및 왕권의 쇠퇴로 호족(豪族) · 해상세력이 등장하고 멸망에 이르는 시기이다.

과: 신라).

신라의 종교는 천신숭배의 전통적 종교에 기반하고 있었으나 점차 불교로 전환되었다. 불교는 왕실에서 먼저 수용되었고 원효 등의 노력으로 민간에도 전파되었다. 신라의 불교는 통일에도 기여하는 등 호국불교로서의 특징을 가진다는 점에서 독특하다고 할 수 있다. 비록 불교가 지배적인 종교의 역할을 하였지만 유학이나 도교 등도 함께 수용되고 통용되었다.

중국으로부터 한학이 전래되어 사서의 편찬이 이루어졌고 한자와 신라어 사이의 불편을 완화하기 위하여 이두(吏讀) 또는 향찰(鄕札)이라는 표기법이 생겨났으며 이를 활용한 문학작품이 생겨나 현재까지 전해지고 있다.

공예품으로는 금관을 비롯해서 다양한 금속 공예품과 유리 제품 · 토기 등이 있다. 신라 금관은 시베리아 및 중앙아시아와 공통적인 요소가 있고 유리 제품은 서남아시아 및 로마 양식과도 연결되어 있다. 이를 통해 신라 역시 백제와 마찬가지로 활발하게 국제적으로 교류하였음을 알 수 있다. 신라의 주요 교역국은 당나라와 일본이었고, 멀리 아라비아의 상인들도 신라에 출입하였다. 장보고의 청해진은 해상교역국으로서의 신라의 위상을 보여주는 실례이다.

### (2) 신라의 교육

신라는 동시대의 다른 국가들에 비해서 중국의 영향을 비교적 늦게 받았으며, 교육에 있어서도 전통적인 요소가 강하였다. 화랑도는 고유의 교육을 잘 보존하고 발전시킨 신라의 대표적 교육제도이다.

화랑도는 전통적인 청소년 공동체에서 발전한 것으로 이해할 수 있다. 부족에 속한 청소년들이 단체생활을 통해서 전통적인 가치와 질서를 습득하고 성인으로서의 자격을 갖추어 가던 전통에서 발전된 청소년 수련단체가 점차 국가체제 안으로 수용된 것이라고 보는 것이다. 이처럼 화랑도는 처음에는 자발적인 청소년 수련단체였다가 576년(진흥왕 37년)에 국가 조직으로 편입되었다. 고구려, 백제와의 경쟁 속에서 유능한 인재를 양성하고 발굴하기 위한 필요에서 이루어진 조치라고 파악된다.

화랑도의 조직은 대장격인 국선화랑(1~2명) 아래 3~8명의 화랑을 두었으며, 그 아래에 수백에서 수천 명의 낭도가 있었다. 국선화랑과 화랑은 귀족 출신 중에서 뽑았다. 낭도는 평민 출신이었는데 이를 통해서 볼 때 화랑도는 고구려의 경당에서 보이듯이 상하 계층을 포괄하는 조직으로서 사회통합 기능도 함께 수행하였다는 것을 알 수 있다.

화랑도의 정신은 원래 고유의 풍류도에 기반을 두었는데, 풍류도는 유, 불, 선을 아우르는 융통성과 포용성을 가지고 있었던 듯하다.[8]

화랑도는 한학 및 유학교육 중심으로 운영되는 중국식 학교들과는 달리 학교에 머물러 공부만 하는 것이 아니라 공동생활과 수련활동을 통한 체험식 교육을 함께 실시하였다. 화랑들은 유명한 산과 강을 찾아서 심신을 수련하고 공동체 의식을 키워 나갔다. 뿐만 아니라 국토의 여러 곳을 두루 순례하면서 나라에 대한 사랑도 키워 갔다(유오산수 무원부지, 遊娛山水 無遠不至). 공동생활과 수련은 동료 간의 우정을 키워 주었고 서로 격려하며 인격을 도야하는 데도 효과적이었다(상마이도의, 相磨以道義). 또한 함께 어울려서 음악을 즐기는 등의 예술 활동을 통해서 공동의 정서를 함양하기도 하였다(상열이가락, 相悅以歌樂).

화랑의 교육내용은 '세속오계' '임신서기석', 『화랑세기』 등에서 찾아볼 수 있다. 세속오계는 원광법사가 화랑들의 교육을 위해 만든 것으로 다섯 가지 규율로 이루어져 있다. 세속오계의 내용에는 유교와 불교의 내용이 함께 포함되어 있어서 화랑도 정신의 포괄성을 보여 준다.

---

8) 최치원은 '난랑비' 서문에서 "나라에 현묘한 도가 있으니 이를 풍류라 이른다. 그 교의 기원은 신사에 상세히 실려 있는데, 실로 삼교(유, 불, 선)를 포함하고 중생을 교화한 것이다."라고 하였다.

사군이충(事君以忠): 왕에게 충성하라.

사친이효(事親以孝): 부모에게 효도하라.

교우이신(交友以信): 친구를 신의로써 사귀라.

임전무퇴(臨戰無退): 전쟁에 나가서는 물러나지 마라.

살생유택(殺生有擇): 살생을 할 때는 가려서 하라.

임신서기석은 화랑들 사이에서 자신들이 서로 열심히 경전을 공부하고 도의를 닦을 것을 하느님 앞에 맹세하는 내용이다. 이를 통해서 신라의 고유 종교인 '천신숭배'에 대한 내용과 함께 유학적 소양도 화랑의 교육에 포함되었음을 알 수 있다. 『시경』, 『상서』, 『예기』, 『춘추』 등의 유학 서적이 언급되고 있기 때문이다.[9)]

화랑도의 교육내용에는 활쏘기, 말 타기 등의 군사훈련, 음악과 산천유람 등의 신체와 정신에 대한 수련활동, 유교경전의 공부 등 다방면에 걸친 내용이 포괄되어 있다. 화랑도 교육의 신체와 정신을 포괄하는 특징과 문무일치의 특징을 잘 보여 준다.

화랑도 교육은 내용뿐만 아니라 형식이나 정신면에서도 전통과 외래사상의 포괄, 비형식적 교육과 제도적 교육의 결합 등 다양한 융통성과 포괄성을 특징으로 한다. 귀족출신의 화랑과 평민계층의 낭도들이 공동생활을 하면서 함께 교육 받은 것에서도 사회통합의 의의를 찾을 수 있다. 엄격한 골품제에 기초한 신분사회였던 신라에서 화랑도는 일정한 사회통합의 기능을 수행하

9) 임신서기석의 내용은 다음과 같다. "임신년 6월 16일에 두 사람이 함께 맹세하여 기록한다. 하느님 앞에 맹세한다. 지금으로부터 3년 이후에 충도(忠道)를 지키고 허물이 없기를 맹세한다. 만일 이 서약을 어기면 하느님께 큰 죄를 지는 것이라고 맹세한다. 만일 나라가 편안하지 않고 세상이 크게 어지러우면 '충도'를 행할 것을 맹세한다. 또한 따로 앞서 신미년 7월 22일에 크게 맹세하였다. 곧 시경(詩經), 상서(尙書), 예기(禮記), 춘추전(春秋傳)을 차례로 3년 동안 습득하기로 맹세하였다." (문화재청 문화유산정보)

였을 것이다.

이러한 융통성과 포괄성은 신라 사회의 특징인지도 모른다. 그러한 융통성과 수용성, 포괄성이 가장 늦게 국가체제를 만들기 시작한 신라가 삼국을 통일하고 역사의 주체로 등장한 힘이 된 것이다.

화랑이 신라의 전통적인 교육이었다면 한학과 유학은 당과의 교류를 통해 신라로 유입된 외래 학문이었다. 통일 이전에도 이미 한학과 유학은 신라에서 상당한 수준에 도달하였다. 앞에서 살펴본 화랑들의 교육내용에도 충, 효, 신 등의 유학적 덕목이 잘 반영되어 있다. 또 통일 이전인 진흥왕대에 벌써 『국사』를 편찬하는 등 한문의 사용이 원활할 정도로 한학이 발달하였다. 이를 통하여 통일 이전의 신라에서도 한학과 유학의 공부를 위한 체제가 성립되어 있었을 것으로 추정할 수 있다. 하지만 그 교육적 실상에 대해서는 구체적인 자료를 찾을 수 없다.

## 3. 남북국 시대의 교육

### 1) 통일신라

#### (1) 통일신라의 역사와 문화

통일신라의 문화는 삼국의 문화유산의 장점을 흡수 통합하였으며 여기에 당나라의 영향도 받아들였다.

통일에 기여하면서 더욱 확고한 정신적 기반이 된 불교는 통일 후에 더욱 번성하였다. 자장(慈藏), 의상(義湘), 원측(圓測), 혜초(慧超) 등의 뛰어난 학승들이 나타났다. 이들은 당나라 또는 인도에 가서 역경(譯經)과 저술에 종사했으며, 혜초는 인도와 서역 여러 나라에 대한 순례기인 『왕오천축국전』을 남겼다. 원효(元曉)는 여러 종파의 대립과 상쟁(相爭)을 높은 차원에서 조화・통일하려하였으며, 불교의 대중화에 노력하였다. 뛰어난 승려들의 배출과 함께 불교의 여러 종파가 수립되어 5교 9산의 교종 · 선종의 양대 산맥이 형성되었다.

통일 후의 신라 불교는 중국과 활발하게 교류하면서 수많은 유학생과 유학승들을 파견하고 뛰어난 승려들도 배출하였다. 점차 세력이 확장되면서 호국종교의 역할에 머무르지 않고 이론적인 체계를 갖춘 불교철학의 경지로 발전하였다. 그 결과 5교(教)의 종파가 성립되었다.

5교와는 다른 입장에서 불교의 생활화와 대중화를 추구하는 흐름도 생겨나서 불교의 확산과 토착화를 촉진하였다. 그 과정에서 원효가 큰 역할을 하였다. 원효는 종파 간의 대립의식이나 형식을 배격하고 일심(一心), 진여(眞如)와 통일, 화합의 화쟁사상(和諍思想)을 강조하였다. 화쟁사상은 특정한 교설이나 학설을 고집하지 않고 비판과 분석을 통해 보다 높은 가치를 이끌어내는 사상이다. 이처럼 화쟁은 어느 한쪽에 치우치지 않고 객관적 논리에 근거하여 종합과 통일을 추구하는 것을 특징으로 한다. 원효는 또한 불교의 형식화와 귀족화를 거부하였으며 불교를 생활화하고 대중화하는 정토신앙을 확립하였다. 5교가 귀족 중심의 이론적 성격이 강한 불교인데 반해서 정토신앙은 일반 민중의 환영을 받았다.

8세기 이후에는 중앙귀족과 연결된 5교의 전통과 권위에 대항하는 선종이 대두되어 9산(九山: 禪宗)의 종파가 이룩되었다. 선종은 정치사회적으로 혼란스러웠던 당시 상황에서 심성(心性)의 수련을 강조했기 때문에 많은 호응을 받았다. 또한 대개 6두품 출신이 지방 호족들의 근거지를 중심으로 한 변경에서 성장했기 때문에 호족들의 지지를 받으며 그 정신적인 기반이 되었다. 결과적으로 통일신라 후반기의 사회적 변화를 촉진하고 새로운 질서를 만들어내는 데 일정한 역할을 하였다고 볼 수 있다.

팔관회는 전통 종교에 불교가 결합된 형식으로 국왕을 비롯한 전국민이 참여하는 행사였다. 이는 전통적인 제천의식의 불교화를 보여주는데, 이를 통해서 불교가 우리민족의 정신적인 기초로 자리를 잡아가는 현상을 읽을 수 있다. 아울러 이때까지만 해도 전통적인 천신숭배와 제천의식이 불교와 함께 상당한 영향을 미치고 있었음을 알 수 있다. 팔관회는 통일신라 때에 시작되었으나[10] 고려시대 전체에 걸쳐 지속적으로 거행되었다.

불교의 융성에 따라 석탑과 사찰 및 불상이 많이 만들어졌다. 석굴암, 첨성대, 불국사 등 뛰어난 사찰 및 석조 불교 유적들이 남아 있어 당시의 찬란한 불교문화와 건축 및 조각기술을 알 수 있다.

통일 후 중앙집권적인 통치체제를 지향하는 과정에서 유학이 적극적으로

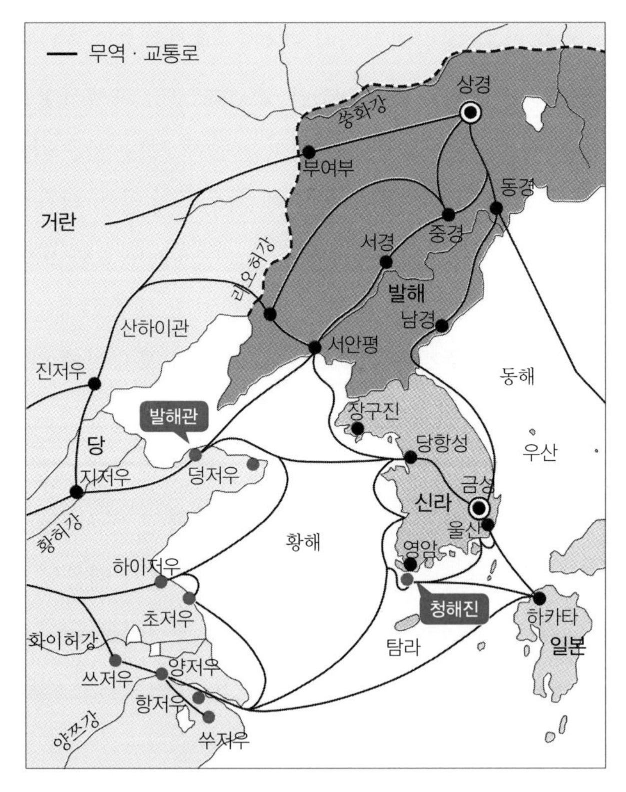


[그림 6-3] 발해와 신라의 영역과 무역로

출처: 이다지 한국사-전근대편.

10) 진흥왕 때(551년, 진흥왕 12년)에 팔관회에 대한 최초의 기록이 나온다.

수용되고 장려되었다. 신문왕 때(682년, 신문왕 2년)에는 국학이 설립되었으며, 원성왕 때(788년, 원성왕 4년)에는 독서삼품과(讀書三品科) 제도가 실시되었다. 이러한 유교 진흥책은 종래의 골품제를 보완하기 위한 것이었다. 그러나 신라 사회의 오랜 전통인 강력한 골품제로 말미암아 성공적인 결과에 이르지는 못하였다. 유학이 보급되고 성장함에 따라서 당나라에 대한 유학생(도당유학생) 파견도 증가하였다. 강수(强水), 설총(薛聰), 김대문(金大問), 최치원 등의 유명한 학자들을 배출하였다.

자연과학과 천문학 분야가 크게 발전하여 7세기에는 첨성대(瞻星臺)가 축조되었고, 8세기에는 천문 관측기구가 제작되었으며, 수학과 의학도 발달하였다. 통일 전에 발생한 향가(鄕歌)는 더욱 발달하여 풍부한 서정적 내용을 담은 작품이 많이 나왔다. 한학의 발달로 한시를 비롯한 한문학도 발전하였는데 최치원이 최고봉으로 손꼽힌다.

### (2) 통일신라의 교육

통일 후의 신라의 교육은 중국과의 활발한 교류에 따른 한학의 융성과 중국식 학교제도 및 교육제도의 영향이 분명하게 나타난다.

신문왕 때(682년, 신문왕 2년)에는 국학(國學)이 설립되었고, 성덕왕 때(717년, 성덕왕 16년)에는 당으로부터 공자(孔子)와 대표적인 유교 성현들의 화상을 얻어 와서 국학에 안치하였다. 경덕왕 때에는 국학을 태학감(太學監)으로 개칭하고 경(卿), 박사, 조교를 두었으며 『논어(論語)』와 『효경(孝經)』을 필수과목으로 한 3분과로 나누어 교육하였다. 국학은 관리양성과 유학의 연구 및 보급을 위한 기관이었으며, 이 밖에 수학 등 국가 운영에 필요한 실용학문들도 가르쳤다. 입학 자격은 15세에서 30세까지의 귀족 자제였으며 수업연한은 9년이었다.[11]

---

11) 국학에는 유학과와 기술과가 존재했는데 그 교육내용은 각기 다음과 같다.

원성왕 때(788년, 원성왕 4년)에는 독서삼품과(독서출신과)를 만들어서 실력에 따라서 4등급으로 나누어 관리에 채용하였다. 독서삼품과는 국학의 졸업생을 상대로 국학에서 배운 학과에 대해 시험을 보는 제도이기도 했다. 국학의 졸업시험제도와 같은 성격을 지녔기 때문에 자연스럽게 국학을 강화하는 작용을 하였다.

시험성적에 따라서 특품과 상중하품의 네 단계로 평가하였다. 관리 등용에 있어서 독서삼품과 출신이 아닌 경우에는 제한을 두기도 하였기 때문에 자연스럽게 국학의 진흥과 유학의 보급과 발전에 기여하였다. 유학적 소양을 평가하는 기준은 다음과 같다(한국민족문화대백과: 독서삼품과).

하품(下品): 『곡례(曲禮)』, 『효경(孝經)』을 읽은 자

중품(中品): 『논어(論語)』, 『곡례』, 『효경』을 읽은 자

상품(上品): 『춘추좌씨전(春秋左氏傳)』, 『예기(禮記)』, 『문선(文選)』을 읽어 그 뜻을 잘 통하고 아울러 『논어』, 『효경』에도 밝은 자

특품(特品): 오경[五經: 주역(周易) · 시경(詩經) · 서경(書經) · 예기(禮記) · 춘추(春秋)], 삼사[三史: 사기(史記) · 한서(漢書) · 후한서(後漢書)], 제자백가(諸子百家)의 서(書)를 능히 통달한 자

독서삼품과는 관리의 채용과 승진에 있어서 골품이라는 기존의 신분에 따른 기준을 보완하고 유학의 실력을 기준으로 하였다는 점에서 능력 중심 선발의 특징을 가지고 있었다. 그래서 6두품의 환영을 받았으나 진골, 성골 귀족들의 반대로 성공적으로 시행되지는 못하였다. 독서삼품과는 귀족 중심의 골품제 사회를 보완해서 능력에 따라 인재를 선발하는 합리적인 제도로서 매

---

유학과: 『논어』와 『효경』이 필수, 『주역』, 『상서(尙書)』, 『모시(毛詩)』, 『예기』, 『춘추』 등

기술과: 『논어』와 『효경』이 필수, 산학, 의학, 천문학 등

우 큰 의의를 갖는다. 이후 고려 시대부터 시행된 과거에 앞서서 능력 중심의 합리적 선발을 시도함으로써 발전된 사회와 국가 정치제도를 이룩한 것으로 평가할 수 있다.

각 관청에서도 박사를 두어 각기 필요한 실용학문들을 가르쳤는데 산학, 천문, 의학, 병학, 육학 등을 전문으로 하는 박사들이 있었다. 또 건축을 전문으로 하는 건축박사(누각박사)를 두었다는 기록도 있다(삼국사기 경덕왕 8년). 이를 통해서 당시의 뛰어난 건축술이 체계적이고 전문적인 교육과 전문가 양성을 통해 가능하였음을 추정할 수 있다. 이에 대한 자세한 기록을 찾을 수 없어 그 구체적인 내용을 알 수 없다는 것이 매우 아쉽다.

통일신라시대의 한학은 전제왕권을 확립하기 위해 현실적인 유교 정치 이념을 중심으로 발전하였다. 강수(强首)는 외교문서의 작성에 뛰어났으며 김대문(金大問)은『화랑세기』,『한산기』,『계림잡전』등 당시 신라의 모습을 그린 책을 써서 독자적인 학문의 발전을 알 수 있게 하였다. 설총은 경서 연구에 뛰어났으며 이두를 창안하여 한문학 연구의 어려움을 덜어 주었다.

통일신라 후기에는 왕족이나 6두품 중에서 당에 유학하는 사람들이 많이 나타났다. 이들은 당의 국학에 입학하여 공부하였고, 외국인을 대상으로 하는 빈공과에 급제한 사람도 많이 나타났다. 당의 빈공과(賓貢科)에 합격한 사람만도 58명이며, 후당이나 후양 때에도 많은 합격자를 배출하였다. 이들 도당유학생 중에서 뛰어난 석학으로는 최치원(崔致遠), 박인범(朴仁範), 김악(金渥), 최승우(崔承祐), 최신지(崔愼之) 등이 있다.

불교가 융성함에 따라서 불교교육의 영향도 증대하였다. 원효는 민중에 대한 불교 전파에 힘쓰면서 자연스럽게 불교교육의 대중화에도 기여하였다. 그의 노력으로 정토종이 성립되었고, 신라의 불교는 귀족불교에서 점차 국민 전체의 불교로 전환되어 갔다. 이는 곧 불교와 불교교육이 귀족 중심에서 벗어나 일반인을 포함하는 국가적인 종교로 점차 확산되어 갔다는 것을 의미한다. 뿐만 아니라 원효는『대승기신론소』등 불교경전에 대한 최고 수준의 주해서 및 다수의 서적을 집필하였다. 이들 책들은 중국에까지 영향을 미쳤다고 한다. 이는 원효 개인의 차원을 넘어서 당시 신라 사회의 학문적 수준이 매우 높아서 국제적으로도 최고의 경지에 이르러 있었음을 짐작할 수 있게 한다.

기술교육 및 실용학문에 대한 교육도 행해졌다. 국학에 수학박사를 두어 수학을 교육하였다. 석굴암, 불국사의 석가탑과 다보탑 등에 반영된 수학적 정밀성은 이와 같은 체계적 수학교육에 기초한 것이었다. 또 의학교육을 위한 기관으로 의학을 설치하고 의학박사를 두었다(한국민족문화대백과: 신라). 이 밖에 누각박사 등의 명칭도 확인되고 있다. 인쇄술 및 제지술도 매우 발달하였는데, 석가탑에서 발견된 '무구정광대다라니경(無垢淨光大陀羅尼經)'은 현존하는 최고의 목판 인쇄물이다. 이러한 사실들은 모두 신라가 실용학문을 중요하게 여기고 체계적으로 가르쳤다는 것을 보여주는 것이다.

## 2) 발해

### (1) 발해의 역사와 문화

발해는 고구려 출신인 대조영이 고구려 유민과 말갈인을 규합하여 698년에 건국한 나라이다. 발해는 우리 역사에 있어서 고구려를 계승한 대륙의 국가로서 매우 큰 의미를 가지고 있다. 발해는 스스로 고구려의 계승국임을 대외적으로 분명하게 하였으며[12] 중국과 대등한 황제국으로서의 위상을 가지고 우리 역사의 한 축을 담당한 국가이다. 또 부여와 고구려의 옛 땅을 중심으로 통일신라와 남북국의 형세를 이루면서 민족사의 한 시대를 담당하였다.

발해의 명칭은 건국 당시에는 대신국(大辰國) 또는 대진국(大震國/大振國)

12) 제2대 왕인 무왕(武王)이 일본에 사신을 보내고 국왕 성무(聖武)에게 보낸 국서에는 "이 나라는 고구려의 옛 땅을 회복하여 계승하고 부여의 유속(遺俗)을 지킨다."고 하여 발해가 부여와 고구려를 계승하였음을 분명히 하고 있다. 또한 제3대 문왕은 일본에 보낸 국서에서 스스로를 '고구려 국왕'이라고 칭하였다. 이러한 사실들은 발해가 고구려를 계승한 나라임을 분명하게 보여 준다.

이라 칭하였으나 이후 발해로 바꾸었다. 발해는 점차 영향력을 확대하여 동북방의 여러 세력을 복속시키고 만주 북부 일대 전체를 장악하였다. 발해는 당나라와 친선 관계를 맺었고 신라와도 상설 교통로를 개설하여 종래의 대립 관계를 해소시키려고 노력하였다. 동시에 돌궐 및 일본 등과도 친선 관계를 맺으면서 신라와 당나라를 견제하여 동북아시아에서 세력 균형을 유지할 수 있었다. 이러한 발전을 토대로 발해는 대외적으로 국력을 과시하였다.

926년에 발해는 거란에 의해 멸망하였으며 이로써 230년 동안 지속된 발해의 역사는 끝이 났다. 이후 발해 유민들이 주도한 부흥운동이 12세기 초까지 이어졌으나 모두 실패했다. 이와 함께 우리 역사의 주요 무대였던 대륙에 대한 지배력을 상실하게 되었다. 그만큼 발해의 역사와 아울러 그 패망은 우리 역사에 큰 의미를 가지고 있다.

발해의 정치체제는 왕 중심의 중앙집권체제였으며 자신들을 황제국으로 인식하였다. 중앙의 정치 조직은 초기에는 고구려의 제도를 따랐으나 후에 당의 제도를 참고하여 3성(三省)과 6부(六部)를 근간으로 편성하였다. 당나라의 제도를 수용하였지만 그 명칭과 운영은 고구려의 전통을 살려서 독자성을 가지고 있었다.

발해의 지방 조직은 5경, 15부, 62주로 조직되었다. 전략적 요충지에는 5경을 두었는데 수도 상경을 포함하여 중경, 동경, 남경, 서경을 가리킨다. 5경은 당시 발해의 정치, 경제, 문화의 중심지였다. 상경은 당의 장안성(長安城)과 그 규모를 같이하여 외성(外城)과 내성(內城)을 두고 시가지를 바둑판같이 구획하였다.

발해의 지배층은 왕족인 대 씨와 고구려계 귀족들이 대부분이었다. 발해의 주민 중에서 다수를 차지한 것은 말갈인이었다. 발해의 지식인들 중에는 당나라에 유학하여 외국인을 대상으로 실시한 과거시험인 빈공과에 급제한 이들도 있었다. 이와 같은 교류를 통해 발해의 지배층에는 당의 문화가 많이 수용되었으나 하층민들은 고구려나 말갈의 문화와 생활을 유지하고 있었다.

발해는 당나라, 신라, 거란, 일본 등과 무역하였다. 이때 사신과 더불어 상인들이 동행하여 무역하였다. 발해의 수출품은 주로 모피, 인삼 등 토산물과 불상, 자기 등 수공업품이었다. 수입품은 귀족들의 수요품인 비단, 책 등이었다.

발해의 문화는 고구려, 당나라, 말갈의 문화가 섞인 것이었으며 '해동성국(海東盛國)'이라는 별칭에서 보듯이 매우 발전된 고급문화를 향유했음을 알 수 있다. 발해의 문자는 주로 한자를 사용하였는데, 중국의 구당서에는 고유의 문자가 있다는 기록도 있고, 그 밖에 다른 문자를 사용하였다는 주장도 있다.[13] 더 많은 고고학적 발굴과 연구가 필요한 부분이다.

발해의 유적에는 고구려 양식과 유사한 무덤과 불교 관련 유물이 많다. 금동부처, 돌부처, 절터 등 불교 관련 유물과 유적이 많이 남아 있어서 고구려를 계승한 불교문화가 발달해 있었음을 알 수 있다. 문왕의 존호에도 '금륜', '성법' 등의 불교 용어를 사용하고 5경 등 주요 도시에 불교사원의 유적들이 남아 있다. 석인정, 석정소 등의 승려들은 일본과 왕래하며 활발히 활동하였다. 불교 이외에 기독교의 일파인 경교가 전래되었음을 확인할 수 있다.

발해의 예술작품으로는 정혜공주 묘 등의 고분벽화, 석등과 석탑 등의 석조 공예품, 벽돌 및 금속 공예품 등이 남아있다. 자기 공예가 발달하여 가볍고 광택이 있었는데, 그 종류가 다양하였으며 높은 수준을 자랑했다고 한다. 그 밖에 고구려의 양식을 계승한 기와 등이 남아 있다.

발해인들은 음악을 즐겨하였으며 함께 춤추고 노래하였다는 기록들이 남아있다. '답추'(踏鎚)라는 춤을 함께 추었다는 기록도 있다. 특히 음악의 경우에는 일본과 송나라 금나라 등에 전해지고 계승되었다(한국민족문화대백과: 발해). 이를 통해서 우리민족의 공통적인 특징인 집단적으로 춤추고 노래하는 축제문화가 발해에도 있었음을 알 수 있다.

---

13) 중국에서 전래된 한자, 고대 터키의 룬 문자, 신라의 이두 문자 등도 사용되었다는 주장도 있다(똘스또꿀라로프, 2006).

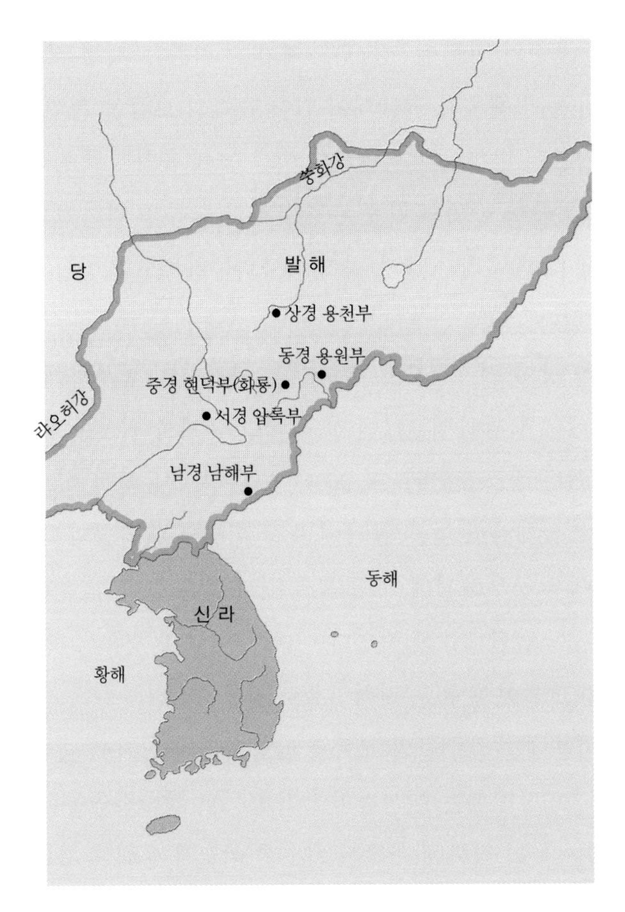


[그림 6-4] 발해의 위치와 영토

(2) 발해의 교육

발해에서는 학문연구기관인 주자감이 설립되어 운영되었다. 주자감은 당의 국자감을 모방한 것으로서 귀족 자제에게 유교 경전 등을 교육하였다. 또한 발해에는 관리들의 교육을 위한 서적원이 설립되어 운영되었다. 국가의 도서 관리와 주요 문서의 작성을 담당하는 문적원(文籍院)도 설립되어 운영되었다. 당과의 활발한 교류와 주자감, 문적원 등이 설치된 것을 통해서 발해의 한학과 유학이 매우 발달해 있었음을 알 수 있다.

정혜, 정효 공주의 비문에 『상서』, 『예기』, 『역경』, 『시경』, 『춘추』, 『좌전』, 『논어』, 『맹자』 등의 책들이 언급되어 있어 유학의 보급을 유추할 수 있다. 이 밖에도 국가기관의 명칭이나 귀족들의 이름 등에 유학적 특징이 분명하게 나타난다. 이를 통해서 발해의 학문은 중국과의 교류를 위한 한문학의 차원을 넘어서 유학에 대한 이해가 국가 경영과 사회문화에도 영향을 미칠 정도였다고 평가할 수 있다.

발해는 또한 당에 적극적으로 유학생을 파견하여 공부하게 하였다. 유학생의 파견은 매우 활발하여 831년 한 해에만 당에서 귀국한 유학생이 150명에 달할 정도였다(똘스또꾸라로프, 2006). 당나라로 유학한 이들 중에는 당나라의 빈공과에 급제하고 높은 관직에 오른 이들도 나타났다. 왕자들도 사신을 따라가 당에서 공부하였다. 이들을 통해서 많은 한학 및 유학 관련 서적들이 전해져서 유학 발달에 기여하였다(이전복 · 손옥량, 1987: 245). 이거정 등은 당에서 유학하고 돌아와 유교 지식인으로 활동하였다.

공주들의 비문에는 공주들의 교육을 담당하던 여교사에 대한 기록이 있어(송기호, 1993: 70) 당시에는 여성들의 교육활동도 활발하였음을 유추할 수 있다. 아울러 이는 우리 역사에 기록된 최초의 여교사에 대한 기록이다.

발해의 중앙 조직은 당의 영향을 받은 3성 6부제였다. 이 중에 의부(義部)는 교육을 담당하는 부서였다. 당나라의 경우에는 의부에서 과거제도의 시행도 관장하였다. 그렇지만 발해에서 과거제가 시행되었는지에 대해서는 아직 분명하지 않다(임상선, 2003). 교육기관인 주자감이 설치되어 있었던 점 등에 비추어 과거제 역시 시행했을 가능성이 있다. 수많은 도당유학생의 교류와 당나라에서의 그들의 활약 등에 비추어 발해에서도 과거제가 시행되었을 가능성은 충분하다. 만약 발해에서 과거제가 시행되었다면 우리 역사상 최초의 과거제 시행이 된다.

발해는 고구려에 뿌리를 둔 국가이면서 점차 당의 영향을 강하게 받았다. 그러므로 발해의 교육문화 역시 고구려적인 요소와 당에서 비롯된 중국적인

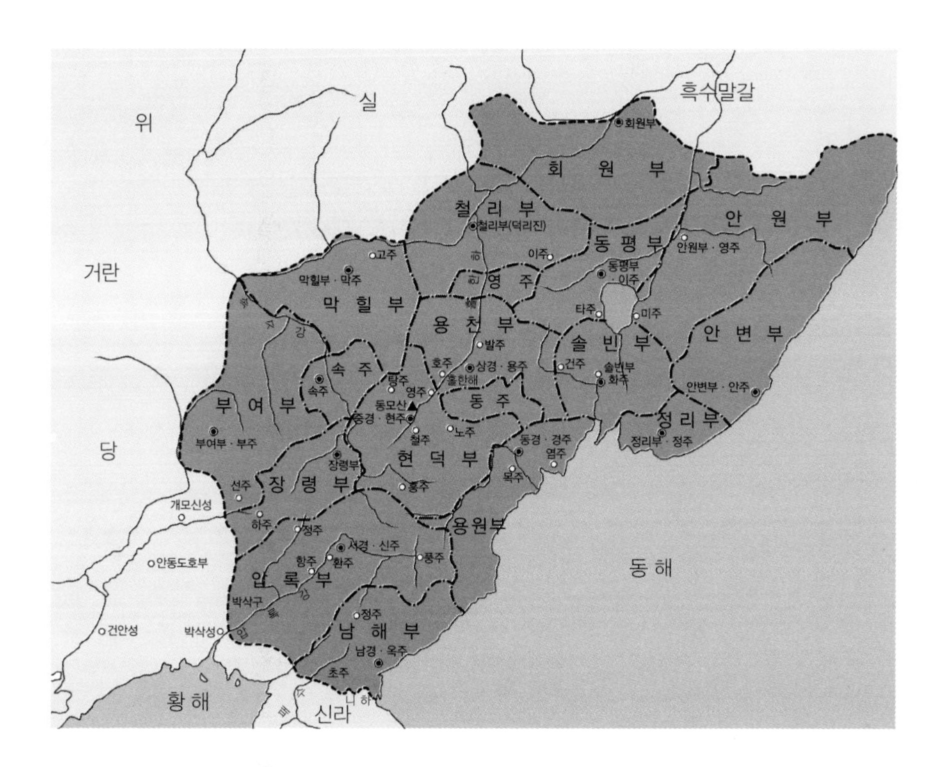


[그림 6-5] 발해강역도

출처: 한국민족문화대백과: 발해.

요소가 함께 공존하였을 것이다. 불교 관련 유적이 많이 남아 있고 유학의 영향도 강하게 작용하였다고 추정할 수 있다. 그러나 구체적인 불교교육 및 유학교육의 모습을 파악하기에는 자료가 부족하다. 아직까지는 발해의 교육문화를 제대로 파악하기가 힘들어 아쉽다.

# 제 7 장
# 고려시대의 교육

## 1. 불교적 질서의 만개

고려는 삼국시대와 통일신라를 거치면서 한국 사회에 정착한 불교적 세계관의 토대 위에 건설된 국가이다. 고려는 처음부터 불교를 국가의 기반으로 인정하였으며, 태조 왕건은 이를 훈요 십조에서 분명하게 명시하였다.[1] 이와 함께 유학을 정치이념으로 삼았다. 유학이 관리를 중심으로 하는 정치체제를 뒷받침하는 통치이념이었다면 불교는 정신계의 지도이념이면서 현실생

1) 훈요 십조의 내용은『고려사』,『고려사절요』에 기록되어 있다. 훈요 십조에는 태조 왕건의 사상 배경과 정책의 핵심이 집약되어 있다. 당시 성행하던 불교, 전통신앙으로서의 천신숭배, 풍수지리설 등의 영향이 분명하게 나타나 있다. 그러한 예 중에 가장 분명한 것이 6조이다. 그 내용은 다음과 같다.

나의 소원은 연등(연등회, 燃燈會)과 팔관(팔관회, 八關會)에 있는 바, 연등은 부처를 제사하고, 팔관은 하늘과 5악(岳), 명산, 대천, 용신(龍神) 등을 봉사하는 것이니, 후세의 간신이 신위(神位)와 의식절차의 가감(加減)을 건의하지 못하게 하라.

활을 지탱하는 가치관이었다.

불교는 고려시대 전반에 걸쳐서 기본적인 세계관이었으며, 고려의 문화와 사상과 교육을 통틀어서 가장 중요한 의미를 갖는다. 태조의 훈요 십조 정신을 계승하여 고려 왕실은 지속적으로 불교를 장려하고 사찰을 건립하는 등 불교 진흥에 힘썼다. 그 바탕에는 불교가 국가를 지켜주는 힘이 된다는 호국불교의 사상이 깔려 있었다. 국가적인 불교행사도 거행되었다. 정월 보름에 연등회가, 11월 15일에 팔관회가 국가적인 행사로 거행되었다. 이때에는 부처와 천시신명에게 제사를 지내고 기무와 음주를 함께 즐기면서 국가와 왕실의 태평을 기원하였다.

연등회는 순수한 불교행사이지만 팔관회는 삼국시대 이전부터 행해지던 제천의식이 전승된 것으로 여겨진다. 고려에 와서도 처음에는 전통적인 종교행사로 실시되다가 점차 불교적인 색채로 변화되어 갔다. 이러한 팔관회를 통해서 주로 불교 국가로만 이해되어 온 고려시대까지도 전통적인 종교인 천신숭배의 영향이 강하게 남아 있었음을 짐작할 수 있다.

다른 한편으로 이미 삼국시대부터 도입된 중국의 유학도 고려에 와서 본격적으로 자리 잡기 시작하였다. 고려는 불교를 국가의 정신으로 인정하면서도 통치 질서로는 유학적인 질서를 채택하였다. 이에 따라서 다양한 유학교육기관이 생겨났고, 귀족들과 관리들에게는 유학적인 소양이 필수적인 것이 되었다.

고려 왕실은 왕권강화를 위해 중국의 과거제를 모방하여 과거를 통해 인재를 선발하였다. 과거를 통한 인재등용은 유학 보급의 매우 효율적인 통로가 되었다. 과거에서는 유학적 지식과 그에 기초한 작문 등을 시험하여 인재를 선발하였기 때문이다. 따라서 관리가 되어 신분 상승을 꾀하는 이들에게 유학을 보급하는 강력한 유인책이 되었다. 이를 통해서 유학적 소양을 갖춘 신진 관료들이 등용되어 귀족을 견제하는 역할을 수행하였다.

고려는 그 명칭에서 보듯이 고구려를 계승한다는 의미를 가지고 있다. 또원 간섭기 이전에는 황제국으로 자처하면서 강한 자부심을 나타내었다. 고려는 국외의 여러 나라들과 활발하게 교류하면서 무역의 중심지로서의 역할도 함께 수행하였다. 이에 따라서 많은 외국인들이 고려에 거주하거나 왕래하였으며, 현재 우리나라를 지칭하는 'Korea'라는 명칭도 이 시기의 고려라는 명칭에서 유래하였다.

원 간섭기 이후 고려는 자주적인 역량을 많이 상실하였다. 황제국으로서의 지위도 상실하여 왕국으로 축소되었다. 그 이후로 조선시대까지 중국의 국가들과의 관계에서 열세적인 위치를 벗어나지 못하게 되었다. 그런 의미에서 고려는 자주적인 국가와 외세의 간섭에 노출된 반(半)자주적인 국가로의 전환점에 있다고 할 수 있다.

고려는 다른 측면에서도 커다란 전환점에 있다. 불교적 세계관으로부터 유교적 세계관으로의 전환점이다. 고려는 불교 국가를 표방하면서도 정치이념은 유학을 채택하였다. 또 유학적 소양을 지닌 이들을 관리로 선발하고, 유학교육기관을 보급하는 등 유학의 진흥을 위해 노력하였다. 그 결과 자신들의 이념인 불교에 배척되는 유학을 장려하고 힘을 축적하는 모순적인 현상이 나타났다. 결국은 유학적 가치관에 입각한 신흥세력에게 국가를 내어 주고 말았다. 고려에서 조선으로의 왕조의 변화는 불교로부터 유학으로의 관점의 전환을 의미하며 우리민족의 삶과 역사 전반에 영향을 미친 기본 관점의 새로운 전환을 의미한다.

## 2. 고려의 교육

### 1) 불교교육

고려는 불교 국가로서 불교가 갖는 교육적 의미 역시 매우 크다. 불교는 여러 측면에 걸쳐서 고려의 교육의 중추적인 역할을 수행하면서 고려인들의 삶 전반에 영향을 미쳤다. 불교가 지극히 숭상됨에 따라서 승려의 사회적 지위도 높았다. 승려들은 국가에서 승려들을 위해 실시하는 과거인 승과(僧科)를 통해서 공인된 지위를 누렸다. 그중에 뛰어난 이들은 왕사와 국사로 추대되어 왕뿐만 아니라 국가 전체의 스승으로서의 위치를 차지하였다. 왕자들 중에서도 여러 사람이 승려가 되었으며, 그중에서 여러 사람이 국사의 위치에 올랐다. 대각국사 의천(義天), 원명국사(圓明國師), 태증통국사(太證通國師) 등 여러 명의 왕자 출신 국사들이 있었다.

불교가 번성함에 따라서 불교사상도 발전하였다. 대각국사 의천은 교종과 선종의 통일을 위한 교선합일(教禪合一) 운동을 일으키고 천태종(天台宗)을 창시하였다. 이를 위하여 그는 교관겸수(教觀兼修)의 사상을 내세웠다. 이는 교종이 내적 깨우침을 등한시하고 외적인 공부에 치우치는 것을 경계하고, 선종이 내적 깨우침에 치우쳐 외적 공부를 버리려고 하는 경향을 비판한 것이다. 이 양극단을 배제하고 양자를 고루 갖추어 안팎으로 모두 조화를 이루고자 하는 것이 그의 사상의 핵심이다.

보조국사 지눌(知訥)은 타락한 불교를 개혁하기 위하여 동료들과 함께 정혜결사(定慧結社) 운동을 시작하고 돈오점수(頓悟漸修)와 정혜쌍수(定慧雙修)의 사상을 전개하였다. 이는 선종이 주력하는 깨닫는 것(悟)과 교종이 주력하는 수련하는 것(修)이 분리될 수 없는 것이며 함께 추구해야 한다는 것이다. 돈오로써 마음이 곧 부처임을 깨닫고 나더라도 이전의 나쁜 버릇들이 일시에 제거되기 어려우므로, 점수로써 점차적으로 닦아나가 온전한 경지에 이르러야 한다는 것을 의미한다(손인수, 1998a: 261-264).

불교의 융성은 수많은 불교사원의 건축으로 이어졌다. 태조 왕건은 도선(道詵)의 풍수지리설에 입각하여 개성에 10개의 사찰을 비롯하여 전국 곳곳에 사찰을 세우고 불교를 장려하였다. 이를 포함하여 개성에만 70여 개의 사찰이 존재할 정도로 고려는 불교의 최전성기를 이루었다. 사원들은 넓은 토지와 재산을 차지하였고, 세속적인 이권도 대단하였다. 이러한 불교사원들은 전국 곳곳에 건립되어 종교적인 기관으로서 뿐만 아니라 일상생활에도 커다란 영향을 미쳤다. 당시 사회는 불교가 모든 삶의 중심이었기 때문에 불교사원은 사회와 문화의 중심으로서 교육적으로도 매우 중요한 공간이었다(안경식, 2011; 황인규, 2006a).

고려의 불교교육을 교육적 장소로서의 불교사원을 중심으로 살펴보면 다음과 같이 크게 셋으로 나누어 볼 수 있다.

첫째, 불교교육의 장소로서의 사원이다. 불교사원은 불교의 의례공간이며 승려들의 양성과 수양 공간이면서 동시에 일반인에 대한 교화의 장소였다. 중생 교화활동은 여러 가지 형태로 이루어졌는데 팔관회, 연등회 등의 대규모 불교행사를 비롯하여 각종 강론, 법회, 결사 등을 통해서 직접적인 교화활동이 이루어졌다.

세계적으로 뛰어난 예술작품으로 손꼽히는 고려 불화는 연등회 등의 대규모 불교행사를 위해 만들어진 것이라고 한다. 수많은 사람들이 모인 법회를 위해 불상을 옮기기도 어렵고 너무 작았기 때문에 커다란 불화를 따로 제작해서 사용한 데서 고려 불화가 탄생하였다고 한다. 대중에게 불교적인 가르침을 보다 쉽게 전달하기 위한 시청각적 교재로서의 의미를 함께 지닌 것으로 볼 수 있다. 그러므로 고려 불화는 불교유산이면서 동시에 교육적 유산이라고 할 수 있다.

이 밖에도 불교사원은 사원 그 자체가 불교 정신을 담고 있는 문화 형식이었다. 불교사원에서 이루어지는 다양한 행사들과 문화예술활동들은 여러 측면에서 민중교화에 기여하였다(안경식, 2011: 107).

둘째, 불교사원은 불교교육뿐만 아니라 문자교육 등을 통해서 불교 외적인 민중교육에도 기여하였다. 불교사원은 일반인들이 문자를 익히고 기초적인 교육을 받을 수 있는 공간이기도 하였다. 고려에서는 어린 아동들은 승려에게서 글자를 익히는 것이 일반적인 일이었다. 또 어려서는 마을마다 설치된 경관이나 서사에서 스승에게서 경서를 배우고, 조금 더 장성해서는 무리를 지어 살면서 스승에게 경서를 배운 후 사찰에 가서 강습하기도 하였다. 이는 고구려의 경당이나 신라의 화랑도를 계승한 것이다(황인규, 2006a, 2006b). 이처럼 불교사원은 귀족으로부터 서민에 이르기까지 어린이와 청소년들의 교육공간으로서의 기능을 함께 가지고 있었다.

셋째, 불교사원은 유학교육의 장소이기도 하였다. 고려의 전 시기에 걸쳐서 많은 뛰어난 유학자들이 어린 시절에 사찰에서 유학을 접하고 독서하면서 성장하였다. 특히 무신의 난으로 인해 많은 문신들이 사찰로 노피하면서 이러한 경향은 더욱 강화되었다(황인규, 2006b: 241). 이보다 더욱 체계적인 유학교육이 사찰에서 이루어진 하과(夏課)이다. 고려의 대표적인 사학교육기관인 12공도는 매년 여름 개성 인근의 절을 찾아서 함께 공부하였는데 이를 하과라고 한다. 이러한 하과제도는 조선 초기까지 지속되다가 세종대에 와서 사가독서제로 전환되었다(황인규, 2006a). 또한 많은 유학자들이 사찰에 독서당을 설치하고 승려들과 교류하면서 유학공부에 매진하였다. 이들을 통해서 고려의 유학이 번창하였고, 조선의 성리학이 든든한 뿌리를 형성할 수 있었다.

이 밖에도 불교는 고려의 교육에 있어서 매우 중요한 역할을 수행하였다. 승려들 중에는 의천과 같이 중국에 직접 유학하거나 왕래하면서 경전을 비롯한 서책을 교환하고 서로 교류하였다. 또 불경간행작업도 활발하게 진행하여서 인쇄술을 비롯한 관련 기술과 학문의 발달에도 기여하였다. 그 대표적인 유물이 세계 최초의 금속활자인 '직지심경'과 '고려대장경'이다.

대장경은 불교 경전의 경(經), 율(律), 논(論)의 일체를 모아 놓은 것이다. 최초의 대장경은 현종 때(1011년, 현종2년) 거란의 침입을 불력(佛力)에 의지해서 물리치기 위해서 만들어졌다. 이 대장경은 대구 근처의 부인사에 보관되었는데 1232년 몽고의 두 번째 침략 때 불타버렸다. 지금 전해지는 두 번째 대장경은 고종 때 몽고군의 침략을 물리치기 위하여 강화도에서 만들어졌다. 경판의 총 수가 81,240판에 이르러 팔만대장경이라고도 부른다. 현존하는 대장경 가운데 가장 오래된 것일 뿐만 아니라 체제와 내용도 가장 완벽한 것으로 평가된다(손인수, 1998a: 256). 팔만대장경은 2007년 6월 '고려대장경판 및 제경판'으로 유네스코 지정 세계기록유산에 지정되었다.

또 승려들 중에는 승장(僧匠)이라 하여 건축, 조각, 단청, 기와를 만드는 기능공들이 있었다. 고려의 찬란한 불교문화의 뒤에는 그것을 뒷받침하는 체계적인 교육활동이 있었을 것으로 짐작된다. 직지심경, 대장경, 고려 불화 등의 빼어난 불교예술작품들은 체계적이고 뛰어난 불교예술교육의 산물로 추정할 수 있다.

## 2) 유학교육

### (1) 고려 유학의 발전

고려 태조인 왕건은 불교를 종교로 숭상하는 동시에 나라의 통치 질서의 기초는 유학에서 찾았다. 유관불심(儒冠佛心)의 세계를 이루고자 한 것이다. 즉, 유학의 관을 쓰고 불교의 마음을 가진 문화를 말한다(손인수, 1998a: 252). 그러므로 유학은 불교와 더불어 고려를 지탱하는 커다란 두 기둥 중의 하나로 중시되었다.

이미 태조 때에 개경에 학교를 세워서 관리들을 교육하였다. 또한 서경에도 학교를 세우고 서학박사를 임명하여 학생들을 가르치게 하였다. 광종 때(958년, 광종 9년)에는 쌍기의 건의를 받아들여 과거제도를 시행하였다. 성종 때에는 최고 교육기관으로 국자감(國子監)을 설치하여 국가의 인재들을 교육하였다. 또 전국의 12목에 경학박사와 의학박사를 파견하여 지방의 학생들을 위한 교육을 담당하게 하였다.

성종은 또한 서경에 수서원(修書院)이라는 도서관을 설치하고 개성에는 비서원(秘書院)이라는 왕실도서관을 설치하여 운영하였다. 예종 때에는 청연각

(淸讌閣)이라는 궁중 도서관 겸 교육시설이 설치되었고 충렬왕 때에 보문서(寶文署)로 개칭되었다. 보문서는 조선시대로 넘어가 집현전으로 통합되었다(손인수, 1998a: 286).

이와 같은 여러 가지 유학진흥책에 힘입어 고려의 유학이 크게 발전하였다. 그렇지만 다른 한편으로 지나치게 유학에 치우침으로써 무신들의 반발을 불러왔고 그 결과 무신의 난이 일어났다. 무신의 난으로 수많은 문인들이 죽고 일부는 깊은 산중의 절이나 시골로 은거하면서 유학의 기풍이 현저하게 약해지게 되었다.

고려 말기에 이르러 안향을 통해서 성리학이 수용되고 발전하면서 고려의 유학은 새로운 발전의 전기를 마련하게 된다. 성리학은 북송대에 성립되었고 남송의 주희(朱熹)에 의해 집대성되어 주자학이라고도 불린다. 충렬왕 때 안향은 직접 원나라에 가서 주자서를 필사하고 주자의 초상을 그려 가지고 돌아왔다. 안향은 자신의 집을 헌납하여 국학의 문묘로 삼게 하는 등 주자학의 보급과 유학의 발전을 위해 노력하였다.

충선왕은 아들인 충숙왕에게 왕위를 물려준 후(1314년, 충숙왕 1년) 원나라 연경에 만권당(萬卷堂)을 설치하여 양국의 문인들을 교류시켰다. 여기에서 원나라의 조맹부, 염복, 우집 등과의 교류를 통해서 백이정, 이제현, 박충좌 등의 뛰어난 학자들이 배출되었다. 또 이들을 통해서 이색, 이숭인, 정몽주 등 고려 말의 대표적인 유학자들이 양성되었다.

고려 말에 수용된 성리학은 한국 유학의 새로운 전기를 마련하였다. 성리학은 고려의 불교세력과 대결하고 나아가서 그것을 압도하면서 조선의 건국이념이 되었다. 조선 건국에 협력한 성리학자들이 조선 초기의 국가 질서 수립과 유교적 사회개혁을 주도한 훈구파를 이루었다. 또 조선의 건국에 협력하기를 거부한 이들이 시골로 은거하면서 이들을 통해서 조선의 사림이 형성되었다. 그러므로 성리학은 온전히 조선 사회의 유학적 질서의 바탕이라고 할 수 있다.

### (2) 고려의 유학교육기관

고려시대 유학교육기관은 크게 관학과 사학으로 나누어 살펴볼 수 있다. 관학으로는 중앙에 국립학교인 국자감과 동서학당이 있었으며, 지방에는 향교가 있었다. 사설 교육기관으로는 중앙에 12도가 있었으며 지방에는 서재가 있었다.

#### ① 국자감

국자감은 고려시대 대표적인 교육기관이자 최고 교육기관이다. 태조 때부터 설립되어 운영되던 경학(京學)을 성종 11년(992년)에 국자감으로 개칭하였다. 국자감은 원나라의 영향 아래 있었던 충렬왕 원년(1275년)에 국학으로 개칭되었고, 다시 충렬왕 24년(1298년)에 충선왕이 즉위하여 성균감으로 명칭을 바꾸었다. 그러다가 충렬왕 34년(1309년)에 충선왕이 다시 왕위에 복귀하면서 성균관으로 개칭하였다.

고려의 국자감은 관리양성의 기능을 함께 가지고 있었으며, 조선과 달리 실용학문도 교육하였다. 국자감에는 경사육학(京師六學)으로 불리는 6학이 존재했으며, 이 중에 국자학(國子學), 태학(太學), 사문학(四門學)은 유학을 교육하였고, 율학(律學), 서학(書學), 산학(算學)은 실무 기술을 교육하였다. 유학 전공의 3학은 유교의 경전과 문학을 공부하였으며, 전공에 따른 구분이 아니라 신분에 따라 3학으로 구분되었다. 3학은 높은 신분의 학생들이 입학하여 고급 관리로 진출하고자 하였다. 이에 비해서 실무 기술을 교육하는 3학에는 낮은 신분의 학생들이 입학하여 전문직으로의 진출을 추구하였다.

표 7-1 국자감 6학의 구성

| 구분 | 유학/실무 | 교육내용 | 신분 | 교육의 목적 |
|---|---|---|---|---|
| 유학교육 | 국자학, 태학, 사문학 | 유교경전, 문학 | 귀족 | 고급관리 |
| 실무교육 | 율학, 서학, 산학 | 법률, 산술 등 실용학문 | 평민 | 전문직 |

국자감의 정원은 국자학, 태학, 사문학이 각 300명으로 모두 900명이었고, 율학 등 3학의 정원은 알려져 있지 않다. 각 학과마다 박사와 조교를 두어 가르치게 하였다.

교육내용은 국자학, 태학, 사문학에서 모두 『효경』, 『논어』를 공통 필수과목으로 가르쳤다. 이 밖에 전공 교과목으로 『주역』, 『상서』, 『주례』, 『예기』, 『모시』, 『춘추좌씨전』, 『공양전』, 『곡량전』 등을 가르쳤다.[2] 수학연한은 9년이었는데, 국자감시에 응시하기 위한 조건인 6년과 국자감시에 합격한 후 최종 시험인 예부시(禮部試)에 응시하기 위한 3년으로 나뉘어 있었다. 율학, 서학, 산학은 6년으로 되어 있었다.

1362년 성균관으로 개칭한 뒤에는 강예재가 없는 6재를 사서(四書)와 오경(五經)을 전문적으로 강의하는 9재로 바꾸어 성리학 중심의 교육으로 전환하였다.[3]

사학이 성행하면서 관학은 상대적으로 부진하였다. 관학의 부진을 만회하기 위하여 여러 가지 관학 진흥책들이 마련되어 시행되었다. 문종 때(1063년, 문종 17년)에는 국자감의 질적 향상을 꾀하여 직제를 제정하였다. 숙종 때(1101년, 숙종 6년)에는 국자감에 국립도서관으로 서적포(書籍涯)를 설치하고 도서의 출판도 장려하였다. 예종 때(1109년, 예종 4년)에는 과거 합격자를 십이도(十二徒)에 많이 빼앗기자 과거응시자를 위하여 국자감에 7재를 설립하여 전공별 강의를 실시하였다. 7재는 여택재(麗澤齋: 주역), 대빙재(待聘齋: 상서), 경덕재(經德齋: 모시), 구인재(求仁齋: 주례), 복응재(服膺齋: 대례), 양정재

---

2) 『효경(孝經)』, 『논어(論語)』, 『주역(周易)』, 『상서(尙書)』, 『주례(周禮)』, 『예기(禮記)』, 『모시(毛詩)』는 모두 유학 관련 책이다. 상서는 서경, 모시는 시경으로도 불린다. 『춘추좌씨전(春秋左氏傳)』, 『공양전(公羊傳)』, 『곡량전(穀梁傳)』 역시 유학 관련 서적인데 공자의 『춘추』에 대한 대표적 해석서로 3전으로 불린다. 이들 책들이 교육되었다는 것은 이미 고려의 관학이 유학교육 중심으로 운영되었음을 의미한다.

3) 1289년에 최초로 성균관 명칭을 사용하였으나 다시 국자감으로 복귀하였다가 1362년에 성균관으로 정하여 이후로는 계속 이 명칭을 사용하였다.

(養正齋: 춘추), 강예재(講藝齋: 무학)로 구분되었다. 예종은 또 양현고를 설치하여 장학재단을 설치하는 등 국학 진흥을 위한 노력을 기울였다. 그러나 이러한 노력에도 불구하고 한 번 주도권을 상실한 관학의 위상을 회복하지는 못하였다.

② 학당

고려의 학당은 조선과 마찬가지로 국자감의 아래에 위치하는 중등교육기관으로서의 성격을 갖는다. 원종 때(1261년, 원종 2년) 강화도에서 먼저 시작하였으며 개경으로 환도한 후(1271년, 원종 12년)에 개경에 동서학당을 설립하였다. 유교의 발전과 더불어 공양왕 때(1390년, 공양왕 2년) 개성의 중앙과 동, 서, 남, 북에 5개의 학당을 세워 5부학당을 완성하였다. 학당에는 별감(別監)을 두어서 가르치게 하였다. 고려의 5부학당은 후에 조선의 4부학당의 기원이 되었다. 학당은 지방의 향교와 대등한 위치를 차지하였으며 조선의 4부학당은 이를 계승한 것이다. 5부학당은 교육정도에 있어서는 향교와 유사하였으나 향교가 교육기관이면서 동시에 문묘제례의 기능을 가진 데 비해서 5부학당은 문묘가 없어서 교육만 담당한 기관이었다는 차이가 있다(손인수, 1998a: 303-307).

③ 향교

고려의 향교는 지방에 설립된 중등 교육기관으로서 관학이다. 고려의 지방조직인 3경과 12목을 비롯한 군, 현에 설치되었다. 박사와 조교를 파견하여 생도를 교육하게 하였다. 고려의 향교는 설립 초기에는 향학이라 부르다가 후에 향교로 바꾸어 불렀다.[4] 최초의 향학은 서경에 설치되었으며, 목종 때(1003년, 목종 6년)까지는 최소한 3경과 10목에 향학이 설치되었다. 성종과 인

4) 향교는 교궁(校宮) 또는 재궁(齋宮)으로도 불렸다.

종 시대에 걸쳐서 지방의 군, 현에 하나씩 설치하여 교육을 담당하게 하였다.

성종 때(987년, 성종 6년)에는 교관으로 경학박사(經學博士)와 의학박사(醫學博士) 각 1명씩을 배치하여 교육을 담당케 하였다. 박사 외에 교사를 두었는데 조교(助教)라고 불렀다. 같은 성종 때(992년, 성종 11년)에는 주와 군에 학교(주학, 州學)를 설립하고 유학을 권장하였다.

향교는 지방교육기관으로서 유학의 전파와 지방민의 교화를 목적으로 하였다. 따라서 공자 등 성인을 제사하기 위한 문성왕묘[5]와 교육공간인 명륜당이 함께 있었다. 국자감과 마찬가지로 제향공간과 교육공간이 함께 있는 묘학일치의 양식을 보여 준다. 향교의 학생 중 우수한 자는 선발되어 국자감에서 공부할 수 있는 자격을 주었다. 또한 고려의 과거제도에는 향공(鄕貢)이라는 지방 학생의 천거 제도가 있어서 향교 교육의 촉진에도 기여하였을 것으로 여겨진다(손인수, 1998a: 305).

향교가 각 지방에 설립되었다는 것은 그만큼 유학의 보급이 폭넓게 이루어졌다는 것을 나타낸다. 그렇지만 고려의 향교는 의종 이후 극도로 쇠퇴하여 전반적으로 부진을 면하지 못하였다. 본격적인 향교의 보급과 확대는 조선시대의 몫으로 남겨졌다.

④ 사학 12도

고려시대 사립교육기관을 대표하는 것으로 사학 12도를 들 수 있다. 사학 12도의 근원이 되는 것은 고려의 전성기이던 문종 때(1053년, 문종 7년)에 문하시중으로 있던 최충이 처음으로 개설한 문헌공도(文憲公徒)이다. 그는 후진 양성을 위해 학당을 세우고 9재를 두어 각 전문 강좌를 개설하였다. 악성(樂聖), 대중(大中), 성명(誠明), 경업(敬業), 조도(造道), 솔성(率性), 진덕(進德),

5) 文聖王廟, 문묘라고도 부른다. 유교의 성현인 공자(孔子)와 여러 제자들의 위패를 모시고 제사를 드리는 사당이다.

대화(大和), 대빙(待聘)의 9재를 두었다. 각 재의 이름은 『주역』과 『중용』 등 유학 서적에 등장하는 주요한 용어들에서 따온 것인데 학생들의 진학과정을 구분한 것으로 여겨진다.

교육내용은 국자감과 같은 9경(九經)과 3사(三史)가 중심이 되고, 시와 부, 사장 등의 제술(작문)도 교육하였다. 9경은 『주역』, 『상서』, 『모시』, 『의례』, 『주례』, 『예기』, 『춘추좌씨전』, 『춘추공양전』, 『춘추곡량전』을 말하며, 3사는 『사기』, 『한서』, 『후한서』를 말한다.

평소에는 송악산 아래 자하동의 문헌공도에서 공부하였으며, 매년 여름에는 귀법사의 승방 등을 빌려서 하과(夏課)를 실시하였다. 이때는 학생 가운데 과거에 급제하였으나 아직 관직에 나가지 않은 자들이 중심이 되었다. 때때로 관리나 학자들이 찾아오면 학생들과 더불어 각촉부시(刻燭賦詩)라 하여 초에 금을 긋고 시 짓기를 겨루기도 하였다. 우수한 작품을 낸 순서에 따라서 방을 붙이고 조촐한 술자리도 마련하였다(손인수, 1998a: 308).

최충의 문헌공도가 성공하자 사학들이 지속적으로 설립되어 사학 12도를 이루게 되었다. 사학의 설립자들은 당시의 대학자들이었으며, 대개 문관들로 학식과 명망이 있어 과거 시험관인 지공거(知貢擧)를 지낸 사람들이 많았다. 따라서 당시의 귀족 자제들은 국자감보다는 사학으로 몰리게 되었다. 12도의 교육 수준은 국자감과 비슷한 수준이었으며, 국가에서 수시로 12도의 교육을 감독하고 땅을 하사하기도 하였다. 충선왕 때에는 향교와 학당의 학생들을 12도로 진학시키고, 다시 12도의 학생을 선발하여 성균관으로 올리자는 논의가 있었던 것으로 보아 관학과 동등한 취급을 받았으며, 학당과 향교에 비해 상급학교로서 인정되었음을 알 수 있다(손인수, 1998a: 309). 이와 같은 사실에 비추어 12도 역시 과거 준비를 위한 예비학교로서의 역할을 수행하였음을 알 수 있다.

사학은 당시 점차 그 기능이 약화되고 있었던 관학을 대신하면서 귀족들의 교육기관으로 위상을 갖추게 되었다. 동시에 국자감을 비롯한 관학은 점차 그 기능이 약화되는 원인이 되기도 하였다.

⑤ 서당(경관과 서사)

고려시대의 서당에 대해서는 충분한 기록이 존재하지 않는다. 그렇지만 고려시대에도 조선시대의 서당과 비슷한 교육기관이 마을마다 존재했던 것 같다. 송나라 사람인 서긍(徐兢)이 지은『고려도경』에는 다음과 같은 기록이 전한다.[6)]

> 여염집들이 있는 거리에는 경관과 서사들이 두셋씩 마주 바라보고 이곳에 백성들의 자제들이 무리로 모여 스승에게 책을 배우며, 조금 장성하게 되면 뜻이 맞는 사람끼리 벗을 택하여 절간으로 가서 글을 익힌다. 그리고 아래로는 코흘리개 어린이까지도 역시 향(鄕)선생에게 배운다.

이와 같은 기록에 비추어 볼 때 고려시대에도 이미 조선시대의 서당과 비슷한 민간교육기관이 존재했음을 알 수 있다. 또한 고구려의 경당에서 보이는 마을마다 설치된 학교, 청소년들이 무리를 지어 함께 공부하며 산천을 찾는 화랑도의 전통 등이 고려에도 일부 전하였을 것으로 추측할 수 있다.

(3) 고려시대의 과거

고려의 과거제도는 광종 때(958년, 광종 9년)에 후주 사람 쌍기의 건의로 당나라의 제도를 모방하여 시작되었다. 과거제의 시행은 관직 진출의 문을 모든 피지배계층에게 개방하여 귀족층을 견제하는 한편 유능한 인재들을 등용하여 왕권을 강화하기 위한 것이었다. 또한 지방에 근거를 둔 호족세력을 견제하는 역할도 동시에 수행하였다.

---

6)『고려도경』권제40유학조. 손인수, 1998a: 312에서 재인용.

초기에는 제술과, 명경과, 잡과의 세 가지로 시행되었다. 제술과와 명경과는 문관 등용시험이었으며, 이 중에 제술과를 더 중요하게 생각하였다. 제술은 유교사상에 기초한 여러 가지 글을 짓는 작문 시험이었고 명경과는 유교 경전을 해석하는 시험이었다. 잡과는 실용적인 학문을 시험하여 전문직을 선발하는 것이었다. 이 밖에 승려들을 대상으로 하는 승과가 있었다. 고려 말인 공양왕 때(1390년, 공양왕 2년)에 무신의 등용을 위한 무과가 시행되었으나 곧 이은 고려의 멸망으로 실질적인 시행은 이루어지지 못하였다.

과거의 응시 자격은 노비나 죄인 등을 제외한 양인(良人) 이상으로 규정되어 있었다. 그러나 실제로는 지배층 내부에서도 엄격한 신분제한을 가함으로써 일부 제한된 문벌출신만이 합격해서 높은 관직을 차지하였다.

과거의 절차는 3단계의 시험으로 이루어져 있었다. 1차 시험은 서울인 개경과 지방 시험 그리고 외국인 대상의 시험 등 셋으로 나누어 실시되었다.[7] 2차 시험은 1차 시험에 합격한 사람들을 국자감에서 다시 선발하였는데 이를 국자감시 또는 재시라고 하였다. 여기에서 합격한 사람, 국자감에서 3년 이상 수학한 학생, 벼슬에 올라 300일 이상 경과한 사람들이 최종 시험인 동당감시(東堂監試)의 대상이 되었다.

과거 합격자의 정원은 없었으나 중기 이후에는 대체로 33명씩을 선발하였다. 때로는 동당감시에 합격한 사람도 왕이 다시 시(詩), 부(賦), 논(論)을 시험하여 등급을 정하는 복시제도가 있었다.[8] 최종 시험에 합격한 자에게는 합격증인 홍패(紅牌)를 주었다.

처음에는 매년 과거를 실시했으나 성종 때에는 3년에 한 번씩(식년시, 式年試) 실시하였다. 현종 때에는 격년으로 실시하였고, 그 후에는 매년 또는 격

7) 중앙(개경)에서 선발한 자를 상공(上貢), 지방에서 선발한 자를 향공(鄕貢), 외국인 중에서 선발한 자를 빈공(賓貢)이라고 하였다.

8) 시(詩)는 시, 부(賦)는 시와 산문의 중간 형태로 볼 수 있는 한문 문체의 하나이며, 논(論)은 논술에 해당한다고 볼 수 있다. 복시는 염전중시(簾前重試), 친시(親試)로도 불렸다.

년으로 실시하였다. 그러므로 고려의 과거제 역시 조선과 마찬가지로 엄격하게 시행된 것이 아니라 수시로 시행된 것으로 볼 수 있다.

과거를 통하지 않고도 음서제(蔭敍制)를 통해서 관리가 될 수 있었다. 음서제는 5품 이상인 관리의 자제 중 1명을 과거시험을 거치지 않고 관리에 채용하는 제도이다. 음서제의 존재를 통해서 고려 사회가 여전히 귀족사회의 성격을 강하게 간직하고 있었음을 알 수 있다.

승과는 승려들을 대상으로 하는 과거시험이었다. 승과는 다시 교종과 선종의 두 종파로 나누어서 교종선(敎宗選)과 선종선(禪宗選)이 따로 실시되었다. 교종선은 교종의 도회소(都會所)인 개성의 왕륜사에서, 그리고 선종선은 선종의 도회소인 개성의 광명사에서 각각 실시하였다.

승과에 합격한 자에게는 교종과 선종을 막론하고 대선(大選)이라는 첫 단계의 법계(法階)가 주어졌다. 이로부터 대덕(大德: 주지의 자격이 있음), 대사(大師), 중대사(中大師), 삼중대사(三中大師)의 법계로 차례로 승진하였다. 삼중대사 이상의 법계는 교종과 선종이 각각 달랐는데, 교종의 경우 수좌(首座), 승통(承統)으로 승진하였고, 선종의 경우 선사(禪師), 대선사(大禪師)로 승진하였다. 특히 덕이 높은 중에게 왕사(王師), 국사(國師)의 법계를 주었는데 이들은 승통이나 대선사보다 높은 위치에 있었다. 왕사와 국사는 국왕과 국가의 스승으로 존경을 받았으며 국가의 통치에도 영향을 미쳤다(손인수, 1998a: 268-269).

# 제 8 장
# 조선시대의 교육

## 1. 기본 관점으로서의 유학

조선시대 교육의 토대가 되는 관점은 유학(儒學)이다. 유학 중에서도 성리학(性理學)이 조선시대의 교육과 사상과 정치를 포괄하는 기본적인 관점으로 작용하였다. 유학 이전에 우리 민족의 기본적인 세계관은 오랫동안 불교적인 관점에 기초하고 있었다. 불교는 삼국시대에 전래된 이래 우리 민족의 기본적인 세계관으로 천년 이상의 시간 동안 깊게 뿌리내린 세계관이었다. 지금까지도 불교의 영향이 여전히 강력하게 남아 있는 것을 보면 그 뿌리 깊은 영향력을 분명하게 알 수 있다. 이러한 불교적 세계관을 부정하고 대체하면서 모든 사람들을 대상으로 관점의 전환을 시도한 것이 조선의 성리학적 유학이었다.

그런 의미에서 조선의 등장과 그 토대가 되는 유학으로의 세계관의 전환은 민족의 역사와 교육에 있어서 근본적인 대 전환이라고 할 수 있다. 조선의 등장은 새로운 세계관으로서의 유학의 본격적인 등장이며, 유학에 의한 불교적 세계관의 대체작업의 시작을 알리는 것이라고 볼 수 있다. 마찬가지의 맥락에서 조선시대 전반은 유교적 세계관이 불교적 세계관을 대체해 가면서 점차 사회의 근본적인 질서로 확산되어 가는 과정이라고 볼 수 있다.

유학은 처음에는 불교적 질서의 정점을 지나서 정체와 부작용으로 빠져들던 고려사회에 대한 개혁의 토대였다. 다음으로는 조선 사회를 지탱하는 체제 유지의 힘이었다. 조선 말기로 가면서 유학적 세계관과 질서는 새로운 세계질서와 밀려오는 외세의 영향에 대해 지항하고 변화를 거부하는 수구적인 요인으로 작용하게 되었다.

유학을 통해서 볼 때 우리는 하나의 관점이 언제나 동일한 방면으로만 작용하는 것이 아님을 분명히 알 수 있다. 시대적 상황에 따라서 때로는 개혁적이고 진보적인 힘으로 작용하기도 하고 때로는 보수적이고 수구적인 힘으로 작용하기도 한다. 시대적 상황과 상호작용하면서 역동성을 유지하지 못할 경우 사상과 관점들은 종종 활력을 상실하고 시대의 그늘로 머무르거나 변화와 개혁에 대한 저항의 세력이 되어 적절한 변화와 개혁을 방해하게 된다. 조선 말기의 역사를 통해서 우리는 그와 같은 사상의 쇠락을 분명하게 확인할 수 있다.

### 1) 유학 및 성리학이란 무엇인가

한학이라 함은 단순하게 말해서 중국에서 전래된 학문으로 중국학을 뜻한다. 고려시대 이전의 한국사를 보면 종종 한학에 대한 서술이 등장하는데 이것은 중국의 문자인 한문으로 기록된 중국학을 의미한다. 이에 비해서 한문공부는 한자어를 공부하는 것을 의미한다.

유학은 공자, 맹자에서 비롯되는 유가의 사상을 의미한다. 한학에는 공맹을 포함하여 제자백가와 중국의 역사 등 다양한 내용이 포함되었다. 고려 이후에는 점차 공맹에 대한 공부로 중국관련 학문연구가 통일되었다. 조선시대에는 그중에서도 성리학만을 공부하는 것으로 정리되었다. 따라서 조선시대와 관련하여 등장하는 유학이라는 표현은 성리학과 동일한 의미를 갖는 경우가 많다.

공자계열의 학문을 통칭해서 유학이라 한다면 선진(先秦)의 본원(本源) 유학, 한당(漢唐)의 훈고(訓詁) 유학, 송명(宋明)의 성리학, 청(淸)의 고증학 등으로 분류할 수 있다. 성리학이라는 용어는 원래 '성명 · 의리의 학(性命義理之學)'의 준말이다. 중국 송(宋)대에 들어와 공자와 맹자의 유교사상을 '성리(性理) · 의리(義理) · 이기(理氣)' 등의 형이상학 체계로 해석하였는데, 이를 성리학이라 부른다.

성리학의 어원은 남송 시대의 주희(朱熹)의 성즉리(性卽理) 이론에 뿌리를 두고 있다. 이름의 유래에서 보듯이 성리학에 있어서 주희의 영향은 절대적이다. 그의 이름을 따서 주자학이라고도 한다.[1] 또한 송대(宋代) 이전의 유학을 집대성하여 새로운 전환기를 만들었다는 점에서 신유학(新儒學)이라고도 한다. 이러한 성리학은 14세기에 안향에 의해서 고려에 들어왔다. 조선의 통치이념으로 채택되면서 본격적으로 뿌리를 내렸으며, 이후 500년 이상의 기간 동안 한국 사회의 기본 관점으로 자리 잡게 되었다. (한국민족문화대백과: 성리학)

## 2) 주리론과 주기론

조선의 성리학을 대표하는 흐름은 주리론과 주기론의 논쟁이다. 다른 말로는 사칠변론 혹은 사칠논쟁이라 한다. 사단은 측은지심(惻隱之心), 수오지

1) 주자 이전에 성리학의 토대를 마련하여 이정(二程)으로도 불리는 정호와 정이에서 주희로 이어지는 학통 때문에 정주성리학(程朱性理學) 또는 정주이학(程朱理學), 정주학으로도 부른다.

심(羞惡之心), 사양지심(辭讓之心), 시비지심(是非之心)의 네 가지 마음을 의미한다. 측은지심은 타인의 불행을 아파하는 마음, 수오지심은 부끄럽게 여기고 수치스럽게 여기는 마음, 사양지심은 타인에게 양보하는 마음, 시비지심은 선악시비를 판별하는 마음이다. 칠정이란 인간의 일곱 가지 감정을 말하는데 기쁨, 화냄, 슬픔, 두려움, 사랑, 미움, 욕망을 말한다.[2] 이 사단과 칠정의 관계를 이해하는 차이에서 조선 성리학의 큰 갈래인 주리파와 주기파가 갈라지게 된다. 사단과 칠정의 관계에 대한 서로 다른 의견의 대립은 이후 오랫동안 지속된 사칠변론(四七辯論)으로 전개되었다.

사단과 칠정에 대한 논의는 이황과 기대승(奇大升)에서 시작되었다. 이황은 사단이란 이(理)에서 나오는 마음이고 칠정이란 기(氣)에서 나오는 마음이라 하였다. 사단은 선과 악이 섞이지 않는 마음의 작용이며 이에서 비롯된 것이라고 하였다. 또 인성(人性)에 있어 본연의 성(性)과 기질(氣質)의 성(性)은 다르다고 보아서 이기이원론(理氣二元論)을 주장하였다. 이에 대하여 기대승은 이와 기는 관념적으로는 구분할 수 있으나 구체적인 마음의 작용에서는 구분할 수 없다고 보아서 이기일원론을 주장하였다. 같은 입장에서 사단칠정 모두 '기가 발함에 이가 타는 것(기발이이승지, 氣發而理乘之)'으로 해석하였다. 율곡 이이 역시 이러한 기대승의 입장에 동조하였다. 후대의 주기론자들의 경우에는 기의 우위성을 더욱 강조하여 기일원론의 입장을 취하는 경향도 나타났다. 이들은 기가 이에 뒤따라간다고 보는 주리론의 입장을 거부하고 기의 작용에 따라서 이가 뒤따라온다고 주장하였다(한국민족문화대백과: 성리학).

---

2) 칠정(七情): 희(喜) · 노(怒) · 애(哀) · 구(懼) · 애(愛) · 오(惡) · 욕(慾)

### 3) 조선 성리학에 대한 평가

조선은 성리학적 질서 위에 건국된 나라이다. 이것은 조선을 우리 역사의 다른 나라들과 구별하는 분명한 지표이다. 우리 역사에서 조선만큼 하나의 가치관을 배타적으로 강조한 국가는 없었다. 고려는 처음부터 불교 국가를 표방하였지만 유학을 통치이념으로 삼아 장려하고 관리 선발을 위한 과거에서 유학을 시험하는 등 다른 가치관에 대한 포용성이 있었다.

이에 비해서 조선은 오직 유학만을 유일무이한 가치관으로 인정하였다. 그중에서도 송대에 성행한 성리학(주자학)만을 인정하였다. 이와 같은 성리학 중심의 통일성과 배타성이 조선 사회를 이해하는 근본 관점으로서의 성리학의 특징 중의 하나이다. 조선은 오로지 성리학만을 인정하였고 성리학적 세계관으로 조선 사회를 일관성 있게 질서지우고자 하였다. 조선은 성리학의 나라이며 조선의 성패는 모두 성리학적 관점과 깊이 관련되어 있다. 그래서 조선을 이해하기 위해서나 조선을 평가하기 위해서나 성리학에 대한 이해가 필수적이다.

성리학적 세계관은 조선이라는 온전한 유교 국가를 만들어 냈다. 고려 말기의 혼란에 상당한 책임이 있는 불교의 폐단을 개혁하고 새로운 국가체제를 건설하였다. 오늘날의 헌법에 해당하는 경국대전에 기초해서 법치국가의 틀을 만들었고, 법적 기반 위에서 귀족 사회의 모습을 벗어나 양인들이 중심이 되는 양천제[3] 사회를 건설하였다. 관리의 등용에 있어서도 양인이면 누구나

3) 양인과 천민으로 국가의 구성원들을 구분하는 제도로 경국대전에 명시된 조선의 법적 신분체제였다. 양인들은 조선 사회에서 동일한 법적 권한과 책임을 담당하는 신분집단이었다. 조세와 병역의 의무를 담당하는 한편 과거를 통한 관리 등용 등의 권한을 누릴 수 있었다. 여기에서 벗어나는 사람들이 노비와 기술직 종사 등으로 구성되는 천민으로 이들은 조선 사회의 양인으로서의 권리를 보장 받지 못하였다. 과거에 응시할 권한도 주어지지 않았다. 이러한 양천제는 조선의 헌법에 해당하는 경국대전에 명시된 유일한 신분제도였다. 그렇지만 조선 후기 사회에 이르러 신분제가 흔들리면서 점차 양반과 상놈으로 구분되는 반상제로 실질적인 변화가 초래되었다.

참여할 수 있는 능력 중심의 선발제도인 과거제를 시행하였다. 교육적으로는 유학의 전파를 위해 전국에 걸쳐 향교를 운영하는 체제를 완성하였다.

이와 같은 노력을 통해서 조선 초기는 당시로서는 최고 수준의 합리적 국가체제를 완성하였다. 경국대전에 근거한 법치적 전통 수립, 양천제의 신분제도, 과거를 통한 능력 중심의 인재 등용 등은 당시의 어떤 국가에서도 찾아보기 힘든 발전된 형태의 합리적 국가체제였다. 그 바탕에는 유학의 정신이 있었다. 유학적 세계관에 의한 조선의 수립과 국가사회체제의 개혁에서 빼놓을 수 없는 것이 세종시대의 개혁이었다. 그중에서도 한글의 창제와 보급은 스스로 유학정신에 근거하여 성현의 뒤를 잇고자 했던 세종대왕의 유학정신의 발현으로 평가할 수 있다.

이 밖에도 성리학적 세계관은 임진왜란과 일제침탈시기 등의 여러 위기 상황에서의 의병운동과 독립운동의 사상적 뿌리가 되었다. 또 조선을 거쳐 현대에까지 우리문화의 뿌리를 형성한 충효정신 및 예법에 기초한 사회질서의 개혁과 발전 등에서 매우 큰 성과를 이룩하였다.

반면 성리학적 세계관이 조선 사회와 우리 역사에서 한계로 작용한 점도 크다. 무엇보다도 성리학 이외의 다른 관점을 전혀 수용하지 않았던 폐쇄성과 획일성으로 인한 폐단이 컸다. 500년에 이르는 조선의 역사에서 내외적인 변화는 끊임없이 이루어진 데 반해서 조선은 성리학만을 고수하였다. 그로 인해 주변 세계의 변화와 조선 사회 내부의 내적 변화를 모두 제대로 수용하고 새로운 질서로 만들어 낼 수 있는 역량을 갖지 못하게 되었다. 임진왜란과 병자호란을 겪고, 천주교의 전래와 서양세력의 영향을 받으면서도 조선은 성리학 안에 머무르는 길을 택하였다.

그 결과는 철저한 몰락과 민족의 역사에서 다시 찾기 힘든 수난들로 나타났다. 성리학 이외의 관점을 허용하지 않고, 성리학 이외의 해답을 갖지 못한 폐쇄성이 낳은 비극이라 할 수 있다.

성리학적 관점은 중국에 대한 사대주의적 관점이라는 부조리한 관념의 원인이 되기도 하였다. 성리학의 종주국인 중국을 어버이의 나라, 세계의 중심으로 생각하여 스스로를 낮게 평가하는 사대주의적 정신에서 벗어나지 못하였다. 사대정신에 따라서 스스로의 역사를 지우고 낮게 평가하며 중국에 대한 의존에서 벗어나지 못하였다.

성리학은 사농공상의 질서에 따라서 공업과 상업을 천시하고 이들 직업에 종사하는 사람들을 천민으로 분류하였다. 이러한 신분차별은 국가의 통합된 힘을 만들어 내지 못하고 점차 극심한 신분간의 갈등을 낳게 되었다. 특히 임진왜란 이후 신분구조가 양천제로 전환되면서 하층민의 고통이 점차 증가하고 사회모순이 극대화되는 문제를 낳게 되었다.

아울러 공업과 상업의 몰락을 가져왔다. 고려 때까지 세계 최고 수준의 도자기 생산국이자 교역국이었던 찬란한 문화가 조선시대를 거치면서 보잘것 없는 수준으로 전락하고 말았다. 문을 숭상하고 무를 중시하지 않았던 전통 때문에 외부의 침략에 대응할 수 있는 강건한 군사력을 갖추지 못하였던 것 역시 성리학적 세계관과 관련이 깊다.

조선 성리학의 폐쇄성과 상하질서 중심의 세계관, 사대주의의 극단은 한글에 대한 천시로 나타났다고 할 수 있다. 최근의 고고학적 발굴과 연구들을 통해서 한글이 비교적 이른 시기부터 왕실을 비롯하여 남녀와 신분을 포괄하는 폭넓은 범위에서 사용되었음이 확인되고 있다. 왕실은 물론 사대부가를 비롯한 양반가에서도 가족 간의 소통이나 심지어 노비들과의 소통에서도 한글이 사용된 기록들을 찾아볼 수 있다.

그럼에도 불구하고 조선에서 한글은 공식적인 기록문자로 인정되지 못하였다. 성리학의 중국에 대한 사대정신과 한문에 대한 집착적 존중이 한글의 천시를 초래하였다. 결과적으로 한글이라는 최고의 문자를 가지고 있으면서도 그것을 사회의 통합과 발전으로 이끌어내지 못하였다. 성리학은 여타의 종교적 가치관처럼 상하 모든 계층을 포괄하지도 못하였고 철저하게 개혁적이지도 못하였다. 오히려 폐쇄적인 상하질서의 고수와 사대주의의 부작용이 더 컸으며 기득권의 가치관으로 더 크게 작용하면서 조선의 몰락과 참혹한 일제 강점기의 원인제공자로서의 책임에서 자유로울 수가 없다.

## 2. 유학교육의 전개

유학은 조선 건국의 정신적 뿌리이며, 불교 중심의 고려사회에 대한 개혁의 이론적 배경을 제공하였다. 조선은 처음부터 유학을 국기의 공식적인 이념으로 채택하고 이를 보급하고 일반 민중들을 포함하는 모든 사람들에게 교육하기 위해서 여러 가지 노력을 기울였다. 공식적인 교육기관으로 각종 학교를 설립하여 유학의 보급에 애썼다. 또한 과거제를 실시하여 유학에 뛰어난 인재들을 관리로 등용함으로써 유학의 보급을 위한 보다 강력한 유인책을 제공하였다. 각종 유학 관련 서적들을 간행하는 한편, 일반 민중들의 교육을 위해서 쉽게 이해할 수 있는 보급용 서적도 간행하였다.

이러한 국가 차원의 노력과 더불어서 민간에 의한 자발적인 유학교육 역시 매우 활발하게 전개되었다. 고려 말에 이미 지식인층에게 널리 보급되어 있던 성리학의 영향으로 인해 민간에서도 유학이 활발하게 연구되고 교육되었다. 유학의 정신에 따라 고려에 대한 충성심을 잃지 않았던 고려의 유신들이 낙향하여 오로지 유학 공부와 후진의 양성을 위해 노력하였다. 그 결과 민간 차원의 유학은 국가의 필요에 의해 연구되고 보급되던 관 주도의 유학에 비해서 보다 근본적인 이론 지향의 경향을 띠면서 발전하였다. 고려의 유신들에 의해서 사림(士林)이 형성되었다. 그들이 설립한 서원은 유학자들의 연구와 교류를 위한 단체에 머물지 않고 후진 양성을 위한 최고의 교육기관의 하나로 자리 잡았다. 뿐만 아니라 가정교육과 서당을 중심으로 한 광범위한 민간의 유학교육기관들이 조선 사회를 보다 완연한 유학적 질서로 점차 변화시키는 데 기여하였다.

이와 같이 조선의 유학교육은 관 주도의 교육으로만 이해될 수 없으며, 오히려 민간의 영향이 더 크다고 할 수 있을 정도로 광범위하게 확산되었다. 어떤 의미에서는 민간에 의한 자발적인 유학교육이 있었기에 조선 유학의 확산이 보다 철저하고 광범위하게 전개될 수 있었는지 모른다. 고려 왕조를 뒤엎고 등장한 조선의 정당성은 처음부터 비판의 대상이 되었지만, 비판의 정신적 토대 역시 유학이었다. 그들에 의해 전파된 유학은 민중들에게 보다 쉽게 수용될 수 있었는지 모른다. 그래서 유학은 조선의 건국에 찬성하는 이들이나 그 반대의 입장에 있는 사람들에게나 정신적인 지주요 가치관의 기초로 작용할 수 있게 되었다.

### 1) 국가 주도의 학교교육

조선은 국가이념으로서의 유학을 보급하기 위하여 여러 형태와 단계의 학교를 설립하여 체계적인 교육제도를 마련하였다. 각 지방에 향교를 설치하여 유학의 성현들에 대한 제사와 유학교육의 기관으로 삼았다. 서울에는 중등교육기관으로 사부학당을 설치하는 한편, 최고 교육기관인 성균관을 설립하여 국가가 필요로 하는 최고의 인재들을 교육하도록 하였다.

#### (1) 성균관

성균관은 고려 말과 조선시대 전체에 걸쳐서 국가 최고의 교육기관이었다. 고려의 최고 교육기관이었던 국자감을 충렬왕 때(충렬왕 24년, 1298년) 성균관으로 개칭하였는데 조선에서는 성균관의 명칭을 계속 사용하였다.

입학 자격은 생원, 진사 등 소과(사마시) 합격자들이었다. 이들을 본과생이라 하였다. 정원을 채우지 못한 경우에는 예외적으로 사부학당(四學)의 생도 중에서 소정의 시험에 합격한 자(승보기재, 升補寄齋), 공신과 3품 이상 관리의 적자 중 소학에 능통한 자(문음기재, 門蔭寄齋), 소과의 초시에 합격한 자 등이 입학할 수 있었다. 이들을 기재생(寄齋生; 별과생, 別科生) 또는 하재생(下齋生)이라 하였고 정규학생을 상재생(上齋生) 또는 상사생(上舍生)이라 하였다.

성균관의 유생은 관리 등용의 본 시험인 대과시험에 응시할 수 있는 자격이 있었다. 유생들은 성균관에 속한 동서재의 기숙사에서 생활하면서 공부하였다. 성균관은 국가에 필요한 인재들을 배출하는 최고 교육기관으로 역대 왕들의 적극적인 보호와 지원을 받았다.

유생들은 성리학의 정신에 토대를 두고 국정에 대한 비판자 역할을 하였고 왕은 이들의 의견을 존중하였다. 유생들의 자치활동으로 재회(齋會)라는 집회가 있었으며, 연명으로 상소하기도 하였다. 이를 유소(儒疏)라 하며 이 모임을 대의사(大議事)라 하였다. 유소 때에는 사학에서도 함께 참여해서 대궐의 문 앞에서 연좌하여 왕의 답변을 기다렸다. 유소가 여의치 못할 때에는 단식투쟁으로 식당에 출입하지 않는 권당(捲堂)을 시행하였다. 마지막으로는 성균관을 비워 버리는 공관(空館)이라는 동맹 휴학에 들어간다. 이것은 유생들의 여론을 환기하는 역할을 하여 왕의 정치활동에 매우 강한 압박으로 작용하였다.

이처럼 성균관 유생들은 자치활동과 권익을 보장받았으며, 이를 통해 왕과 국가의 그릇됨을 방지하는 데 기여하였다. 또 국란이 있을 때는 충의지심에서 집단 저항운동을 일으키기도 하였다. 그러나 때로는 당파싸움에 이용되기도 하였으며, 성리학의 입장만을 고수하여 새로운 사상과 문물의 수용에 저항하는 부정적인 역할을 수행하기도 하였다.

성균관의 정원은 초기에 200명이었으며 후에 126명으로 조정하였다가 말기에는 100명으로 축소하였다. 입학 연령은 15세 이상이었다. 주요 교육내용은 유교의 기본경전인 사서오경을 비롯하여『근사록』,『성리대전』,『자치통감』등이다. 그 밖에 글쓰기인 제술(製述) 수업도 받았으며, 역사서도 공부하였다.

성균관의 재정은 성균관에 소속된 학전(學田)에서 거둬들인 수입과 성균관 소속의 외거노비(外居奴婢)들의 노역으로 충당되었다. 학전은 조선 초에는 최고 2400결, 노비는 400명이었으나 17세기 중엽에는 400결로 크게 감소되었으며 노비들도 줄어들었다. 이것이 성균관이 재정적인 곤란을 초래하여 쇠퇴의 중요한 요인 중 하나가 되었다.

성균관은 공자를 모신 문묘와 교육 공간이 함께 존재하는 묘학일치(廟學一

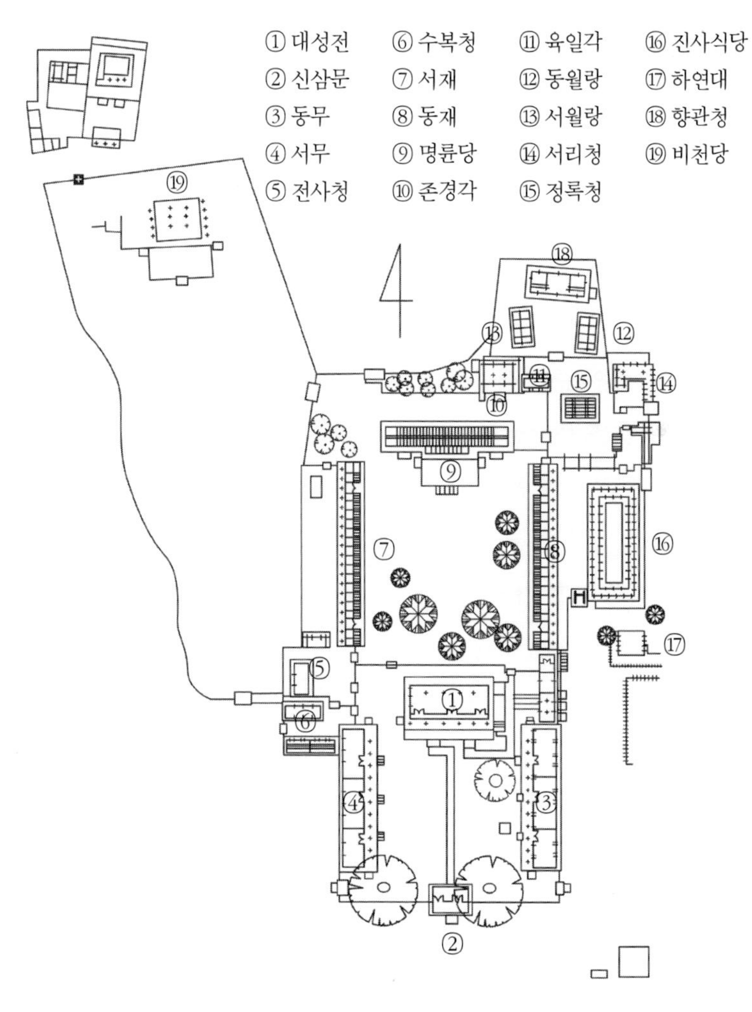


[그림 8-1] 성균관 배치도

출처: 한국민족문화대백과.

致)의 공간 구조를 가지고 있다. 공부 공간인 명륜당, 공자를 모신 문묘인 대성전, 학생들의 기숙사인 재(齋) 등으로 구성되어 있다. 이 밖에 제사를 준비하기 위한 향관청(享官廳), 도서창고인 존경각(尊經閣) 등의 건물도 있다.

성균관은 조선 초기에는 최고 교육기관으로서의 확고한 위상을 가지고 있었다. 그러나 17세기 이후 서원의 발달과 서원 출신 과거 합격생의 증가와 함께 그 위상이 점차 약화되었다. 앞에서 본 것과 같은 재정의 악화 역시 학생들이 성균관을 기피하는 원인이 되었다. 또한 유생들이 당쟁에 휩쓸리고 그 결과 학업을 소홀히 하게 되었으며, 특히 과거의 공정성이 훼손되어 학업에 대한 의욕을 떨어뜨림으로써 그 교육적 기능이 급격하게 약화되었다.

(2) 사학

사학(四學)은 사부학당(四部學堂)을 줄여서 부르는 명칭이다. 성균관에 진학하기 위한 일종의 준비과정으로 수도인 한양의 동부, 서부, 남부, 중부에 설치하였다. 원래 오부학당으로 계획되었으나 북부학당은 끝내 설치되지 못하고 세종 때(1445년, 세종 27년) 폐지되어 사부학당만 남게 되었다. 사학은 지방의 향교에 대응해서 중앙에 설치한 중등교육기관으로 성균관의 하위 교육기관으로서의 성격을 가지고 있었기 때문에 향교와 달리 문묘가 설치되지 않았다. 따라서 유교 성현에 대한 제사 기능은 없었고, 순수한 교육기관의 특징을 가졌다.

성균관의 예비학교였기 때문에 규모도 적고 교육 수준도 낮았으나 교육방법과 내용은 비슷하였다. 입학 자격은 8세 이상의 양반과 서인의 자제이며, 정원은 각 학당별로 100명이었다. 기숙사인 재를 두어 학생들의 숙식을 제공하였고, 운영비는 국가에서 부담하였다. 교관으로는 교수와 훈도 각 2명을 두고 성균관 관원이 겸직하게 하였으나 나중에 1명씩을 감하고 겸직을 폐지하였다. 교육내용은 『소학』과 사서오경이 중심이 되었다. 예조에서 주관하여 매월 시험을 치르고 1년 동안의 성적을 임금에게 보고하였으며, 15세가 되어

승보시(陞補試)에 합격하면 성균관에 진학시켰다. 성균관의 유생들과 마찬가지로 유소나 권당 등의 자치활동이 보장되어 있었다.

### (3) 향교

향교(鄕校)는 조선시대 지방에 설치된 유학교육기관으로서 관립 중등교육기관이다. 고려 인종 때(1127년, 인종 5년)에 여러 주에 향교를 건립한 것이 시초라고 할 수 있다. 그러나 본격적인 지방의 유학교육기관으로 자리 잡은 것은 조선시대부터이다. 조선은 유학의 보급과 이를 통한 민중의 교화를 위해 지방에 적극적으로 학교를 건립하였으며, 태조 때부터 향교 건립을 추진하여 성종 때는 모든 군 · 현에 향교가 설치되었다.

교생의 정원은 부, 대도호부, 목에는 50명, 도호부 40명, 군 30명, 현 15명이었으나 『경국대전』에는 각각 90명, 70명, 50명, 30명으로 규정하였다. 향교의 교관으로는 관찰사가 감독하는 교수와 훈도를 두었다. 향교의 재정은 향

**[그림 8-2] 장수향교 대성전**

출처: 문화재청 홈페이지.

교에 속한 전답과 지방관의 전곡 및 요역, 비축된 전곡의 이자 등으로 충당하였다.

향교는 성균관과 마찬가지로 교육 공간과 제향 공간을 함께 갖춘 문묘일치의 형식을 따르고 있다. 유생들의 교육 공간인 명륜당을 맨 앞에 배치하고 그 좌우에 기숙사인 동재와 서재를 배치하였다. 명륜당 뒤에는 공자와 성현의 위폐를 모신 대성전을 건립하고 그 좌우에 동재와 서재를 배치하였다.

향교는 조선 중기 이후 사회의 변화와 더불어 점차 그 기능을 상실하였다. 교육기관으로서 향교가 가지고 있던 기능은 시원에 의해서 많은 부분 대치되었다. 이에 따라서 향교는 점차 성현에 대한 제사를 지내는 것으로 그 기능이 제한되었으며, 지방 양민들이 군역을 피하기 위한 도구로 전락하였다.

### 2) 민간 주도의 학교교육

#### (1) 서원

서원(書院)은 조선의 대표적인 사설 교육기관이다. 성균관이나 향교와 같이 유교의 성현에 대한 제사의 기능을 겸하였다. 중종 때(1542년, 중종 37년)에 풍기군수 주세붕이 순흥에 안향을 모시는 사당을 짓고 이듬해 백운동서원이라 한 것이 최초이다. 이후 많은 서원들이 전국에 걸쳐 생겨났다. 명종 때(1550년, 명종 5년)에 퇴계 이황의 건의로 임금이 백운동서원에 소수서원이라는 간판(액, 額)을 하사하고 책, 노비, 전답 등을 주어 장려한 것이 최초의 사액서원(賜額書院)이 되었다. 그 후 국가의 지원을 받는 서원들이 곳곳에 생겨나면서 서원은 한층 더 번성하게 되었다. 그리하여 선조 때에 이미 전국적으로 120여 곳의 서원이 설립되었고 이후 계속적으로 증가하였다.

서원의 설립 목적은 성리학의 연구와 교육 그리고 성현에 대한 제사에 있었다. 그 밖에 부수적인 기능으로 지방 사족들의 지위를 강화하는 역할도 수행하였다. 또한 향약 등의 향촌 질서를 정하고 백성들을 계도하는 역할도 담

**[그림 8-3]** 소수서원(백운동서원) 전경

출처: 문화재청 홈페이지.

당하였다. 문중 서원의 경우에는 자기 문중을 과시하는 효과도 있었다.

서원은 순수한 학문 연구와 후진 양성을 목적으로 설립되었으며, 그에 따라 많은 성과들을 도출하였다. 서원을 통하여 수많은 유학자들이 양성되고 국가에 필요한 인재와 우수한 학자들이 배출되었다. 그리하여 서원은 조선을 대표하는 교육기관으로 손꼽힐 만큼 중요한 교육적 의미를 갖는다. 서원은 향교를 대신해서 지방의 최고 교육기관으로 자리 잡았다. 중앙의 교육기관들은 서원의 번성과 함께 그 위상이 위태로울 정도가 되었다.

서원은 정치적으로는 지방 사족들의 구심점이 되어 때로는 관리와 결탁하고 때로는 대립하면서 지방의 중심 세력으로서의 역할을 담당하였다. 그 과정에서 많은 폐단들도 생겨났다. 서원은 일종의 특권들을 누리게 되었고 부속된 토지는 조세를 면제받았고, 또 양민이 서원의 노비가 되어 군역을 기피하는 데 이용되기도 하였다. 결과적으로 국가의 조세 수입 감소와 군사력의 약화를 가져오는 문제를 낳게 되었다. 유생들의 경우에도 서원을 중심으로 활동하던 붕당에 가담하여 당파싸움에 휩쓸려서 학문의 연구에서 멀어지는 폐단이 있었다. 심지어는 서원의 이름으로 양민들을 착취하는 등 수많은 문제들이 생겨났다.

이와 같은 문제를 해결하기 위하여 인조 때(1644년, 인조 22년)에는 서원 설치를 허가제로 전환하기도 하였다. 그 후 영조, 정조, 철종 등도 서원 정비에 노력하였으나 성과를 거두지 못하다가 대원군에 의해 정리되어 47곳만 남게 되었다.

(2) 정사

정사(精舍)는 유학자 개인의 순수한 학술 연마 장소로서 고려 말의 유학자 야은 길재(吉再)로부터 시작되었다. 개설자에 따라서 강학의 수준이 결정되었으며 향교는 물론 서원에 비해서도 매우 뛰어난 경우도 있었다. 퇴계 이황의 농운정사와 율곡 이이의 은병정사가 대표적이다. 이들 정사들은 퇴계와 율곡 사후에는 그들을 기리는 서원으로 바뀌었다. 입학은 개방적이었으며

[그림 8-4] 겸암정사

출처: 문화재청 홈페이지.

학칙은 자율성을 강조하고 과거를 목적으로 한 공부를 규제하여 사제지간의 전통을 중요시하였다.

(3) 서당

서당(書堂)이 마을 단위에 설립된 교육기관이라는 점에 초점을 맞춘다면 고구려의 경당에까지 그 기원이 거슬러 올라갈 수 있다. 고려시대에는 경관(經館)과 서사(書社)라는 서당 형태의 교육기관들이 존재했고, 서당도 설립되었다. 그렇지만 서당이 본격적으로 성행한 것은 조선시대이다.

서당은 조선시대의 대표적인 민간 교육시설 중의 하나이며, 비형식적인 교육기관의 성격을 갖는다. 서당은 사학과 향교 입학 준비 기관으로서의 성격뿐만 아니라 서민 자제들의 교육기관으로서 대중적인 교육기관의 성격도 함께 가지고 있었다.

서당의 학생들은 대체로 7세부터 16세의 아동들이 중심이었으며, 20세 이상의 성인들이 함께 공부하는 경우들도 종종 있었다.

서당에서는 학생들의 개인차에 따른 수준별 수업을 실시하였으며, 이에 따라 초등, 중등교육이 함께 시행되는 경향이 있었다. 따라서 단순히 서당을 초등교육기관이라고 말할 수는 없다.

서당은 설립 형태에 따라서 크게 네 가지로 분류할 수 있다.

- **훈장 자영 서당:** 훈장 자신의 생계를 위해서 또는 후진 양성을 위해 설립된 서당
- **유지 독영 서당:** 형편이 넉넉한 유지가 자기 자녀와 친족의 자녀를 교육하기 위해 설립한 서당. 가난한 이웃의 아동들도 무료로 함께 공부하고 운영비는 유지가 부담
- **유지 조합 서당:** 몇 사람이 조합하여 훈장을 초빙하여 조합원의 자제만을 교육시키는 서당

- **존 조합 서당**: 마을 전체가 비용을 함께 부담하여 훈장을 초빙하고 마을의 어린이들을 교육하기 위해 설립한 서당

서당의 조직은 훈장, 접장, 학도 등으로 구성되어 있었다. 훈장은 서당의 교사였다. 서당이 갖는 자율적인 특성에 따라서 훈장의 자질 역시 매우 다양하였으며, 대체로 높은 학식을 지닌 사람은 찾아보기 힘들었다. 접장은 생도 가운데서 연령이 높고 학력이 우수한 사람으로 훈장을 돕는 역할을 수행하였다. 때로는 접상이 어린 생도를 가르치기도 하였다.

서당의 교육내용은 강독, 제술, 습자 등 크게 세 가지로 나눌 수 있다. 강독은 책을 읽고 그 뜻을 풀이하는 것으로 『천자문』, 『동몽선습』에서 시작하여 『통감』, 『소학』, 『사서』, 『삼경』, 『사기』, 『당송문』, 『당률』, 『춘추』, 『예기』, 『근사록』 등의 교재를 다루었다. 오늘날의 작문수업에 해당하는 제술은 5언절구, 7언절구 외에 4율(四律), 고풍(古風), 18구시(十八句詩), 주제별 작문 연습 등을 실시하였다. 글씨 쓰기인 습자는 해서를 먼저 연습하여 숙달하면 행서, 초서를 공부하였다.

서당의 교육방법은 나름대로 체계와 합리성을 가지고 있었다. 강독의 경우에는 처음에 『천자문』이나 『동몽선습』을 교재로 한 자씩 가르치고, 그 다음으로는 단어 읽기를 가르쳤다. 후에 문장을 가르치고, 끝으로 단원의 의미를 가르치며, 끝으로 학생 스스로가 그 의미를 깨닫고 해석하게 하는 방식으로 점진적인 체계를 가지고 있었다. 또한 개인의 실력에 따라 교재와 범위가 다르게 설정되었다. 반복학습을 통해 숙독하고 암송해서 완전히 통달한 다음에 다음 과제로 나아가는 방식으로 진행되었다. 조용한 밤이 책읽기에 좋다고 하여 밤공부(야독, 夜讀)를 장려하였다. 또한 계절에 따라서 적합한 교과와 방법을 선택하여 학습을 돕고자 하였다. 무더운 여름에는 비교적 흥미롭고 접근하기 쉬운 시(詩)와 율(律)을 공부했다. 봄·가을에는 사기(史記), 고문(古文)을 읽고, 겨울에는 경서(經書)를 읽었다. 봄과 가을에는 야독을 중단하

였고 그 대신 4율을 짓게 하였다. 낮에는 독서 대신 글쓰기(습자)를 연습하였다. 또한 놀이를 통해서 동기를 유발하고 학습 효과를 높이기도 하였다.

서당은 16세기에는 주로 지역 사림 중 대표적인 명문사족에 의해 설립되었고 후진 양성과 유학적 질서의 보급을 목적으로 하였다. 17세기에는 주로 사림들의 연합에 의한 서당 설립이 주를 이루었다. 18세기에 들어 동족부락 단위의 서당이 활발하게 설립되었다. 따라서 서당이 마을 단위로 널리 보급된 의미와 함께 혈연 중심의 폐쇄적 성격으로 변질된 경향을 함께 볼 수 있다.

서당은 조선의 유학교육기관 중 기초교육기관이면서 동시에 가장 많은 학생들에게 열려 있었던 교육기관이었다. 서당은 전국 곳곳의 수많은 마을에 설치되었으며, 그곳에서 서민층을 포함한 여러 계층의 학생들이 공부하였다. 서당의 보급을 통해서 우리는 조선의 유학교육이 국가 주도의 상명하달식 교육에 그치지 않고 일반 민중을 포괄하는 폭넓은 교육으로 확산되었음을 확인할 수 있다. 비록 과거를 통해 관직으로 진출하지는 못하더라도 유학적인 소양을 지니는 것이 바람직한 사람됨의 척도라는 인식이 서당 보급의 중요한 요인이라고 판단되기 때문이다. 다른 한편으로는 고려시대의 경당 이후로 마을마다 존재하였던 공동교육의 장이 서당을 통해 계승되었다. 이를 통해 계층을 포괄해서 함께 교육하고 함께 공동체를 구성하였던 자랑스러운 민족 전통이 이어졌다는 점이 서당 교육의 매우 큰 의의 중 하나이다.

## 3. 한글의 창제와 보급

한글은 1443년에 세종대왕에 의해 만들어졌고 1446년에 반포되었다. 그렇지만 한문에 밀려 국가의 공식적인 글자로 인정받지 못하다가 갑오개혁 때에 와서야 비로소 국문으로 인정되었다. 이처럼 한글은 창제로부터 인정과 본격적인 활용에 이르기까지 매우 긴 시간을 필요로 했다. 그런 이유 때문에 조선

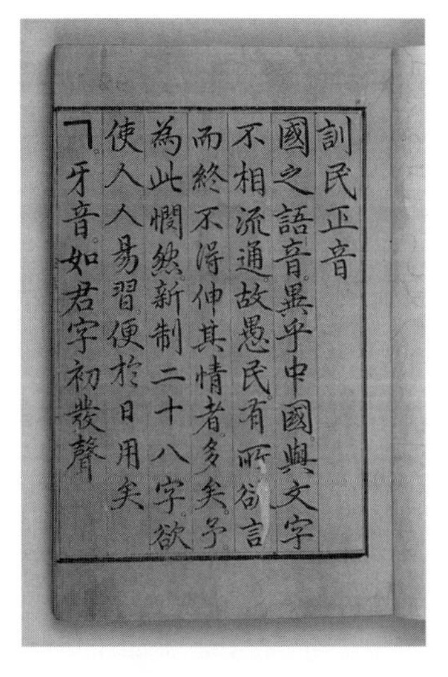
訓民正音
國之語音異乎中國與文字
不相流通故愚民有所欲言
而終不得伸其情者多矣予
爲此憫然新制二十八字欲
使人人易習便於日用矣
ㄱ牙音如君字初發聲

[그림 8-5] 훈민정음

출처: 문화재청 홈페이지.

의 교육을 논할 때 한글을 제외하는 경우가 대부분이다. 그럼에도 불구하고 여기에서 조선의 교육을 논하면서 한글을 다루는 것은 우리 민족의 교육에 있어서 한글만큼 큰 사건을 찾기 어렵고 그 기원이 조선시대에 있기 때문이다. 한글의 창제를 이루어 낸 세종대왕의 정신은 곧 조선의 교육정신이며 민족교육사에 있어서 커다란 전환점을 이룬 위대한 사건이다.

세종대왕이 직접 만들어 낸 한글은 세계에서 유일하게 만든 사람을 알 수 있는 글자이다. 한글의 위대함은 그 과학적인 특징에 있다. 한글의 자음은 발성기관의 모양을 본따서 만들었고, 모음은 하늘과 땅, 그 가운데 위치한 인간(천지인)을 상징하는 '·, ㅡ, ㅣ'을 조합하여 만들었다. 이들 자음과 모음의 결합으로 글자를 만드는 구조가 매우 과학적이어서 세계에서 가장 과학적이고 배우기 쉬운 글자로 평가되고 있다. 이것이 근대 이후 한국인의 문자 보급과 교육의 보편화에 핵심적인 역할을 하게 된 것이다.

> 우리나라의 말이 중국말과 달라서 한자와 서로 통하지 않는다. 이런 까닭에 어리석은 백성들이 말하고 싶은 것이 있어도 그 뜻을 담아서 나타내지 못하는 사람이 많다. 내가 이것을 딱하게 여겨서 새로 스물여덟 글자를 만들어 내놓으니, 모든 사람으로 하여금 쉽게 깨우쳐 일상에 편하게 사용하게 하고자 하노라.[4)]

---

4) 國之語音異乎中國 與文子不相流通 故愚民有所欲言而 終不得伸其情者多矣 予爲此憫然 新制二十八字 欲使人人易習便於日用耳

국보이며 세계문화유산인『훈민정음』'예의' 편에 세종대왕이 직접 한글 창제의 의도를 밝힌 앞의 글에서 보듯이 한글은 민중이 편리한 언어생활을 하게 하기 위한 의도에서 만든 것이다. 이는 곧 민중교화 혹은 민중교육에 대한 세종대왕의 뜻을 보여 주는 것이다. 민중교육이라는 창제의 의도는 한글이 우리 민족의 교육사에서 가장 큰 사건이라고 할 수 있을 만큼 큰 의미를 가지고 있음을 분명하게 보여 준다. 세종대왕이 만들어 낸 한글은 우리 언어에 적합한 쉬운 문자를 만들어 보급함으로써 지배층에 국한되었던 교육을 서민들에게까지 확대하려는 보편교육의 정신에 기초한 것이다.

한문은 일반 민중이 접근하기 매우 어려운 문자였으며, 교육기관들 역시 민중들에게 개방되지 않았다. 뿐만 아니라 종이의 품귀 등으로 도서의 보급이 원활하게 이루어지지 않아서 지배층조차도 책을 구해서 읽는 데 어려움을 겪었다. 이런 실정에서 한문을 통한 민중의 교육은 불가능한 일이었다. 지배층의 문자 독점은 지식 정보의 독점과 이를 통한 지배의 정당화와 권력의 독점을 초래했다. 민중들은 자신들의 의사를 표현할 정도의 교육조차 받지 못하는 형편에 있었다.

이와 같은 상황을 전환시키고 민중들에게 교육을 통한 자기개발의 기회를 제공하고자 한 것이 세종대왕의 한글 창제의 의도였다고 할 수 있다. 한글을 만든 후 가장 먼저 편찬한 책인『용비어천가』와 함께 간행된 책이 당시 서민들의 보편적인 종교였던 불교서적이었다는 점은 한글이 서민층에 다가가려는 교육적 의도를 가지고 있었음을 분명하게 보여 주는 것이다.

조선시대의 한글사용에 대한 기존의 인식은 대체로 한글이 창제 이후 유학자들의 천시 등으로 인해서 활발하게 보급되지는 못했다는 것이다. 유학에 몰두해서 한자를 중시했던 지식인들은 한글을 언문, 언서, 반절 등으로 낮추어 부르며 배우거나 장려하지 않았던 것이 사실이다.

그렇지만 최근의 고고학적 발굴과 새로운 연구들은 조선시대에도 생각보다 넓은 범위에서 한글이 사용되었을 가능성을 보여 준다. 궁중에서는 여인

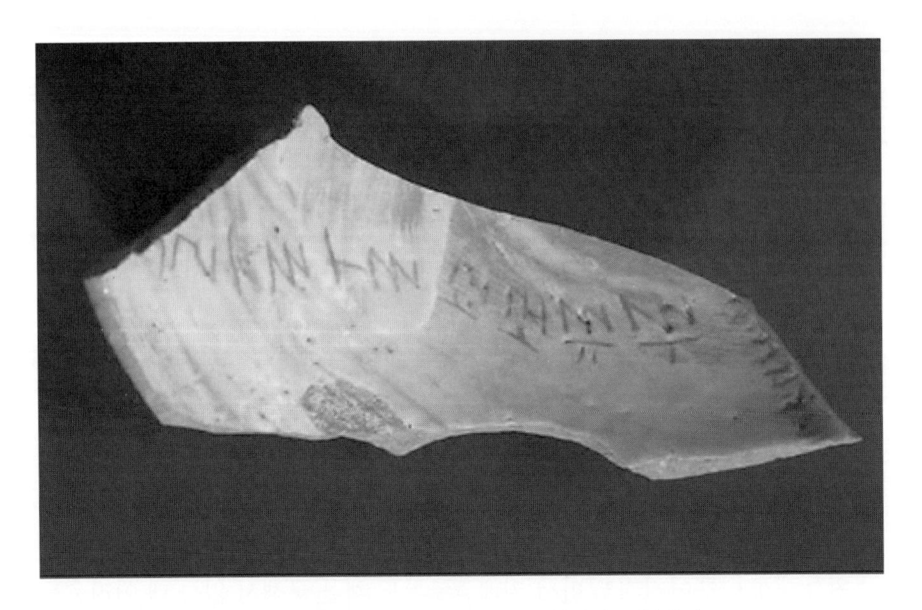

**[그림 8–6]** 한글이 새겨진 16세기 전반의 분청사기

출처: 연합뉴스(2011. 9. 8.).

들을 중심으로 한글이 빠른 시간 안에 보급되었고, 왕실에서도 남녀 구분 없이 활발하게 한글을 활용한 흔적이 남아 있다. 민간에서는 편지, 계약서 등에 한글을 널리 사용하였다. 심지어 17세기 조선을 대표한 유학의 본고장인 경상지역의 양반가에서도 한글의 교육과 사용을 필수적인 것으로 여기고 있었다는 기록들이 발견되었다.[5] 한글이 새겨진 16세기 전반기의 도자기 조각의 발굴은 창제 후 50년 이내에 이미 남쪽 지방까지 한글이 보급되었음을 알 수 있는 자료이다. 이러한 사실들을 통해서 조선시대의 한글사용에 대한 새로운 연구와 평가의 필요성이 강조되고 있다.

이처럼 한글은 본격적으로 한자를 대체하지는 못하였지만 점차 그 영향력

5) 1989년 이장과정에서 발견된 '현풍곽씨언간'(순천김씨언간)에는 17세기 초반의 양반가의 한문사용 실상이 잘 나타나 있다. 곽주는 자신의 자녀들은 물론 조카들에게 까지 한글교육을 받도록 하고 손수 이를 확인하였다. 뿐만 아니라 부인을 포함한 가족들과 주고받은 많은 한글편지를 남기고 있다.

을 확대하면서 조선 후기까지 이어졌다. 쉽고 과학적인 문자로서의 한글은 개화기에 이르러 그 위력을 분명하게 드러내었다. 시대의 변화와 함께 교육과 변혁을 갈망하던 민중들에게 한글은 문자 이해와 사용의 쉬운 길을 열어주었다. 이를 통해서 문맹의 퇴치와 개화가 매우 빠르게 이루어졌다. 근대화와 산업화를 통한 우리 민족의 발전과 번영에 있어서 한글이 미친 영향은 절대적이라고 할 수 있다. 한글에 힘입어 오늘날 우리는 세계 최고의 문해능력을 갖춘 문화민족으로 살아가고 있다.

## 4. 기술교육과 기타 교육

조선시대 서민교육은 생활 속의 실용교육이 형식교육을 보완하는 특징을 갖는다고 볼 수 있다. 이를 통해서 가족의 동질성이 형성되고 보존되었다. 다음으로는 부락을 대표로 하는 지역 공동체의 공동성이 교육되고 보존되었으며, 더 나아가서는 민족의 공동성이 교육되고 보존되었다. 이와 같이 가족 중심의 공동체가 동심원적 확대구조를 이루면서 유학교육으로 인해 위축된 민중교육의 힘이 이어지고, 이를 통해서 민족의 동질성이 이어지는 구조를 이루고 있었다.

유학을 근간으로 하는 형식교육이 일부 계층의 교육에만 주로 영향을 미치는 상황에서 실생활의 필요를 충족시켜 주지 못하였다. 국가 주도의 유학교육이 신분상승을 가능하게 하는 수단으로 동경의 대상이 되기는 했지만 실질적인 공교육의 기회는 극히 제한되었다. 따라서 신분상승도 이루어질 수 없는 꿈에 불과하였다고 평가할 수 있다. 그 결과 공교육은 형식적인 것에 그치고 비형식적인 사교육이 실질적인 삶의 원동력으로 작용하였다고 볼 수 있다. 이는 우리 교육에서 끝없이 이어지는 형식교육과 비형식교육, 공교육과 사교육의 긴장관계라고 할 수 있다.

### 1) 가정교육과 지역 공동체 교육

가정에서의 생활은 그 자체로 교육이 되었다. 가정생활의 지속적이고 반복적인 일상은 비형식적 교육의 대표적 형태이다. 지속적 반복의 결과, 습관화되고 더 나아가 몸으로 체득하는 교육은 한 사람의 사람됨을 근본적으로 만들어 내는 역할을 하였다. 가정에서의 생활교육을 통해서 기본적인 가치관, 생활습관, 가족의 전통, 문화적 전승 등 사람됨의 기본적이고 핵심적인 내용들이 교육되었다. 가정생활은 삶과 교육의 일치로 표현될 수 있는 교육이다. 그래서 가정생활은 어떤 사람을 근본적으로 그 사람으로 만드는 기초교육이다. 그런 의미에서 바슐라르는 집은 그 사람의 몸과 영혼에 연결되어 있다고 하였다(Bachelard, 1990).

당시의 삶은 현대인의 삶과 달리 대중매체나 학교 등의 영향을 받지 않았다. 사람들의 삶이 거의 전적으로 가정 안에 머물러 있었기 때문에 가정교육은 절대적인 힘을 가졌다. 조선의 양반들은 자신의 생활공간인 집을 온전히 교육의 공간으로 여겼다. 이들에게 있어서 집은 생활의 공간으로서 안정과 휴식을 주는 공간이라기보다는 자신의 수양과 발전을 위한 교육 공간으로 이해되었다. 그래서 자신들의 집을 유교적 질서에 맞게 건축하고 그 안에서의 생활도 유교적 이상이 구현되는 방향으로 유도하려고 노력하였다(정순우, 2006).

양반들과 달리 별도의 교육을 받지 않았던 서민들의 경우에 가정교육의 힘은 절대적이고 유일한 교육이었다. 양반들을 제외한 민중들의 가정교육에서는 유학보다는 불교나 민속종교의 영향이 더 크게 작용하였다. 고려시대까지 천 년 가까운 세월 동안 한국인의 의식을 지배했던 불교의 영향이 더 컸으며 그 밖에 풍수지리나 무속 등의 민속적인 영향이 더 컸다고 볼 수 있다. 조선 후기로 갈수록 유학의 영향이 커져서 점차 서민교육에 있어서도 유학적 요소들이 반영되었다.

그렇지만 서민들 역시 집이라는 공간을 단순한 생활공간으로 이해하지 않고 교육 공간으로 이해한 점에 있어서는 동일하였다. 이들 역시 집을 사람됨의 기초를 형성하는 공간으로 이해하고 그 안에서의 삶을 통해서 바람직한 인간을 교육하기를 소망하였다. 그래서 삶의 공간인 집과의 상호작용이 바람직한 인간의 형성으로 연결될 수 있도록 공간을 조성하고 그 안에서 생활하고자 하였다(윤재흥, 2010).

전통적인 공동체의 축제나 의례 역시 전통사회의 교육을 생각할 때 빼놓을 수 없는 요소이다. 축제나 의례 등은 전통사회에서 마을 전체가 참여하는 행사로서 이를 통해서 문화전승과 교육이 동시에 이루어졌다. 마을 축제, 마을 제사, 마을 굿 등을 포함하는 부락 단위 혹은 지역 단위의 축제나 의례 등이 공동체 교육의 중요한 계기가 되었다. 관혼상제를 포함하는 의례들도 혈연관계나 지연관계로 밀접하게 결합된 부락에서 공동체의 강화에 큰 역할을 담당하였다. 이를 통해서 혈연 공동체로서의 가족의 범위를 초월해서 지역 공동체라는 보다 확대된 공동체를 형성하는 힘이 발휘되었다. 전국에 걸쳐 진행된 이와 같은 공동체의 축제와 의례들은 상고시대부터 이어져 오는 천신제의 전통을 계승한다고 볼 수 있으며, 그 안에서 민족의 공동성이 보존되었다고 추정할 수 있다. 이와 같은 지역 공동체의 교육은 조선 후기로 가면서 점차 두레, 향약 등 유학적 가치를 반영하는 형태로 변해 갔다.

### 2) 종교교육

조선은 유교를 기반으로 하는 국가였다. 따라서 관 주도의 유교 제례와 의식들, 관학에서의 교육 등을 통해 유교적인 세계관과 사고방식이 교육되고 전파되었다. 초기에는 지배층을 중심으로 이루어졌으나 점차 일반 민중들에게도 유교의 영향이 확대되어 갔다.

그렇지만 민중들의 삶에 있어서 보다 큰 비중을 차지하는 것은 불교였다고 추정할 수 있다. 현재까지도 불교도의 수가 최대로 파악될 만큼 불교의 영향은 우리 민족의 역사에서 최고의 비중을 차지한다고 볼 수 있다. 조선시대 민중들의 삶에 대한 불교의 영향도 다른 종교들에 비해 절대적이었다고 추정할 수 있다.

불교의 민중들에 대한 영향과 불교가 교육에 미친 영향을 단적으로 보여주는 것 중의 하나가 불경언해 사업이다. 한글이 창제되고 보급되면서 다양한 계층에서 사용되었는데 민중들에 대한 한글 보급에서 큰 역할을 한 것 중의 하나가 불경언해 사업이었다. 조선 중기 이후 다양한 불교경전들이 각 지방의 주요 사찰들에서 한글로 간행되었다. 이와 같은 불교경전의 한글번역 및 간행사업은 유학경전이 전혀 한글로 번역되지 않은 것과 매우 분명하게 대조된다. 민중들을 바라보는 성리학과 불교의 관점의 차이가 그와 같은 차이를 만들어 낸 것이다.

불교와 더불어서 조선에 큰 영향을 끼친 것이 민속종교로서의 무속이다. 우리 민족의 전통종교를 무속으로 단정할 수는 없다. 그렇지만 조선시대의 경우 무속을 제외한 영향력 있는 민속종교를 찾기는 힘들다. 무속은 조선시대 민중들의 삶에 여러 형태로 깊이 뿌리내리고 있었다. 불교의 경우에도 상당 부분 무속과 결합되었으며, 민속종교화된 경향이 있을 만큼 무속의 영향은 민중들의 삶에 깊이 뿌리내리고 있었다. 국가적 종교였던 천신숭배 등이 약화되면서 무속이라는 개인구복의 경향이 그 자리를 대신한 것이라고 추정할 수 있다.

조선 후기에 와서 서학으로 불리는 천주교가 영향을 미치기 시작하였다. 조선의 천주교는 중국을 통해 전래되었다. 1601년 중국에 선교사로 온 예수교 신부 마테오리치(M. Ricci)가 쓴 『천주실의』 등이 전래되면서 한국에 천주교가 영향을 미치기 시작하였다. 1605년에는 허균이 마테오리치의 천주교당을 방문하고 천주교 관련 서적을 가지고 돌아왔으며, 병자호란(1636) 때 북경에 인질로 잡혀 간 소현세자를 통해서도 천주교가 전래되었다. 본격적인 천주교 전래는 17세기 100년 동안에 걸친 사신왕래를 통해서 이루어졌다. 이들을 통해서 전래된 천주교 관련 서적들을 읽은 지식인들의 개종이 천주교 확산의 출발점이 되었다. 기독교 전파 역사상 매우 독특한 경우라고 할 수 있다. 그래서 조선의 천주교는 먼저 지식인 유생들에게 전파되었으며, 후에 서민들에게 전파되었다.

천주교 및 서양과학기술 관련 서적이 조선의 지식인들의 의식에 많은 변화를 초래하였다. 이익과 그의 영향을 받은 정약용을 비롯한 많은 실학자들이 천주교도가 되거나 천주교에 대한 이해를 갖게 되었다. 천주교는 그들의 세계관과 사상 변화의 토대를 이루게 되었다. 이와 같은 사상적 전환은 성리학적 세계관이 지배하던 조선 사회의 한계에 대한 자각을 의미하는 것이었다. 이러한 한계에 대한 자각은 새로운 세계관, 새로운 질서, 새로운 사회에 대한 개혁적 사상과 실천으로 이어졌다.

천주교의 전래는 당시 변화를 갈망하던 조선 사회에 다음과 같은 의미가 있었다.

첫째, 천주교는 조선의 신분질서를 타파하는 평등사상을 전파하여 새로운 질서에 대한 사상적 정당성을 부여하는 기초가 되었다.

둘째, 남녀평등 사상과 더불어 아동 존중 사상 등을 전파하여 성리학적 질서하에서 가치를 부여받지 못했던 여성과 아동의 가치를 일깨웠다.

셋째, 한글 교리서 등의 발간을 통하여 한글의 가치를 발견하고 이를 보급시키는 데 기여하였다.

그렇지만 천주교는 당시 한국 사회에 정착하지 못하고 탄압과 박해의 대상이 되었다. 그들 중 상당수가 실학자들이었기 때문에 천주교에 대한 박해는 곧 실학의 위축을 가져왔다. 천주교와 실학 모두가 조선 후기 개혁을 위한 사상적 뿌리였다는 점에서 매우 아쉬운 점이다. 비록 천주교의 전파가 극심한 박해를 통해 좌절되고 약화되었지만 천주교를 통해 전파된 평등사상과 서구의 우수한 문물은 성리학의 한계를 일깨우고 새로운 의식을 심어 주는 계기가 되었다(손인수, 1998b: 139). 이를 통해서 후에 동학, 개화사상 등의 새로운 사회변혁운동들의 기초가 마련되었다는 의의가 있다.

### 3) 직업교육

조선은 사농공상의 위계질서와 차별이 분명한 사회였다. 그 최고의 지위는 당연히 양반계층인 사족이었다. 그다음이 농민이고 다른 직업군의 사람들은 상대적으로 매우 낮은 계급에 속해 있었다. 국가의 유지를 위해 필요한 극히 일부의 직업군을 위한 직업교육만이 공적으로 이루어졌다. 국가의 공적 기능직들은 주로 중인계층으로 이루어져 상대적으로 평민인 양인계층에 비해서 높은 지위에 있었다. 그렇지만 고려와 같이 양반계층이 직업 관련 직군에 종사하는 경우는 조선 초기 이후 점차 사라졌다. 이들 중인들에 의해서 조선의 주요한 공적 기능들과 관련된 직업교육들이 수행되었다. 중앙과 지방의 기술직과 그들이 교육받고 근무하던 관청은 〈표 8-1〉과 같다.

표 8-1 조선의 기술직과 관련 관청

| 기술직 | 관련 관청 |
|---|---|
| 역학(외국어) | 사역원 |
| 의학 | 전의감, 혜민서 |
| 음양학 | 관상감 |
| 산학 | 호조 |
| 율학 | 형조 |
| 도학(그림) | 도화원 |
| 악학(음악) | 장악원 |

그 밖의 직업교육은 대부분 그 직업에 종사하는 이들에 의해 도제식으로 이루어졌다. 이들의 직업교육은 대체적으로 가계를 통해서 전승되거나 신

분계층과 관련되어 있었다. 신분과 직업의 연결은 상당히 견고해서 서로 다른 신분계층 간에는 결혼도 하지 않을 만큼 폐쇄적이었다. 그중에서도 선박의 건조, 가죽공예를 포함한 상당수의 전문 직업군은 천민계층으로 분류되었다. 상대적으로 낮은 계급적 위치 때문에 기술교육의 영역은 발전하기 힘들었다. 가계를 통한 계승은 가계의 단절에 따라서 종종 그 연결이 끊어지기도 하였다. 그 결과 고려시대에 비해서 전반적으로 수공업을 비롯한 각종 공상 활동이 위축되었다.

이와 같은 직업교육의 위축은 조선이 지향했던 중농주의적 정책과도 깊은 관련이 있다. 비교적 활발한 통상과 교역이 이루어졌던 고려시대에 비해서 조선은 농업경제에 기초한 자급자족의 체제를 지향하였다. 그 결과 생산품들의 유통이 지극히 제한되었다. 수공업 생산품들은 관의 수요와 제한된 내수를 충당한 후에는 더 이상 유통과 이익 창출의 기회가 없었다. 따라서 이익 창출 역시 제한적일 수밖에 없었다. 이와 같은 사회체제의 영향으로 기술은 점차 퇴보하고 직업교육 역시 함께 후퇴하였다고 볼 수 있다.

## 5. 조선 후기 실학자들의 교육개혁론

### 1) 실학자들의 등장배경과 사상적 특징

실학(實學)은 17세기 중엽부터 19세기 초반에 걸쳐 조선 후기 사회에서 나타났던 새로운 사상적 경향을 말한다. 실학이라는 말에서 나타나듯이 현실과 동떨어진 기존의 성리학에 대한 비판적 경향을 나타내었다. 성리학의 관념성과 획일성, 중국 중심의 사대적 경향과 성리학에 기초한 조선 사회의 문제점들을 비판하고 개혁을 위한 생각들을 다양하게 전개하였다. 이를 통하여 성리학에 고착되었던 조선의 지식인 사회에 새로운 관점을 도입하였다.

이러한 새로운 관점은 당시에는 사상적 실험의 차원에 머물렀지만 후에 개화와 독립사상 등 근대 한국 사회 형성의 기본 관점을 열어 주는 토대가 되었다. 이들의 사상적 특징은 경세치용(經世致用)과 이용후생(利用厚生), 실사구시(實事求是)의 경향으로 표현할 수 있다. 유형원(柳馨遠), 이익(李瀷), 정약용(丁若鏞), 박지원(朴趾源), 홍대용(洪大容), 박제가(朴齊家), 김정희(金正喜), 최한기(崔漢綺) 등이 대표적인 사상가이다.

실학사상이 등장한 배경에는 두 가지 큰 요인이 있다. 첫 번째는 내재적 요인으로서 임진왜란 이후의 조선 사회 변화에 대한 반성의 측면이다. 조선 사회는 17세기 이후 신분제가 해체되면서 상공업이 발달하고 지주제의 발달에 의해서 농민층의 붕괴가 급속하게 진행되었다. 실학사상은 이와 같은 사회 변화에 대한 자각과 반성에 기초해서 새로운 방향모색을 내용으로 하고 있다. 두 번째는 서학 및 중국의 학문으로부터의 영향이다. 17세기 이후 조선의 지식인들은 중국으로부터 전래된 천주교 및 서양의 과학기술 서적에 대한 지식을 축적하고 있었다. 또한 성리학에만 고착되어 있던 조선의 학풍과는 다르게 고증학, 양명학 등으로 변화하고 있던 중국의 학문세계에 대해서도 알고 있었다. 이러한 새로운 학문과 지식에 대한 이해는 조선의 지식인들의 시야를 넓혀 주었던 것이다.

실학자들의 사상은 기존의 성리학에 대해서 비판적 · 개혁적이었으며 쇠퇴해 가고 변화를 갈망하는 조선 후기 사회에 새로운 방향 제시의 가능성을 보여 준 면이 있었다. 조선의 근본 질서를 구성하는 과거제도, 토지제도, 교육제도, 신분제도 등에 대한 개혁적 생각들이 이들에 의해서 제시되었다. 그럼에도 불구하고 이들은 당시 사회를 개혁할 만큼의 세력을 형성하지 못하였고, 결국 사상적 실험으로만 그친 한계를 가지고 있다. 다른 한편으로는 이들의 사상이 성리학과 일정한 차이를 보이고 있지만 완전히 그것을 탈피하지 못하였으며, 넓은 의미에서는 결국 유학적 세계관 안에 머물러 있다는 평가를 받고 있다(정순우, 2006).

상당수의 실학자들이 천주교에 대해서 이해하고 있었음에도 그 세계관을 완전히 소화하고 개혁으로 연결하지 못한 것 역시 그들이 사상적 맥락과 시대적 상황을 뛰어넘지 못하였음을 보여 주는 것이다. 때문에 당시 조선이 처한 근본적인 변화의 흐름을 담아내거나 새로운 사회의 건설을 위한 유용한 기초 관점으로서는 충분하지 않았다는 평가도 있다.

그럼에도 불구하고 이들의 사상이 후에 개화사상이나 독립사상으로 이어져서 한국 근대화에 일정 정도 기여하였다는 점에서는 좋은 평가를 받고 있다. 무엇보다도 획일적이고 견고한 성리학 중심의 조선 사회에서 자생적으로 등장한 개혁적 사고라는 점에서 높이 평가할 수 있다. 실학자들은 조선의 현실에 바탕을 두고 끊임없는 학문적 성찰과 토론을 진행하였으며 그 결과로 기본적인 관점의 전환을 이루었다. 그들의 학문적 역량과 사상적 깊이가 현실의 모순과 부조리를 담아내고 그것을 개혁하려는 정도로 성숙하였음은 높이 평가할 수 있다.

## 2) 실학자들의 교육개혁사상

### (1) 유형원

반계 유형원(磻溪 柳馨遠, 1622~1673)은 서울에서 태어났으나 전북 부안에 은거하여 일생 동안 학문에 힘썼다. 그의 저서로는 『반계수록(磻溪隧錄)』과 『이기총론(理氣總論)』 등이 대표적이다. 그는 경제의 원천인 토지를 직접 경작하는 농민에게 돌아가도록 하는 '공전제(公田制)'를 핵심으로 하는 농업개혁을 주장하였으며, 과거제의 폐지와 학제의 개혁을 통한 교육개혁을 주장하였다.

그의 교육개혁 사상은 다음과 같다(박의수 외, 2007: 86; 손인수, 1998b: 27).

첫째, 과거제를 폐지하고 학교교육을 통해 능력 있는 사람을 관리로 선발할 것을 주장하였다.

둘째, 새로운 학제의 도입을 주장하였다. 서울에는 태학, 중학, 사학을 설치하고 지방에는 영학과 읍학을 설치하며, 초급학교로 서울에는 방상을, 지방에는 향상을 설치할 것을 주장하였다.

서울: 방상–사학–중학–태학

지방: 향상–읍학–영학–태학

셋째, 신분에 따른 교육의 차별을 폐지할 것을 주장하였다. 서얼과 서민의 자제에게도 교육기회를 확대하여 평등한 교육기회를 주어야 한다고 하였다. 인재의 등용에 있어서도 신분에 따른 차별을 없애고 능력에 기초하여 선발할 것을 주장하였다.

(2) 이익

성호 이익(星湖 李瀷, 1681~1763)은 평생 벼슬길에 나가지 않고 초야에서 학문연구에 몰두하였다. 이이와 유형원의 학풍을 이어받아서 현실과 밀접한 학문을 해야 한다고 주장하였다. 또 중국에서 받아들인 서학을 수용하여 천문·지리학과 천주교 관련 서적 등에 대해서도 깊은 이해를 가지고 있었다. 그의 대표적 저술로는『성호사설(星湖僿說)』과『곽우록(藿憂錄)』이 있다. 교육에 관련해서는 과거제의 폐단에 대해서 매우 신랄한 입장을 취하였다. 인간 평등과 능력주의에 대한 확고한 믿음이 있었으며 이에 기초하여 교육개혁론을 주장하였다. 또 교육을 통한 민중의 각성의 필요성도 강조하였다. 민족사의 교육을 강조하는 주체적 역사의식을 보여 주었다.

그의 교육개혁론을 요약하면 다음과 같다(손인수, 1998b: 46).

첫째, 과거를 개혁하여 문벌 중심의 신분 제한을 철폐해야 한다.

둘째, 시험방법도 능력 위주로 개편하고 엄격하게 시행하여야 한다.

셋째, 관직에 대한 귀족들의 세습제를 철폐해야 한다.

넷째, 과거 이외에 추천에 의한 인재선발인 '공거제(貢擧制)'를 병행해야 한다.

다섯째, 학교제도의 개혁을 주장하였다. 1단계는 향학(지방)과 사학(서울), 2단계는 태학, 3단계는 전강(殿講), 마지막인 4단계는 사제(賜第)로 이를 마치면 관직으로 진출하게 된다.

### (3) 정약용

다산 정약용(茶山 丁若鏞, 1762~1863)은 이가환과 이승훈 등으로부터 성호학파의 영향 아래 들어갔으며 이후 이익의 제자인 이중환, 안정복 등의 생각도 적극적으로 수용하였다. 이벽을 통해 자연과학과 천주교도 접하게 되었다. 천주교 박해사건인 신유사옥(1801)으로 전라도 강진에 18년간 유배되었고, 그곳에서 그의 학문체계가 정립되었다. 정약용은 정치, 경제, 교육 등에 걸쳐 조선 사회의 전반적인 개혁을 주장하였다. 『목민심서』, 『경세유표』, 『흠흠신서』, 『여유당전서』 등을 비롯하여 방대한 저작을 남겨 실학사상의 대가로 손꼽힌다.

그의 교육사상을 정리하면 다음과 같다(손인수, 1998b: 54-75).

첫째, 주자학의 계급성과 불평등한 인간관을 비판하고 인간세계의 질서는 변화 가능한 것으로 생각하였다. 이러한 생각에서 사농공상(士農工商)의 성리학적 신분질서를 부정하고 사농일여(士農一如)를 주장하였다.

둘째, 기질에 따른 인간성의 차등성을 비판하고, 우수한 사람이 특정 신분에서만 배출된다는 것을 부정하였다. 이러한 능력주의는 그의 교육, 과거, 인사제도 개혁의 기초가 되었다.

셋째, 인간의 욕망은 적절히 통제되어야 하는데 이는 환경에 좌우되므로 사회제도의 정비를 통해서 이를 해결하여야 한다고 생각하였다.

넷째, 정약용은 우리 손으로 아동용 교재를 편찬하여 우리에게 맞게 사용해야 한다고 하였다. 중국에서 비롯된 책을 무비판적으로 아동에게 읽히는 것을 반대하였다. 『천자문』, 『사략』, 『통감절요』 등은 모두 중국의 책으로서 내용이나 구성에 결함이 많다고 하였다. 이와 같은 생각에서 『천자문』을 대신하여 『아학편(兒學編)』을 저술하여 가르쳤다.

다섯째, 우리 역사의 교육을 강조하였다. 이를 위해서 중국의 역사서를 교육하는 대신 『삼국사기』, 『고려사』, 『동국통감』 등 우리의 선조들이 기록한 우리 역사를 배울 것을 주장하였다.

### (4) 홍대용

담헌 홍대용(湛軒 洪大容, 1731~1783)은 영조 42년(1766)부터 세 차례의 북경연행을 계기로 서양 학문의 영향을 깊이 받았다. 이때에 중국학자들과 친분을 쌓아 일생 동안 교류하였고 서양 신부들을 만나서 천주교와 천문학을 포함한 서양 학문에 대한 지식을 얻었다. 이때의 경험을 통해 탄생한 책이 『담헌연기(湛軒燕記)』, 『의산문답(醫山問答)』이다. 서양학문을 수용한 영향으로 그의 사상에는 과학적인 특징들이 많이 나타난다. 아울러 조선 성리학의 중국 중심주의를 벗어나 민족주의적인 성향을 표방하였다.

그의 교육사상을 요약하면 다음과 같다(손인수, 1998b: 85-88).

첫째, 그는 양반뿐만 아니라 모든 사람이 교육의 대상이 될 수 있다고 생각하였다. 모든 사람들의 기와 마음이 같다고 생각하였기 때문이다. 이러한 생각에 따라서 그는 모든 사람에 대한 교육기회의 균등을 제시하였다.

둘째, 균등한 교육의 실현을 위해서 의무교육론에 기초한 교육체제를 제안하였다. 전국을 9도-9군-9현-9사-9면으로 구분하고 도에서부터 면에 이르기까지 각 급 학교를 설치할 것을 주장하였다. 특히 면에는 재(齋)라는 학교를 두어 8세 이상의 모든 아동을 교육할 것을 주장하였다. 이는 우리 역사상 처음으로 제기된 의무교육론이라고 할 수 있다.

### (5) 박지원

연암 박지원(燕巖 朴趾源, 1737~1805)은 홍대용, 박제가 등과 함께 청나라의 선진문물을 수용해야 한다는 북학파 실학자의 대표적 사상가 중의 한 명이다. 정조 4년(1780)에 사신으로 가는 친척을 따라 북경과 열하를 다녀왔으며 그 경험을『열하일기(熱河日記)』로 기록하였다. 이 책은 박제가의『북학의』와 더불어 대표적인 북학 서적으로 꼽힌다. 이 밖에『허생전』,『양반전』,『호질문』등을 써서 당시 양반 사회의 허식과 명리의 추구와 모순을 풍자하고 비판하였다. 학문연구의 목적은 백성들의 이로움과 국가의 유용함에 있다고 하여 실용적 지식을 중시하는 입장을 분명히 하였다. 서학에 관심이 많았으며, 천문학적 지식 역시 높은 경지에 올랐다. 청나라를 비롯한 외국의 문물을 적극적으로 수용해야 한다고 역설하였으며 주자학 일변도의 시각을 비판하는 입장에 섰다. 이와 같은 탈주자학적 시각은 조선의 기존 질서에 대한 전환의 기초였다. 박지원의 사상은 그의 손자 박규수로 이어졌고 다시 그의 지도를 받은 개화파 박영효로 이어졌다. 그러므로 그의 사상은 한국 근대의 개화사상과 개화운동의 뿌리이다(손인수, 1998b: 94).

### (6) 박제가

초정 박제가(楚亭 朴齊家, 1750~1805)는 스승인 박지원을 비롯하여 이덕무, 유득공 등의 북학파들과 교류하면서 북학파 실학자의 대열에 합류하였다. 정조 2년(1778)을 시작으로 여러 차례 북경을 방문하여 청나라 학자들과도 교류하였다. 이러한 경험에 기초해서 쓴 책이 북학파를 대표하는 저서인『북학의(北學議)』이다. 외국의 우수한 문물제도와 합리적 생활양식과 과학적 생산방법을 배워서 민생 문제를 해결하고 산업을 일으켜 세워야 한다고 주장하였다. 교육도 명분론에 집착하는 위선적인 교육에서 벗어나서 실생활에 유익한 학문을 해야 한다고 주장하였다(손인수, 1998b: 97).

# 제 9 장
# 개화기-대한민국의 교육

## 1. 개화기의 교육

### 1) 외세에 의한 강압적 변화의 모색

개화기는 우리 역사에서 또 하나의 중요한 전환점이다. 오늘날 개화기는 근대화의 출발점이자 곧 서구화의 출발점으로 이해되고 있다. 실학을 유학적 질서 안에서의 소극적인 변화의 모색이라고 한다면 개화기의 변화는 유학적 질서를 넘어서는 개혁과 변화였다. 그런 점에서 근본적인 전환이 이루어진 시기로 평가할 수 있다.

개화기의 변화에는 크게 두 가지 요인이 작용했다고 생각한다. 첫째는 내부적으로 축적된 모순에 대한 문제의식과 변화에 대한 열망이다. 둘째는 외세의 강압적인 개입이다. 첫째 요인이 내적 요인으로서 자발적인 변화를 만들어 낼 수 있는 동인이었다면 둘째 요인은 외적인 것이었다. 그렇지만 개화는 내적 요인이 무르익어 변화로 가기 전에 외적 요인에 의해서 갑작스럽게 피동적으로 진행되었다. 내적 변화의 요인들이 성공적으로 새로운 질서를 탄생시키지 못하고 외적 요인들에 의해서 피동적으로 변화가 강요된 것에 우리 근대화의 아쉬운 측면이 있다.

이와 같이 내적 개혁은 분명한 한계를 가지고 있었다. 그것은 곧 조선 500년을 지탱해 온 유교적 질서가 매우 강력하였음을 반증하는 것이다. 그만큼 조선의 유교교육이 성공적이었다고 말할 수 있다. 그와 함께 강력한 유교적 질서와 교육이 새로운 시대적 상황에 대한 적응과 새로운 질서를 잉태하는 데 있어서 반작용의 힘으로 작용했다는 점에서는 유교교육의 한계를 보게 된다. 체제의 유지에 있어서는 좋은 요소로 작용했지만 변화를 수용하고 새로운 요소를 반영해서 개혁하고 발전하는 데 있어서는 한계를 가지고 있었던 것이 조선의 유교적 세계관과 교육이었던 것이다. 그리고 그와 같은 위험은 어떤 체제나 관점 안에서도 그대로 다시 반복될 수 있다는 점에서 커다란 시사점을 우리에게 제공한다.

역사 전반으로 보면 개화기는 내적 변화 요인들이 축적되어 변화가 시작되고 있던 시기였다. 경제적으로는 농업 중심의 경제에서 점차 상업 경제로의 전환기로 접어들고 있었다. 조선 전기의 양천제로 지칭되는 신분질서 역시 반상제로 전환된 지 오래여서 양반 사회의 부패와 모순이 드러났다. 오랜 외척정치와 파당의 대결은 이러한 양반 사회의 모순을 더욱 증폭시켰다. 노비제도의 근간 역시 흔들리면서 전체 사회체제가 폭발 직전의 동요 속에 있었다. 여기에 더해서 서학으로 일컬어지는 천주교와 동학이 영향력을 확대하면서 신분의식이 결정적으로 흔들리게 되었다. 충청이남 지역을 거의 장악하였던 동학농민전쟁은 유학에 기초한 구시대의 질서와 그것을 이끌어 가는 지도층의 역량이 고갈되었으며 새로운 가치관과 질서가 요구됨을 명확하게 보여 주었다. 그것은 곧 유학 중심의 구체제와 새로운 체제에 대한 요청과의 대결을 의미하였다. 그 과정에서 구질서의 중심세력과 외세, 새로운 질서에 대한 열망 등이 서로 복잡하게 작용하면서 이 시기를 격동의 시기로 몰아갔다. 그 와중에서 개화기의 교육이 민족의 운명과 밀접한 관련 속에서 치열하게 전개되었다.

### 2) 관 주도의 교육개혁

일본의 강압에 의한 1876년 강화도 조약 이후 쇄국정책은 끝이 나고 외세와의 접촉과 교류가 본격적으로 전개되기 시작하였다. 정부는 외국과의 교류를 위한 인재 양성의 필요성을 절감하고 신식학교를 세워서 이러한 필요성에 대응하고자 하였다.

1883년에 외국과의 교섭을 담당할 통역 양성을 위한 동문학(일명 통변학교)을 설립하여 운영하다가 후에 육영공원을 설립(1886)하여 이를 대체하였다. 육영공원은 좌원(左院)과 우원(右院)으로 구성되어 있었는데 좌원은 과거급제자와 현직관리 중에서, 우원은 미급제자 중 고급관리나 양반의 자제들로 구성되었다. 실무관리 양성을 위해 영어, 세계지리, 수학, 국제법과 실용 과목들을 가르쳤으며 교사들은 모두 미국인이었다(손인수, 1998b: 229). 그렇지만 과거시험은 여전히 전통적인 유학적 내용만을 다루는 등 여러 가지 한계 때문에 육영공원 역시 성공적으로 정착하지 못하였다.

관 주도의 교육개혁에서 매우 큰 의미를 갖는 사건이 1894년의 갑오개혁이다. 갑오개혁을 통해 학무아문을 설치하고 홍범 14조와 교육입국조서를 발표하였다. 이와 함께 과거제가 폐지되고 신분제도가 혁파됨으로써 보통교육을 위한 제도적 기반이 마련되었다. 곧이어 교사 양성을 위한 한성사범학교관제가 마련되고 여러 학교관제와 규칙도 제정되어 공포되었다. 이에 따라서 한성사범학교, 외국어학교, 법관양성소, 한성중학교, 소학교 등이 차례로 설립되었다. 신분제도의 혁파와 입학 기회의 확대는 교육을 통한 신분상승의 길을 열어 놓아 신식교육이 더욱 빠르게 확산될 수 있는 계기를 마련하였다. 한마디로 봉건교육제도에서 근대적인 신교육제도로의 전환점을 이룬 것이다. 이처럼 갑오개혁은 전통사회의 봉건적 교육체제를 제도상 전면 부정하였다는 점에서 근대교육에 있어서 획기적인 사건이라고 할 수 있다(손인수, 1998b: 245).

그럼에도 불구하고 관이 주도한 교육개혁은 분명한 한계를 가지고 있었다. 교육개혁의 기본 방향을 동도서기(東道西器)로 설정하였기 때문이다. 동양의 정신에 서양의 기술과 제도를 접목한다는 것이다. 다시 말해서 유학 중심의 정신적 전통은 유지한 채로 뛰어난 서양의 문물만을 받아들이려는 태도이다. 이처럼 근본적인 가치관과 정신의 개혁 없이 표면적인 것들만을 수용하려는 자세 때문에 근본적이고 효과적인 개혁을 이루어 내지 못하였다. 마음으로는 여전히 구체제를 따르고 있는데 국가의 존립을 위해서 어쩔 수 없이 필요한 만큼만 외부의 영향을 수용하려는 경향이 관 주도의 개혁에 일관되게 나타난다. 그나마도 갑오개혁과 같이 일본의 영향 아래서 일본의 제도를 모방해서 근대체제로 나아가게 되는 외세 의존적이고 피동적인 측면마저 나타난다. 그 결과 시대적 상황에 따라 필요한 영어와 세계지리 등의 단편적인 지식과 기술의 도입만을 추구하는 근시안적인 개혁이 시도되고 근본적인 전환을 이루어 낼 수 있는 지도력이 발휘되지 못하였다는 평가를 받고 있다.

표 9-1 갑오개혁 전후의 교육적 조치들

| 연도 | 교육개혁조치 |
|---|---|
| 1883 | 동문학(통변학교) 설립 |
| 1886 | 육영공원 설립 |
| 1894 | 갑오개혁, 학무아문 설치, 홍범 14조 |
| 1895 | 교육입국조서, 한성사범학교관제, 소학교령 |
| 1899 | 중학교관제 |

### 3) 민간 주도의 교육개혁

개화기 교육개혁에서 관 주도의 교육에 비해서 더욱 활발하고 또 많은 성과를 만들어 낸 것이 민간 주도의 교육개혁이었다. 관 주도의 교육개혁은 유학에 뿌리를 둔 기득권 세력의 개혁이었다는 점에서 태생적인 한계를 가지고 있었다. 이에 비해서 변화하는 시대 상황 속에서 그것을 피부로 경험하였던 민간의 교육개혁은 자발적이면서도 보다 근본적인 것이었다. 이러한 민간 주도의 교육개혁에 더 큰 촉진제 역할을 한 것이 선교사를 중심으로 한 개신교 계열의 신식학교 설립을 포함한 교육활동이었다.

민간 학교로서 가장 먼저 만들어진 신식학교는 1883년에 설립된 원산학사였다. 원산학사는 강화도 조약으로 개항한 원산에서 일본 상인들의 세력 확장에 위협을 느낀 상인, 주민들과 개화관료들이 힘을 합하여 설립하였다. 원산학사는 지금까지 알려진 최초의 신식학교이다. 원산학사의 뒤를 이어 많은 신식학교들이 설립되었는데 1885년에는 배재학당과 연세대학교 세브란스 병원의 전신인 광혜원이, 1886년에는 이화학당이 문을 열었다. 이들 신식학교들은 모두 개신교 선교사들이 설립한 학교였다. 이들 학교를 뒤이어 많은 기독교 사학들이 설립되었는데 1910년까지 총 660여 개의 학교가 설립되었다. 이를 통하여 당시 우리 교육의 근대화에 미친 기독교의 막대한 공헌을 알 수 있다(손인수, 1998b: 240).

민간 주도의 교육개혁은 단지 학교설립으로만 나타난 것이 아니었다. 독립협회 등이 주도한 계몽운동이 당시의 신식교육과 교육개혁의 확산에 매우 큰 역할을 담당하였다. 독립협회는 1896년에 정부의 외세의존정책에 반대하는 개화 지식층이 한국의 자주독립과 내정개혁을 위해 설립한 단체이다. 초기에는 토론회, 연설회 등 민중계몽운동에 주력하였으며 '만민공동회'를 개최하여 시국에 대한 건의를 정부에 전달하기도 하였다. 한글과 영문으로 발간된 '독립신문'을 통해서 민주, 민권 사상의 보급 활동에도 힘썼다. 독립협

[그림 9-1] 연세대학교 안에 복원된 광혜원

회의 활동은 1905년 을사보호조약 이후에 '대한협회' '대한자강회' 등의 애국 단체에 의한 교육구국운동으로 계승되었으며, 일제 강점기의 독립운동의 기반이 되었다.

전반적으로 개화기는 우리 민족의 역사와 교육의 역사에서 매우 중요한 변화를 만들어 내었다. 그 변화의 폭과 크기는 엄청나다. 유교적 가치관의 붕괴와 새로운 가치관의 수용, 역사의 단절과 일제 강점기의 비극, 근대화 등 근본적이고 폭넓은 변화가 이 시기에 많이 이루어졌다. 교육적으로도 유교교육으로부터 신교육으로의 전환, 신분계층에 제한되었던 교육으로부터의 탈피, 한글의 보급 등 중요한 전환이 이 시기에 이루어졌다. 그런데 그 변화는 자발적인 의지와 역량에 의해 수행되지 못하였으며, 강압적인 외세에 의해 피동적으로 수행되었다. 결과적으로 수많은 문제와 과제들을 남기고 새로운 시대를 맞이하게 되었다. 민족사의 회복, 진정한 의미의 근대화의 진전과 완성, 민주적인 국가와 사회질서의 창조 등 커다란 과제들이 후일의 과제로 남겨졌다. 이러한 과제들은 곧 교육적 과제이기도 하다. 민족사의 회복을 이루어 낼 인재의 양성, 근대화를 위한 민중의 계몽과 교육의 보편화, 근대적 · 민주적 정신의 함양을 통한 민주적인 새 사회 건설 등의 과제가 교육계의 과제로 남겨졌다.

## 2. 일제 강점기의 교육

### 1) 타율적 변화와 정체성의 위기

일제 강점기는 우리 역사에서 가장 불행한 시기 중 하나라고 할 수 있다. 일제 강점기를 통틀어 우리는 우리의 역사, 문화, 말뿐만 아니라 정신까지도 개조되기를 강요당했다. 36년이라는 길지 않은 기간에도 불구하고 일제 강점기가 미친 영향은 너무나도 커서 지금까지도 우리의 정신과 문화에는 이 시기의 영향이 많이 남아 있다.

교육적으로 보면 이 시기는 개화기에 활발하게 진행되던 근대화에 대한 자발적이고 주체적인 모색들이 좌절된 시기이다. 대신에 제국주의 일본의 식민화 정책에 따른 타율적인 근대화가 그 자리를 차지했다. 때문에 우리의 근대화는 식민화와 일본화의 성격을 강제로 덧입게 되었다. 서구의 근대화가 이성의 계몽과 완성을 지향하는 개인주의적 경향과 주권의 강화를 특징으로 하는 데 비해서 우리의 근대화는 이성의 마비와 전체주의와 주권을 박탈당한 노예화의 길을 걸었다.

일제 강점기는 다른 여러 제국주의 국가들의 식민정책과 마찬가지로 사회경제적인 수탈을 목표로 하였다. 그러나 일제의 식민정책은 거기에서 더 나아가 '동화정책'이라는 명목하에 한국 민족의 말살을 추구하였다는 점에서 지극히 악랄하였다(손인수, 1998b: 299). 교육은 이와 같은 한국 민족 말살정책의 주요 수단이었다. 일제 강점기 전체를 통틀어 우리 교육은 이와 같은 식민지 교육과 그에 저항하는 민족교육의 갈등 과정으로 전개되었다. 식민화가 진행될수록 민족교육의 힘은 점차 약해지고 식민화 교육은 점차 힘을 발휘하였다. 그 결과 지금에 이르기까지 우리 교육과 사회문화에는 식민지 시대의 잔재가 남아 있으며 그 관점을 극복해야 하는 과제를 안고 있다. 진정한 의미의 근대화를 완성하고 자주적인 시민을 양성하는 교육으로의 전환은 우리에게 주어진 절실한 과제이다. 단절된 근대화의 노력을 새로운 차원에서 다시 전개하고 진정한 민주주의 국가의 시민을 양성하기 위한 교육으로 전환을 이룩하는 과제를 말한다.

일제 강점기 교육의 근간은 일제에 의해 제정되어 시행된 '조선교육령'을 통해서 알 수 있다. 일제 강점기 36년 동안 4차에 걸쳐서 조선교육령이 제정되어 공포되었으며, 각기 그 시대적 상황과 일제의 통치목적에 따라 내용을 달리하고 있다. 그런데 이와 같은 일제의 식민지 교육정책은 1905년의 을사보호조약 이후 실시된 일련의 정책들의 연장선상에서 이루어지고 있다.

### 2) 통감부 시대의 교육(1906~1910년)

이 시기에 일제는 이미 조선을 반(半)식민지화하고 교육정책 역시 식민통치의 일환 혹은 식민통치 준비를 위한 체계적인 식민정책의 일환으로 시행하였다. 그 근간은 식민지 지배를 위한 일본어 교육과 교육체제의 식민지 체제로의 전환이라고 할 수 있다. 이 시기 일제에 의한 식민화 교육조치들은 통감부에 의해 시행된 각종 학교령을 통해서 이루어졌다.

1906년에는 보통학교령을 통해서 소학교를 보통학교로 개칭하고 수업연한도 6년에서 4년으로 단축하였다. 또 황국신민화를 위해 일본어 교육을 실시하였다. 또한 사범학교령을 통해 사립 사범학교의 설립을 일체 금지하였다. 1908년에는 사립학교령, 학회령을 통해 기존 사학에 대한 재인가 조치를 시행하여 애국계몽운동, 교육구국운동을 통해 설립된 수많은 사립학교에 대한 통제를 실시하고 폐교를 강제하였다. 1909년에는 실업학교령과 고등학교령을 발표하여 중학교를 고등학교로 개칭하고 수업연한도 7년에서 3~4년으로 단축하였다. 고등교육기회가 지극히 제한되었던 한국인에게 이것은 사실상의 교육연한의 단축과 교육기회의 제한을 의미하였다. 또한 실업교육 위주의 교육을 실시하여 한국인에 대한 고등교육과 지도자 양성교육의 기회를 박탈하고자 시도하였다.

이 시기의 교육은 한마디로 식민지 지배체제의 준비를 위한 교육으로서 일제 통감부의 '제도적 동화정책'에 의한 것이었다. 여기서 동화란 일본 민족의 언어, 풍습, 습관 등을 채용케 하고, 다시 나아가서 일본 민족의 특징을 공유하게 하는 것이었다. 이를 위해 일본어를 이해하고 비한국적이며 실용적인 인간을 길러 내어 그들의 식민지 교육의 기초를 다지는 데 초점을 두었다. 이에 대항하여 우리 민족은 지도자들을 중심으로 각종 학회를 만들고 다시 이 학회들이 사립학교를 설립하여 민족교육을 강화하는 방향으로 대응하였다. 그리하여 1908년에는 전국에 걸쳐 5000여 개의 학교와 20만 명에 이르는 학생이 수학하고 있었다고 한다(손인수, 1998b: 265).

### 3) 제1차 조선교육령(1911~1922년)

1910년대는 무단통치 기간으로서 강압적인 통치를 통해 일제에 대한 저항을 억누르고 식민통치를 위한 기반을 마련한 시기이다. '시세와 민도에 적합한 교육'을 실시한다는 명목하에 일본인과 한국인의 교육을 차별하는 복선형 교육제도를 실시하였다. 이를 위하여 기존 학교들의 수업연한을 단축하고 실업교육 위주의 교육정책을 폈다. 교육에 대한 통제를 강화하기 위해 사립학교령을 더욱 강화한 사립학교규칙을 공포하여 기존의 사립학교 중 소수는 자신들의 틀 안으로 끌어들이고 대부분은 폐지하였다. 일본어 교육을 강력하게 시행하여 식민통치의 기반을 조성하는 한편, 역사와 지리교육에 대한 통제, 수신과목 강조, 외국어 교육 제한 등의 조치를 통해 식민정책에 순응하는 인간을 양성하기 위한 교육을 실시하였다.

### 4) 제2차 조선교육령(1922~1938년)

제2차 조선교육령 시대는 문화통치 기간으로서 3·1 운동 이후 강압적 통치의 한계를 인식한 일제에 의해서 유화적인 교육정책이 시행되었다. 기존에 교원이 착용하였던 제복과 대검을 폐지하고 언론, 집회, 결사의 자유도 부분적으로 허용하였다. 한국인의 교육기회가 종전에 비해서 확대되었다. 수업연한도 다시 연장되었으며 1차 조선교육령 시기에 폐지되었던 한국어가 제한적으로 허용되었다. 한국인과 일본인이 같은 학교에서 함께 공부할 수 있도록 하였다. 사범학교와 대학의 설치도 가능한 제도적 장치가 마련되었다. 민족지도자 양성을 위한 조선민립대학 설립 운동에 대응하여 경성제국대학을 설립(1924)하였으나 대부분 일본인 학생들로 채워졌다. 그러나 이와 같은 제도의 변화에도 불구하고 실제로는 동화정책과 차별이 여전하였다. 한국인에 대한 교육은 초등교육에 그치고, 중등교육과 고등교육의 기회는 극도로 제한되었다. 오히려 1925년에는 '조선사편수회'를 설치하여 우리 민족의 역사를 타율적이고 사대주의적인 역사로 날조하기 시작하였다.

### 5) 제3차 조선교육령(1938~1943년)

이 시기는 태평양 전쟁의 발발로 말미암아 전시동원령 아래서 교육 역시 전쟁 수행을 위한 수단으로 이용되었다. 한국은 일본의 병참기지로 전환되었고, 교육은 민족말살정책의 기조 아래서 가혹하게 진행되었다. 국체명징(國體明徵), 내선일체(內鮮一體), 인고단련(忍苦鍛鍊)이라는 3대 교육방침하에 한국인에 대한 황국신민화를 강행하였다. 궁성요배, 우상화, 황국신민서사

낭독 등을 강요하였으며, 일본어 사용과 신사참배, 창씨개명을 강요하는 한편, 우리말 교육과 사용을 일체 금지하였다. 한국인과 일본인의 학교를 달리하던 복선형 학제를 폐지하여 한국인을 위한 학교와 일본인을 위한 학교의 명칭 통일, 한국인과 일본인의 공학의 실질적 시행 등이 이루어졌다. 또한 사범학교 역시 한국인을 위한 보통학교 교원 양성기관과 일본인을 위한 소학교 교원 양성기관을 하나로 통합하였다.

### 6) 제4차 조선교육령(1943~1945년)

태평양 전쟁 말기에 해당하는 이 시기에는 '교육에 관한 전시 비상 조치령'을 통해서 교육의 전쟁 도구화가 한층 강화되었다. 수업연한의 단축 등을 통해서 각 급 학교의 교육을 전쟁 수행과 제국주의 일본에 필요한 인물 양성의 수단으로 삼고자 하였다. 궁성요배를 실시하는 한편, 조선어와 조선역사에 대한 교육은 전면 금지시켰다.

### 7) 일제 강점기의 민족교육

식민체제의 영속화와 민족의 말살을 목표로 한 체계적이고 지속적인 일제의 교육지배는 당연한 반작용으로 교육적 저항이 다양하게 나타나게 하였다. 일제에 의한 교육지배의 형태가 달라짐에 따라서 교육적 저항 역시 시대적 상황 안에서 서로 다른 모습으로 전개되었고 이를 통해서 독립의 성취와 민족의 보전을 위한 노력으로 나타났다.

국권상실의 위기에 처한 을사늑약 이후부터 1910년까지는 교육구국운동의 시기이다. 종래 독립의 유지를 위한 계몽운동과 자강운동이 이 시기에는 교육을 통한 민중의 역량강화로 국권을 회복하기 위한 운동으로 이어졌다. 이러한 의지는 급격한 학교 설립으로 나타났다. 결국은 국권을 상실하게 된

1910년경에는 전국의 학교 수가 무려 5,000여 곳에 이를 정도로 교육구국운동은 맹렬하고 열정적으로 전개되었다. 일제는 이를 탄압하기 위하여 사립학교령을 만들어 민족교육을 탄압하고 통제하였다.

3 · 1 운동 이후의 교육적 저항은 야학운동과 민족의 지도자 양성을 위한 기관으로서의 조선민립대학 설립 운동으로 나타났다. 1905년 이후 지속되던 일제의 식민화 교육, 우민화 교육에 대항하여 고등교육을 통한 지도자 양성을 위한 노력이었다. 우리 손으로 우리의 지도자를 양성하는 대학을 설립하기 위해 전개된 이 운동은 신문화 건설과 실력 양성을 위한 신지식 습득을 표방하며 전국적인 모금활동을 전개하였다. 그렇지만 일제의 탄압과 방해, 가뭄과 수해 등으로 인해서 모금액을 채우지 못하고 실패하고 말았다. 일제는 경성제국대학을 설립하고 일부 조선인들을 수용함으로써 이러한 교육적 저항을 무마하려 하였다.

또 다른 교육적 저항은 야학운동으로 나타났다. 민립대학 설립운동이 민족의 지도자들을 양성하기 위한 노력이라면 야학운동은 보다 넓은 계층에 대한 교육을 통해 민족적 역량을 강화하려는 교육적 자각과 저항운동에서 비롯된 것이었다. 이전의 애국계몽운동과 교육구국운동이 이 시기 교육적 저항운동으로 그대로 계승됨을 알 수 있다.

이러한 교육적 저항운동은 1930년대에는 브나로드 운동으로 이어졌다. 브나로드는 '민중 속으로'라는 뜻을 가진 러시아어로, '힘써 배우자! 아는 것이 힘이다.'를 구호로 내세우고 한글을 가르치고 문화 운동을 펼치는 등의 계몽운동을 전개하였다. 이 역시 일제에 의해서 탄압되고 금지되었다.

그럼에도 불구하고 교육적 저항운동과 민족교육이 강압적인 식민지배하에서도 끊임없이 이어졌다. 그렇기 때문에 광복과 더불어 곧바로 우리의 글과 말을 회복할 수 있었고 민족적 전통과 문화를 완전히 상실하지 않을 수 있었다. 또 그 기반 위에서 새로운 국가를 건설하고 민족의 미래를 향한 노력을 계속할 수 있게 된 것이다.

## 3. 미군정기의 교육

### 1) 시대적 상황

일본의 패망과 더불어 우리는 광복을 맞이하였다. 그렇지만 광복은 우리 손으로 되찾은 것이 아니었고 남과 북은 서로 미 · 소 군정 치하로 들어갔다. 군정하에서 남북은 서로 다른 체제의 영향을 받게 되었으며 그것이 결국 분단된 두 국가체제로 나아가는 운명을 낳고 말았다. 남한의 경우는 미군정하에서 미국의 영향을 받아들여서 새로운 국가 건설의 단계로 나아갔다. 식민지배로부터의 해방을 가져다 준 미국에 대한 적극적인 지지와 강대국으로서의 미국에 대한 동경은 이 시기 국가체제뿐만 아니라 사회 전반에 걸친 적극적인 미국화의 경향을 가져왔다. 미군정 당국은 총독부의 행정기관을 그대로 존속시켰다. 또한 일본인 직원을 소위 행정고문이라는 명칭 아래 남아 있게 하면서 점차 미군 장교와 한국인으로 대체해 나갔다. 당시 군정 당국의 각국 또는 각종 위원회에는 일제 강점기 상류층과 미국 유학 경험을 가진 인사들이 대거 참여하였다. 이로 인해서 미군정 기간 동안은 일제에 대한 청산도 제대로 이루어지지 못한 상태에서 미국화의 경향이 급격하게 진행되었다. 교육 역시 이러한 경향에서 예외가 아니었다. 일제 강점기의 잔재는 제대로 정리되지 못하였고, 미군정의 주도 아래서 미국의 교육체제를 모방하여 한국교육의 초석이 마련되었다.

### 2) 민족교육의 회복을 위한 노력

아직 한국인에 의한 정부가 수립되기 전이지만 주체적으로 민족교육의 전통을 새롭게 만들어 가려는 노력은 매우 빠르고 활발하게 전개되었다.

우리말과 우리글을 되찾고 이를 교육에 반영하려는 노력이 먼저 이루어졌다. 1945년 9월 29일 '교육에 관한 조치'에서 이미 학교에서 사용하는 교수 용어를 한국어로 지정하였다. 1946년에는 편수과를 설치하여 우리말 교과서 편찬사업이 시작되었다.

민족교육의 회복에는 '조선교육심의회'의 역할도 작용하였다. 조선교육심의회는 일제교육을 탈피하고 민주사회 건설에 적합한 새로운 교육방향과 제도수립을 위한 자문기구였다. 그렇지만 한국 교육의 미래를 결정할 중요한 내용들이 이 기구를 통해서 이루어졌다. 홍익인간의 교육이념 채택, 6-3-3-4제의 신학제 등 새로운 교육제도의 근간이 이 기구를 통해 결정되었다. 신학제는 일제 강점기에 시행되었던 차별적인 복선형 학제를 폐지하고 모든 국민에게 평등한 교육을 실시하기 위한 단선형 학제를 채택하였다(손인수, 1998b: 395).

### 3) 새로운 사회와 국가 건설을 위한 교육적 노력

미군정에 의한 교육정책은 학무국에 의해 수행되었다. 미군정청 학무국은 일제 강점기의 총독부 학무과를 개편하여 운영되었다. 학무국에 의해서 광복 후 일시 중단되었던 교육이 재개되었다. 1945년 9월에는 초등학교가, 10월에는 중등 및 고등교육기관이 다시 문을 열었다. 같은 해 9월에는 '교육에 관한 조치'를 공포하여 학교의 개학, 한국어를 공식적인 교수용어로 정하는 등의 조치가 이루어졌다. 1946년에는 학무국을 확대한 문교부에 편수과를 설치하여 교과서 편찬사업이 시작되었고 초등교사 대상의 강습회도 실시되었다.

또한 1945년 11월에는 새로운 국가에 어울리는 새로운 교육체제의 수립을 위하여 '조선교육심의회'가 구성되었다. 조선교육심의회는 총 10개의 분과로 활동하면서 한국 교육의 근간을 마련하였다. 여기에서 홍익인간의 교육이념 채택, 단선형 학제 선택, 의무교육 실시, 중앙과 지방의 교육행정기구 설치,

한자 폐지 등의 주요한 사항이 결정되었다. 단선형 학제는 모든 국민에게 동일한 교육기회를 제공한다는 점에서 그리고 지방교육행정 조직의 마련은 교육자치의 기틀을 마련하였다는 점에서 민주주의 교육을 지향한 조치들이라 할 수 있다. 진보주의 교육 사조를 수용한 교사 재교육이나 '새교육운동'도 민주주의적 교육체제를 향한 노력의 일환으로 볼 수 있다.

새로운 국가의 고급 인재 양성을 위해서 국립 서울대학교가 설립된 것도 이 시기이다. 서울대학교는 1946년 8월에 일제에 의해 설립된 경성제국대학과 부근의 관공립 전문학교를 통합하여 9개의 단과대학으로 설립되었으며, 초대 총장은 미군 대위가 맡게 되었다. 최초의 국립대학이 일제에 의해 설립된 경성제국대학을 그대로 수용하고 있다는 점 등으로 인해서 '국대안반대운동'에 직면했으며, 지금까지도 그 설립의 타당성과 정통성에 대한 논란이 남게 되었다.

또 이때부터 영어가 공식교과로 도입되었는데, 이후 미국과의 관계 등을 고려하면서 영어교육의 비중이 점점 커지면서 우리 교육에서는 지금 영어교육 과잉에 대한 우려 또한 제기되고 있다.

이처럼 이 시기 교육은 우리 민족의 새로운 국가 건설과 관련해서 민족적 전통의 회복과 민주주의 국가 건설을 위한 노력을 함께 뒷받침하는 역할을 수행하였다. 그리고 미군정 치하라는 특수한 시대적 · 정치적 상황 위에서 그러한 노력이 이루어졌다. 이와 같은 상황이 이 시기 교육이 매우 독특한 특징을 갖도록 만들었다. 일제 강점기의 식민화 정책에 대한 우리 민족의 대응이 저항적인 것이라면 군정에 대한 대응은 그보다는 매우 적극적인 협조와 동화의 과정이라는 특징이 있다. 우리 스스로의 힘으로 성취하지 못한 광복은 우리에게 광복을 가져다 준 세력들에 대한 적극적인 동조를 가져왔다. 거기에 식민지 시기 동안 상실해 버린 주체적 역사의식으로 말미암아 적극적인 동조의 정도는 더 심하게 진행되었다. 더욱이 식민지 시기 동안 거의 모든 문화와 역사적 전통이 붕괴되면서 그 자리를 새로운 요소들이 너무나도 쉽게 차지하게 되었다.

결과적으로 이 시기의 교육은 미군정에 의한 미국 교육의 이식과 그에 대한 적극적인 동화의 움직임으로 이해할 수 있다. 그 과정에서 미국 유학자들의 영향이 매우 컸으며 그러한 경향은 지금까지도 이어지고 있다. 뿐만 아니라 미국 교육에 대한 적극적인 수용의 태도 역시 지금까지 지속되고 있다. 어떤 의미에서 식민지 시대의 저항적 수용에 주체적인 정신이 그나마 숨 쉬고 있었다면 이 시기 이후의 교육에서는 우리의 민족적 정체성과 주체성을 찾으려고 하는 노력이 참으로 부족하였다고 할 수 있다.

다른 한편으로는 진정한 미국적 민주주의 정신은 제대로 수용되지 않은 것이 아니냐는 질문을 던질 수도 있다. 여전히 우리는 조선과 일제 강점기를 이어 온 전체주의적인 집단적 사고에 사로잡혀 있으며, 굳건한 민권의식에 기초한 민주주의는 여전히 확고하게 자리 잡지 못한 측면이 있다. 교육은 여전히 국가의 발전을 위한 수단으로 이해되는 경향이 강하고, 확고한 민권의식에 기초한 학생 중심의 민주적 교육체제는 여전히 미완성인 채로 남아 있다.

미군정기는 아직 완전한 주권국가를 이룩하지는 못하였고 식민지 시대의 잔재 청산과 새로운 민주국가 건설을 위한 모색기였다. 그런 만큼 많은 문제점과 아쉬움을 남긴 것이 사실이다. 그럼에도 불구하고 우리 민족의 전통에 근거한 교육이념의 채택과 새로운 국가 건설을 위한 기본적인 제도 수립 등의 성과들은 민족교육사에서 매우 의미 있는 성취라고 할 수 있다.

## 4. 대한민국의 교육

### 1) 시대적 배경: 새로운 사회 건설과 교육적 과제들

대한민국의 역사는 출발에서부터 쉽지 않았다. 우리 스스로의 힘으로 이룩하지 못한 광복과 그에 뒤이은 군정과 분단, 이념을 둘러싼 동족 간의 비극적인 전쟁으로 인해 세계 최악의 빈곤국으로부터 대한민국의 역사가 시작되었다. 일제 강점기의 상처도 씻어내지 못한 상황에서 전쟁의 상처는 더욱 컸고 아무런 희망과 자산을 갖지 못한 상태에서 불안한 걸음마를 내딛은 것이 우리의 현대사이다.

그럼에도 불구하고 지금 대한민국은 선진국 진입을 눈앞에 두고 있으며, 세계 10위 안에 드는 무역국으로서 막강한 국력을 자랑하고 있다. 경제적인 측면에서 보면 대한민국은 분명히 성공을 거두었고 세계인들이 놀라운 눈길로 바라보고 있다. 사회적으로도 민주화를 위한 노력을 통해 긴 독재정권을 극복하고 점차 민주주의 사회를 향해서 나아가고 있다. 내부적으로 많은 문제들을 찾을 수 있지만 대한민국의 민주주의가 놀랄 만큼 성숙한 것 역시 사실이다.

대한민국의 교육은 이와 같은 현대 한국 사회의 역사 속에서 성장해 왔고 또 그 성장의 원동력이 되었다. 한국 사회의 민주화 역시 민주주의 교육과 학생들의 민주화를 향한 끊임없는 노력이 미친 바가 크다. 마찬가지로 현대 한국 사회가 아직 해결하지 못한 문제들이 한국 교육 안에 영향을 미치고 있으며 그중의 몇 가지는 교육 안에 내재되어 있으면서 해결되지 못한 문제들로부터 비롯되었다고 할 수 있다. 한국 사회가 가지고 있는 자본주의 체제하에서의 물질만능주의, 매우 높은 획일성과 이분법적인 대립, 권위주의, 학력병 등은 한국 교육과 밀접한 관련이 있다.

## 2) 대한민국 교육의 특징과 과제

### (1) 교육기회의 확대와 내실화의 과제

대한민국의 교육에서 가장 주목할 만한 성과 중의 하나는 교육기회의 확대라고 할 수 있다. 한국인들의 교육에 대한 열정은 이미 전통 사회에서도 보편적인 것이었다고 볼 수 있다. 조선시대의 묘비명에는 벼슬을 하지 않은 사람들을 남녀 상관없이 학생(學生)으로 쓰는데 이는 평생 학문과 상관없이 살았어도 죽어서라도 공부하는 사람, 배우는 사람으로 불리고 싶은 소망을 담은 것으로 볼 수 있다.

이러한 배움에 대한 폭넓은 소망에도 불구하고 교육받을 기회는 제한적이었다. 여기에 개화기의 애국계몽운동, 교육구국운동, 일제 강점기의 실력양성론 등은 교육을 통한 개인적 · 국가적 힘의 배양만이 경쟁 속에서 살아남을 수 있다는 생각을 심어 주었다. 국권상실과 그로 인한 가혹한 식민지 시기를 경험한 한국인들에게 있어서 교육은 자기성장과 교양의 차원이 아니라 생존의 문제가 직결되는 것으로 여겨졌다. 뿐만 아니라 전통 사회의 붕괴와 일제 강점기, 미군정기를 거치면서 교육이 신분상승의 기회가 될 수 있다는 생각 역시 확고해졌다. 여기에 또 하나의 변수가 6 · 25 전쟁 동안의 '전시연합대학'이다. 대학생들의 경우 군대에 가지 않아도 되고 따라서 전쟁의 위협으로부터 벗어날 수 있게 됨으로써 교육은 곧바로 생존과 직결된다는 의식을 더욱 확고하게 만들었다.

미군정기에 이미 민주주의 국가체제를 채택하고 의무교육에 대한 제도적 장치들이 마련되었고 1950년부터 시행되었다. 이를 통해서 초등교육이 의무교육으로 되면서 일제 강점기까지 일부에게만 허용되었던 교육이 이제는 모든 국민들을 대상으로 하는 교육으로 전환되었다. 이후 교육기회의 확대가 지속적으로 이루어졌다. 중학교 의무교육은 1985년부터 도서 벽지부터 시행되기 시작하여 2001년에는 전국적으로 확대 실시되었다. 1945년 광복 당시 2,800여 개교에 136만이었던 초등학교 수는 1960년에는 4,600여 개교에 학생 수 360만으로 늘었으며, 의무교육연령 아동의 95%가 취학하였다. 중학생 수 역시 같은 기간에 97개교에서 1천여 개교로 학생수도 5만 정도에서 53만으로 급격히 증가하였고, 인문고등학교도 1960년에 350여개교에 15만 명 수용 규모로 증가하였다. 고등교육기관도 19개교 약 8천 명의 학생에서 63개교

10만 명으로 10배 이상 증가하였다(손인수, 1998b: 438). 이와 같은 과정을 통해서 현재는 중등교육의 의무교육이 거의 정착되었고 세계에서 가장 높은 대학진학률을 기록하고 있다.

대한민국은 이제 교육기회의 확대를 통한 교육의 민주화 부분에서 상당한 성과를 거두었다. 원하는 사람은 누구든 중등교육까지 큰 어려움 없이 교육받을 수 있는 권리를 누리고 있다. 높은 대학진학률이 보여 주듯이 고등교육의 기회 역시 타국에 비해서 넓게 열려 있는 편이다. 그런 점에서 현대 한국사회의 교육기회 면의 성과는 매우 크다고 말할 수 있다.

그럼에도 불구하고 교육기회의 확대를 통한 교육의 민주화와 관련해서는 여전히 여러 가지 과제들이 남아 있다. 여전히 유치원 과정의 의무교육체제가 갖추어지지 않고 있다. 초등교육과 중등교육은 아직까지도 선진국들의 평균에 비해서 두 배 가까운 과밀학급 상태에 있다. 대학교육에 있어서는 최근 문제되고 있는 높은 등록금 부담과 부실대학 문제 등 다양한 과제들이 남아 있다. 이러한 과제들에 대해서 꾸준한 관심을 가지고 체계적인 논의를 통해서 바람직한 방향으로 개혁해 나가는 노력들이 이루어져야 할 것이다. 지금과 같은 정치적 접근과 일순간 급격하게 증대되었다가 사라져버리는 관심으로는 이러한 거시적이고 복잡한 문제들을 제대로 해결할 수가 없기 때문이다.

#### (2) 민주사회 실현을 위한 교육의 공헌과 과제

4 · 19 유신반대운동, 1980년 서울의 봄과 광주 민주화 운동, 1987년 직선제 개헌 운동 등 현대 한국의 중요한 역사적 전환점들은 모두 민주화를 위한 저항과 관련이 있다. 이들 민주화 운동을 통해서 한국 사회는 한 걸음 더 민주사회로 나갈 수 있었다. 최근의 촛불집회 과정에서 드러난 국민들의 민주적인 의사표현과 이를 통한 평화로운 정권교체 역시 같은 맥락의 저항적 민주주의의 표현이었다. 그러면서도 그 과정에서 나타난 평화적 양상과 질서정연함은 대한민국의 민주주의가 매우 성숙한 단계에 도달하였다는 것을 보

여 준 사례라고 할 수 있다.

이들 민주화를 위한 저항의 바탕에는 미군정 이후 지속적으로 이루어진 민주주의 교육이 있었다. 한국 사회는 미군정기부터 민주국가인 미국의 정치 사회적 민주주의를 모방해서 새로운 국가사회 건설을 지향하였다. 특히 그 과정에서 당시 미국 사회의 주류 교육철학이던 진보주의 교육사조를 적극적으로 수용하여 새교육운동을 전개하기도 하였다.

비록 미군정 당시에는 민주주의에 대한 이해의 정도가 부족하고 널리 확산되지도 못하였던 것이 사실이나. 그러나 지속적인 민주주의 교육은 학생들과 그 교육을 통해 육성되고 사회로 진출한 한국인들의 내면에 민주주의에 대한 열망을 심어 주었다. 민주주의 교육은 한국의 학생들과 민주교육을 이수한 한국의 성인들에게 민주주의 사회 실현이라는 당위적인 꿈을 만들어 준 것이다.

그렇지만 한국 사회의 현실은 빠른 시간 안에 순조롭게 민주주의로 진행되지 못하였다. 오랜 봉건사회와 강압적 식민지 사회의 흔적이 견고하게 한국 사회의 구질서를 형성하고 있었기 때문이다. 다른 한편으로는 주권, 인권, 자율성과 책임 등 민주주의적인 가치와 기본 원리에 대한 이해 역시 부족했던 것이 사실이다. 결국 민주사회에 대한 열망과 현실의 비민주성 사이에는 커다란 격차가 만들어지게 되었다. 이와 같은 민주사회에 대한 열망과 비민주적인 현실 사이의 괴리는 저항적 형태로 표출되었다. 그것이 위에 언급한 여러 차례의 저항적 민주주의 운동들이었다.

저항적 민주주의 운동은 당연히 기득권을 가진 권력과의 충돌을 만들어 냈다. 그 결과 많은 이들이 희생되고 수많은 상처를 남긴 것도 사실이다. 그 과정에서 많은 학생들의 희생과 교수들의 해직, 강압적인 휴교 조치 등 교육적 단절들이 있었다. 그럼에도 불구하고 그러한 희생과 상처 위에서 한국의 민주주의는 한 단계씩 전진해 왔다.

대한민국은 세계 어느 나라에서도 찾아보기 힘들 정도로 빠른 민주주의적 발전을 이룩하였다. 그 바탕에는 앞서 살펴본 것과 같은 현대 한국 사회가 성취한 급격한 교육기회의 확대가 있었다. 교육기회의 확대를 통한 교육의 일반화는 곧 교육의 민주화를 의미하기 때문이다. 더욱이 대중화된 교육의 내용이 민주주의를 지향했기 때문에 오늘날 한국 사회의 민주적인 발전이 가능하였다고 할 수 있다.

그럼에도 불구하고 한국 사회는 물론이고 한국 교육의 민주화가 만족할 만한 수준이라고 할 수는 없다. 한국 교육을 둘러싼 비민주적인 요소들 중 가장 심각한 요소들을 꼽으라면 다음과 같은 몇 가지를 생각할 수 있다.

첫째, 국가 주도의 교육과 획일성에 기초한 경쟁이 초래한 비인간화이다. 우리 사회는 민주주의 체제로 반세기 이상을 지나왔지만 우리 교육은 여전히 국가 주도의 획일성을 벗어나지 못하고 있다. 오랜 민주주의의 역사를 지닌 국가들의 교육과는 달리 개인의 인권과 성장 그리고 완성을 추구하는 교육을 실현하지 못하고 있다. 그보다는 국가와 정권의 유지와 발전을 위한 목적이 우선된 경우들이 많다. 경제개발을 위한 발전교육론, 체제유지를 위한 반공교육, 독재정권의 존속을 위한 유신교육 등이 대표적인 경우이다. 이러한 국가 주도의 이데올로기들은 이제는 사라져 버린 과거의 것들이 아니다. 왜냐하면 여전히 국가 경제의 위기 극복과 국제경쟁에서의 승리를 일구어 낼 경제역군의 양성을 위한 교육을 요구받고 있기 때문이다. 특히 IMF 위기 이후에는 우리 교육에서 경제적 · 국가적 위기극복과 국제경쟁에서 살아남기 위한 새로운 인재 육성에 대한 요구가 더욱 커지고 있다. 초등학생들에 대한 영어교육 실시와 IT교육 등이 대표적인 예들이다. 그 와중에서 학생들의 인권과 개성과 흥미 등은 예전보다 더 축소되어 가고 있는 듯하다. 전인적인 교육과 학생들의 희망과 행복은 우리 교육에서 자주 이차적인 것으로 간주되곤 한다. 한마디로 국가와 경제에 대한 교육의 도구화, 예속화가 가속화되고 있다. 그 과정에서 학생들의 삶 역시 경제의 도구로 전락해 가는 느낌이다.

둘째, 자본주의 사회에 불가피하게 나타날 수밖에 없는 물질만능주의와 민주주의적 가치와의 충돌 문제이다. 민주주의와 자본주의는 광복 이후 우리 사회에 함께 도입되었다. 민주주의가 우리에게 익숙한 질서로 자리 잡지 못하고 있는 것처럼 자본주의 역시 우리사회에 맞는 모습으로 정착하지 못하고 있다. 이들 두 가지는 같이 도입되기는 했지만 서로 협력적인 관계는 아닌 것 같다. 오히려 서로가 상충하는 측면이 있다. 자본주의가 개인의 물질적 가치에 대한 추구와 부의 불균등한 소유에 기초하고 있는 데 반해서 민주주의는 평등을 그 핵심 가치 중의 하나로 내세우기 때문이다.

대한민국은 자본주의 경제체제를 기반으로 급격하게 성장해 왔다. 전후의 절대적 빈곤을 극복하고 이제는 세계 10위권의 경제 대국이 되었고 선진국 진입에도 가까워졌다. 그만큼 자본주의 체제가 가져다 준 혜택이 크다. 그러나 급격한 성장과정에서 많은 문제들이 만들어지고 해결되지 않고 있는 것 역시 사실이다. 정경유착, 자본의 집중, 노동자의 인권 문제, 최근 오랫동안 신자유주의 체제에서 더욱 심화되고 있는 부의 집중에 그에 따른 양극화의 문제 등이 그것이다.

경제우선주의와 국가경제를 위한 교육의 도구화는 결과적으로 비민주적인 교육을 낳을 수 있다. 그 과정에서 학생들의 인권과 행복은 무시되고 민주사회의 주인으로서의 민주주의 교육 역시 뒤로 밀려날 수 있다. 우리의 지난날의 교육뿐만 아니라 오늘의 교육현실에서도 그와 같은 교육의 도구화와 인간교육의 경시를 쉽게 찾아볼 수 있다. 그런 의미에서 쉽게 충돌할 수 있는 민주주의적 가치와 자본주의적 경제 질서 사이에서 민주주의적 가치와 인간중심의 교육을 고수하기 위해서는 교육의 중립성을 확립할 필요가 있다. 민주사회의 주인으로서의 학생들의 인권과 전인교육을 교육의 제일 가치로 확인하고 확립해 가는 것은 지금 이 시점에서 매우 중요한 우리 교육의 과제이다.

셋째, 식민지의 잔재를 청산하지 못하고 있다. 일제에 의한 식민지 시대는 조선시대보다 한층 더한 인권의 실종 시대라고 할 수 있다. 일제 치하에서 우리 민족은 주권을 박탈당했을 뿐만 아니라 천황을 신으로 숭배하기를 강요당하기까지 하였다. 그러한 식민지 시대의 비민주적인 잔재가 가장 많이 남은 곳 중의 하나가 학교라고 한다. 일제 강점기에 만들어진 '국민학교'라는 명칭이 사라진 지 얼마 되지 않았다. 가혹한 체벌과 무자비한 폭언들이 학교현장에서 여전히 근절되지 않고 있다. 이러한 요소들은 식민지적 요소들의 잔재라고 할 수 있다.

이와 같은 교육 내부의 비민주적인 요소들을 극복하고 학생 개개인의 인권과 개성이 존중될 수 있는 민주적인 문화를 가꾸어 가야 하는 것이 이 시대의 과제이다. 이를 위해서는 교육의 내용으로 민주주의를 지식으로써 가르치는 단계를 극복해야 한다. 민주적인 실천과 학생들을 존중하는 문화가 학교와 사회 안에서 만들어지고 그 안에서 성장할 때에 미래세대의 민주적인 시민들을 양성해 낼 수 있다.

### (3) 분단 현실과 평화와 통일을 위한 교육

우리 역사에 존재했던 여러 국가들의 공존과는 달리 현대의 남북한 대립은 서로 매우 다른 세계관에 기초한 정치 · 사회 질서를 가지고 있다. 그리고 이 두 개의 서로 다른 관점으로서의 이념의 대결은 어느 시대보다도 더 심한 갈등을 초래하였고 상호 교류를 가로막고 있다. 동족 간 전쟁의 상처는 아직 치유되지 않았고, 전쟁은 끝난 것이 아닌 휴전상태이다. 2010년의 천안함 사건이나 연평도 포격 사건 등은 이러한 위기적이고 준전시 상태의 남북대결을 분명하게 보여 주었다.

이와 같은 분단과 대결의 현실에 대한 교육적 이해의 관점은 일관되게 유지되어 온 것이 아니다. 분단과 곧이은 북한의 침략에 의한 6 · 25 전쟁은 자연스럽게 체제의 대결과 적대적인 감정으로 상대방을 바라보게 만들었다. 그래서 대한민국의 교육에서 1980년대까지는 대체로 반공교육의 관점이 획일적으로 교육을 주도하였다고 할 수 있다. 북한은 공산주의 이데올로기를 위해서 통일국가 건설을 방해하고 괴뢰정권을 세운 집단으로서 정상적인 국가로 인정받지 못하였다. 또한 남한을 공산화하기 위해 동족을 침략한 극악무도한 무리들로 이해되었다. 그래서 북한의 지배집단뿐만 아니라 북한 전체를 '붉은 괴뢰집단'이나 '빨갱이'로 묘사하고 적대적인 감정을 심어 주는 교육을 시행하였다.

이러한 관점은 1980년대 말의 민주화와 곧이은 남북정상회담 등의 화해 분위기에 따라서 상당 부분 변화되었다. 북한을 어느 정도 국가체제로서 인정하고 대화의 상대로 존중하려는 변화가 나타났다. 또 북한의 지배계층과 북한의 피지배계층을 분리해서 이해하려는 경향도 생겨났다. 한민족으로서의 동질성을 강조하고 동포애를 발휘해야 한다는 움직임들이 활발하게 전개되었다. 그 결과 남과 북 사이에는 교류와 협력과 대화들이 다양하게 이루어졌다.

두 가지 관점의 차이는 분단과 통일에 대처하는 방식에도 차이를 가져왔다. 반공의 관점에서 바라볼 때 통일에 대한 접근은 북한의 붕괴와 남한의 흡수통일을 당연하게 생각하였다. 이에 반해서 북한을 대화의 상대로 생각하는 새로운 관점에서는 '연방제'나 점진적인 교류확대를 통한 '일국가 이체제론' 등이 새롭게 제시되었다. 어느 것이 더 현실적인 방안이냐 하는 것은 우리 민족의 미래 역사와 관련된 일이며, 시대적 상황과 국내외적 여러 변인들이 함께 작용하는 복잡한 문제이다. 그러나 전체적인 흐름으로 보면 우리 교육은 반공교육의 관점을 벗어나서 점차 교류와 협력을 중요하게 생각하는 새로운 관점으로 남북관계를 이해해 가고 있다.

이와 같은 관점의 전환은 자연스럽게 평화교육이나 통일교육의 과제로 연결된다. 평화교육은 통일에 앞서 평화로운 공존에 대해서 이야기한다. 평화로운 공존이 아니라면 통일 역시 최고의 가치가 될 수 없기 때문이다. 그러므로 평화로운 공존은 통일에 앞서는 가치이며, 분단현실을 넘어 인간으로서의 기본적인 가치라고 할 수 있다.

통일교육은 오늘날 남북관계의 변화와 통일 가능성에 대한 구체적인 논의들이 전개되면서 더욱 필요성이 증가하고 있다. 그럼에도 불구하고 활발하게 논의되지는 않는 것 같다. 통일에 대비한 상호이해의 교육, 새터민의 한국사회체제에 대한 이해교육 및 정착교육, 통일 이후의 교육적 위기에 대한 대처방안, 남북한 주민의 상호통합문제 등이 중요한 통일교육의 과제들이 될 수 있다.

#### (4) 민족적 · 문화적 정체성의 문제

현대 한국 교육의 시작은 매우 힘겨운 과정을 밟아 왔다. 우선 어디에서부터 현대교육을 이야기해야 하는지조차 불분명하다. 일반적으로 20세기를 현대라고 생각하지만 우리의 경우 20세기는 제국주의 일본의 강압적인 식민지배와 함께 시작되었다. 우리가 주도하지 못한 역사, 우리의 것이되 진정으로 우리의 것이 아닌 역사로 20세기의 거의 절반이 지나갔다. 어렵게 맞이한 광복 이후에도 3년에 걸친 군정을 겪어야 했다. 그렇게 본다면 우리 손으로 직접 만들어 온 현대는 1948년부터 시작되었으며 이제 60년밖에 안 된 셈이다.

그러나 그 짧은 60년 동안에 한국 사회는 엄청난 변화를 겪었다. 갑작스럽게 찾아온 광복, 우리가 주도하지 못한 민족사의 새로운 출발, 분단과 전쟁으로 얼룩진 현대사의 출발이 우리의 현대사를 특징적으로 보여 주는 사건들이다. 그리고 최악의 상황에서 출발한 우리 민족의 현대사는 이제 선진국 진입이라는 성과를 눈앞에 바라보고 있다.

그 과정에서 우리 교육은 큰 역할을 담당하였다. 아무런 자원과 자본을 갖지 못한 채로 출발한 대한민국이 오늘날의 위치에 오르게 된 데는 교육의 역할이 가장 컸다는 평가들이 일반적이다. 앞서 살펴보았듯이 교육은 경제발전을 위한 인재들을 육성해 내었고, 민주주의 사회 건설을 위한 원동력을 제공하였다. 경제발전과 민주화라는 대한민국의 대표적인 성취들을 우리 교육이 일구어 내었다. 한마디로 오늘날 대한민국의 번영의 밑바탕에는 교육이 자리하고 있다. 현대 한국 사회에 미친 교육의 영향력은 결정적이라고 할 수 있다.

다른 한편으로 한국 근대의 출발점이 되던 시점과 지금의 우리 사회를 비교해 보면서 정체성의 문제를 생각해 보지 않을 수 없다. 우리의 근대화 과정은 일제 강점기와 군정이라는 커다란 두 가지 요인들이 작용하고 있다. 일제 강점기는 타율적으로 강요된 변화였고, 우리의 언어와 문화와 민족적 자긍심을 박탈당해야 했다. 강제적인 변화의 강요에 맞서 정체성을 지키려는 노력들이 끊임없이 이루어졌다. 그렇기 때문에 광복과 더불어서 우리는 우리의 말과 글과 민족적 정체성을 곧바로 되찾을 수 있었다.

이에 반해서 미군정 이후의 변화는 자발적인 변화의 노력이라는 특징이 있다. 우리에게 광복을 가져다 준 미국에 대한 우호적 감정과 발전된 서구세계에 대한 동경이 그러한 자발적 변화와 적극적인 서구화의 동인이 되었다. 새마을 운동과 급격한 산업화를 거치는 과정에서 발전과 근대화, 선진화 등의 긍정적인 개념들은 곧 서구적인 것과 연결되었다. 이에 반해서 전통적인 것은 구습이나 미신, 진부한 옛 것으로 간주되어 타파되고 잊혀져 갔다. 그와 같은 생각을 만들어 내는 데 있어서 교육이 기여한 바는 적지 않다. 우리는 교육 안에서 전통적인 것보다는 서구적인 것에 대해서 더 높은 가치를 부여한 것이 사실이다. 그 결과 더 많이 배울수록 더 서구화되고, 전통적인 것을 더 싫어하거나 이해하지 못하는 현상들이 나타나게 되었다.

이는 근대화와 합리화, 선진화를 가르치면서 동시에 서구화를 가르치고 그것에 높은 가치를 부여한 결과이다. 그 과정에서 전통적인 윤리와 문화와 관습들은 거의 명맥을 잃어 가고 있다. 이제 전통적인 요소들은 박물관이나 민속마을에서나 찾아볼 수 있는 유물이 되었다. 시간이 조금 더 흘러가면 전통을 가르치고 배우려 해도 그것을 이해하고 전달할 수 있는 사람들조차 찾기 힘들어질 것 같다.

우리 교육은 많은 것을 성취했지만 그 과정에서 우리의 문화적 · 민족적 정체성으로부터 많이 멀어져 온 것 역시 사실이다. 그 과정에는 자발적인 탈전통과 서구화의 노력이 있었다. 이제라도 그와 같은 과거의 그릇된 풍토를 반성하고 우리의 과거와 현재와 미래를 함께 생각하면서 문화적 · 민족적 정체성을 고려하는 교육을 만들어 갈 필요가 있다.

### (5) 새로운 시대적 변화와 교육적 과제들

오늘날 우리 사회는 또 다른 급격한 변화에 직면하고 있다. 새로운 변화와 거기에 동반되는 과제 혹은 문제들은 우리 교육에 또 다른 과제를 제시하고 있다. 그러한 변화들과 교육적 과제들 중에서 중요한 몇 가지를 정리해 보면 다음과 같다.

첫째, 최근 우리 사회의 변화 중에서 국제화는 가장 광범위하고 급격한 변화라고 할 수 있을 것이다. IMF 이후의 경제적인 개방과 그 이후 여러 나라들과의 FTA 체결 및 시행 등이 경제적 분야에서 국제화의 원동력이 되었다. 이와 함께 정부와 경제계를 중심으로 강력하게 추진한 조기 영어교육과 영어에 대한 지속적인 강조 역시 국제화를 앞당기는 계기가 되었다. 조기유학과 원어민 교사 영입, 해외 어학연수 등을 통해서 국제화는 매우 급격하게 진전되고 있다. 또 농어촌을 중심으로 한 동남아권 출신 여성과의 국제결혼과 그로 인한 다문화 가정의 증가, 중국의 경제적 성장, 해외여행의 증가 등으로 인해서 이러한 국제화가 더욱 가속화되는 경향을 보이고 있다. 여기에 더해서 우리나라의 경제적인 위상이 높아짐에 따라서 수많은 외국인 근로자들이 국내에 취업하면서 국제화는 더욱 복잡한 양상을 띠고 있다. 예전의 국제화가 주로 미국을 중심으로 하는 영어권 국가와의 관계를 의미했다면 이제는 세계 각지의 다양한 문화권과 인종을 포괄하는 국제화가 이루어지고 있다.

국제화는 곧 교육에 있어서의 국제적 소양의 배양이라는 과제를 낳게 되었다. 국제적으로 활동할 수 있는 능력의 배양이 일차적인 과제가 되었다. 영어 능력과 더불어서 제2외국어 능력의 배양이 오늘날에는 필수적인 요구 사항이 되었다. 이와 함께 국제적으로 활동할 수 있는 외국인과의 관계능력의 배양 역시 매우 중요한 일이 되었다. 이를 위해서는 외국어 구사능력뿐만 아니라 각국의 문화와 종교와 전통에 대한 이해를 포함하는 다양한 능력들이 함께 갖추어져야 한다.

국제적인 소양은 이제 외국에 나가서 활동하는 사람들에게만 요청되는 것이 아니라 일상적인 삶의 과제이기도 하다. 국내에 거주하는 외국인의 숫자가 수백만에 이르고 다문화 가정 또한 급격하게 증가하고 있기 때문이다. 넓은 의미에서는 탈북자나 중국동포 등 우리 민족 안에서도 국제적인 소양의 필요성이 점차 증가하고 있다.

최근 급격하게 진전되고 있는 국제화의 경향은 우리 사회에서 단일민족에 대한 개념의 변화로 나타나고 있다. 이제는 한민족의 단일성보다는 다양한 민족과 인종들이 함께 어울려 살아갈 수 있는 다문화 관련 능력의 배양이 우선시되고 있다. 우리 교육은 이러한 변화에 대응해서 공존의 능력을 배양하고 소통의 능력을 키워 가는 과제를 새롭게 갖게 되었다. 국제적 소양과 더불어서 다문화 교육이 이 시대의 중요한 과제 중의 하나로 급격하게 대두하고 있다.

둘째, 환경의 문제를 거론하지 않을 수 없다. 100년 이상 지속된 산업화의 영향으로 지구는 심각한 온난화의 위기에 처해 있다. 20세기까지만 해도 환경문제는 미래에 닥칠지도 모르는 경고의 수준이었고, 심각한 부작용들은 아직 뚜렷하게 가시화되지 않았었다. 그러나 최근 전 세계에 걸쳐서 일어나는 수많은 자연재해들은 온난화의 영향이 얼마나 빨리 그리고 심각하게 나타나고 있는지를 분명하게 보여 주고 있다. 우리나라의 경우에도 매년 여름마다 심각한 수해를 경험하고 있다. 여기에 최근 일본에서 일어난 원전사고 등은 인간이 지구에 미칠 수 있는 심각한 위협과 그 반작용을 분명하게 보여 주었다.

이와 같은 환경문제들은 교육에 대한 기존의 접근방식에 근본적인 전환을 요구하고 있다. 산업화 이후의 교육은 자연의 개발과 효율적인 사용, 지속적인 과학기술의 개발을 통한 산업화의 진전에 중요한 역할을 담당하였다. 그런데 이와 같은 개발과 사용에 초점을 맞춘 과학기술의 발전은 분명한 한계에 직면하였다. 지구의 자원은 한정되어 있고, 인간의 개발 행위들은 환경에 축적되어 결국 반작용으로 돌아온다는 것이 분명하기 때문이다.

이러한 생각에서 기존에 인간과 지구, 인간과 자연을 분리해서 인간을 주체적인 사용자로 생각하던 관점이 변화하였다. 이제는 인간과 지구의 관계를 중시하고 전체 지구의 환경 안에서 인간을 함께 생각하는 방식으로 전환되고 있다. 환경교육, 생태주의 등은 그러한 관점의 전환을 분명하게 보여 주고 있다.

그럼에도 불구하고 여전히 산업화는 진전되고 있고, 선진국의 문턱에 다가서 있는 우리나라의 경우도 마찬가지이다. 우리는 여전히 개발과 발전의 신화를 버리지 못하고 있다. 이와 같은 상황에서 미래를 내다보며, 미래사회의 주역들을 교육하는 입장에서 새로운 관점들을 적극적으로 도입하고 이를 미래세대에게 전달하는 작업이 매우 중요한 과제이다. 전체 안에서 자신을 바라보고, 자연과 인간의 밀접한 관계를 이해하며, 공존과 미래사회를 위한 보존을 함께 생각하는 교육에 대해서 더 깊이 생각하고, 프로그램을 만들고, 실천하는 노력들이 필요하다.

셋째, 통일교육 역시 우리교육의 매우 중요한 과제 중의 하나이다. 분단의 극복과 통일의 성취는 현재 우리민족에게 주어진 가장 중요한 과제라고 할 수 있다. 정전상태로 아직 전쟁이 완전히 종결되지 않은 분단현실은 많은 문제들을 초래하고 있다. 무엇보다도 전쟁의 위협은 우리의 생존을 항시적으로 위협하는 문제이다. 천안함 사건과 연평도 포격 등은 말할 것도 없고 북한의 핵과 미사일 개발에 따른 최근의 긴장 강화는 이와 같은 상황을 매우 분명하게 보여준다. 전쟁을 억제하기 위한 남북 간의 군비경쟁과 서로에 대하여 우위를 갖기 위한 노력은 다른 많은 분야들로 배분되어야 할 역량들을 위축시키는 부작용을 낳는다. 아마도 군비경쟁이 줄어든다면 남북 모두 복지와 교육 등에 더 큰 노력을 기울이고 그 결과 현재보다 훨씬 더 향상된 삶을 국민들에게 가져다 줄 수 있을 것이다.

긴장의 완화와 평화의 회복이 우리사회에 매우 절실한 문제인 만큼 통일을 위한 교육 역시 우리교육에 있어서 매우 긴요한 과제이다. 그렇지만 지난 분단의 세월 동안 우리교육은 북한에 대한 적개심과 공포감을 키우는 방향으로 노력한 것이 사실이며 지금도 적극적으로 통일을 대비하는 교육을 실시하고 있다고 볼 수는 없다. 이제는 통일을 대비하는 방향으로의 교육적 전환이 필요하다. 남북 간의 상호이해를 위한 교육, 가능한 한 빠른 시간 안에 남북교류를 통한 교육 분야의 협력과 교류 등이 이루어져야 할 것이다. 그 이전에 탈북민에 대한 교육과 탈북민과의 공존을 위한 교육 등도 통일교육과 관련된 교육적 과제 중의 하나이다. 이미 우리사회에 들어와 있는 이들과의 공존도 원활하게 이루어지지 못한다면 통일 후의 화합은 매우 힘들 것이기 때문이다. 그러므로 통일교육 안에는 평화교육, 공존을 위한 교육이 반드시 포함되어야 한다. 아울러 타자에 대한 이해와 공감능력의 교육도 통일교육과 관련해서 중요한 부분이 될 수 있다.

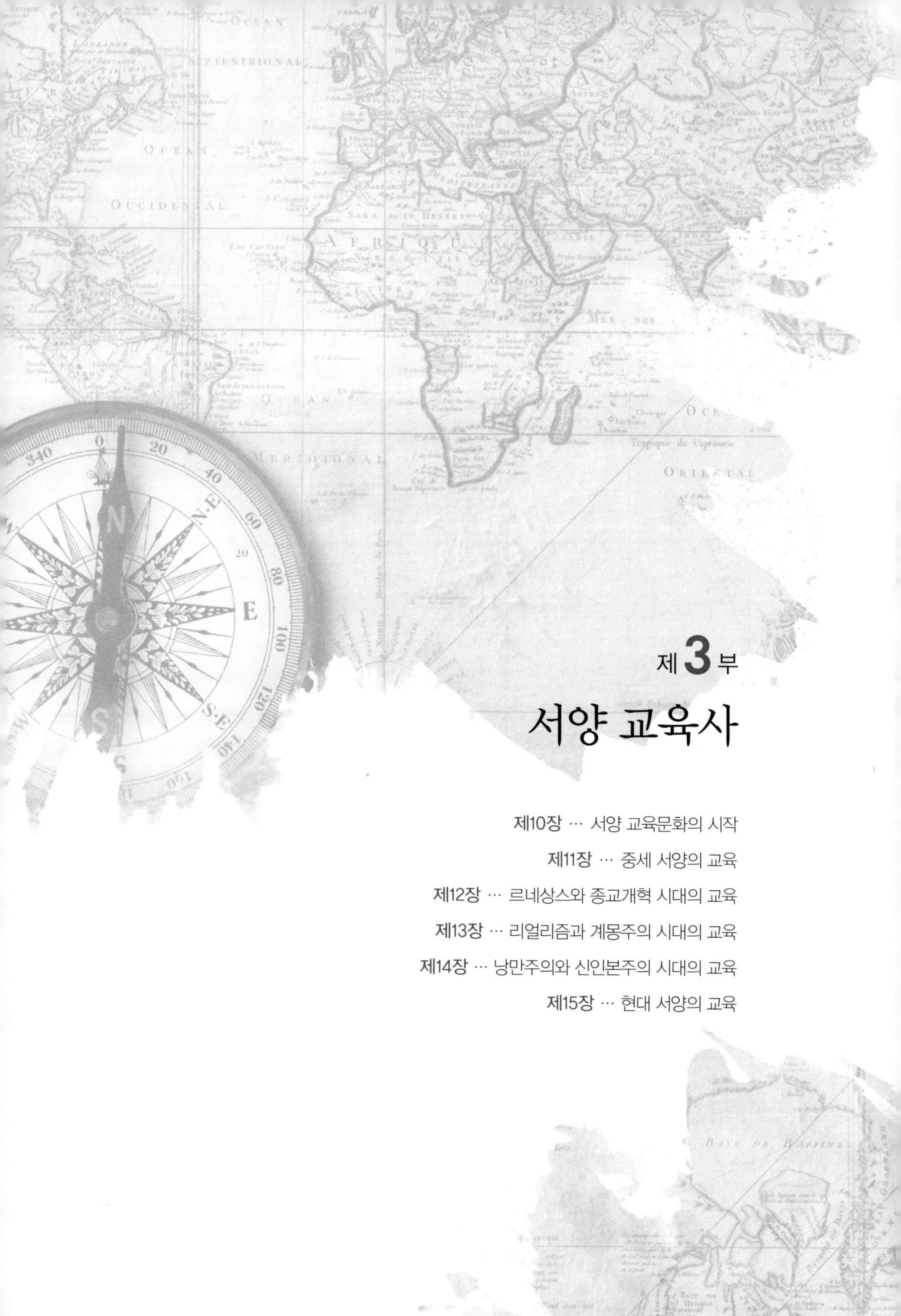

제 3 부

# 서양 교육사

# 제 10 장
# 서양 교육문화의 시작

## 1. 서양 교육문화의 두 근원: 그리스의 철학과 히브리의 종교적 전통

서양 교육문화는 두 개의 큰 뿌리에서 비롯되었다. 고대 그리스와 고대 히브리(유대)의 두 가지 전통이다. 두 근원은 서로 매우 다른 특징을 가지고 있다. 그래서 서양 교육문화의 역사를 돌아보면 이 두 근원 중 어떤 것이 더 큰 영향을 미치는가에 따라서 그 시대의 교육이 매우 다른 모습으로 전개되는 것을 알 수 있다. 두 근원 중 첫 번째인 고대 그리스는 철학적 전통이라고 간단하게 이야기할 수 있다. 두 번째 히브리에서 비롯된 뿌리는 종교적 전통, 곧 기독교적인 전통이다.

그리스의 철학적인 전통은 인간 중심적인 특징을 가지고 있다. 인간을 이성적인 존재로 이해하고 이성의 완성을 통해 인간의 완성을 추구하는 방향으로 발전해 갔다. 이성적인 존재로서의 인간이 세계의 중심에 서서 세계를 나름대로 이해하고 변화시키기를 추구하였다. 그 결과 다양한 이론과 사상이 움터 나고 그것에 기초해서 다양한 문화가 꽃피게 되었다. 따라서 그리스적 전통에 기초한 교육은, 첫째 인간 이성의 교육이다. 그다음으로는 인간이 꽃피운 다양한 문화적 전통에 대한 교육이다.

정치적 · 역사적으로 그리스적 전통은 민주주의의 근원이라는 점에서 세계사에 분명하고도 거대한 영향을 미쳤다. 오늘날 인류문명이 가꾸어 가고 있는 민주주의와 민주주의 교육의 뿌리로서의 그리스적 전통은 교육의 역사에서 서양문명과 교육의 뿌리를 넘어서서 전체 인류의 전통으로 자리매김하고 있다.

이에 비해서 히브리 문화에서 비롯된 종교적인 전통은 신 중심적이고 소극적이며 보수적이고 획일적인 특징을 갖는다. 유대교와 거기에서 비롯된 기독교에서는 인간을 절대적이며 유일한 창조자인 신의 피조물로 본다. 원래 신의 모습대로 창조된 인간은 세상의 중심에서 세상을 다스리고 번성할 권리를 가지고 있었다. 그러나 아담과 하와의 범죄 이후로 모든 인간은 그들의 타락에서 비롯된 원죄를 타고 태어나게 되었다. 인간은 죄 때문에 반드시 죽음에 이르게 되는 운명을 타고난 존재이며 죽음의 운명을 벗어나는 길은 다시 자신의 창조자인 하느님과의 관계를 회복하는 길밖에 없다. 따라서 히브리의 종교적인 전통에서 볼 때 모든 인간은 피조물이며 죄인이다. 이와 같은 인간이해에 기초할 때 교육은 필연적으로 자신의 창조자인 하느님을 알고 그 말씀을 따르게 하는 교육이다. 또한 죄인을 하느님께로 인도하여 다시 그 관계를 회복시키기 위한 활동이 된다.

기독교적 전통은 서양문명에 공통의 윤리적 기반을 제공하였으며 통합적 신앙적 뿌리를 형성하였다. 르네상스 이후 세속화가 지속되고 있지만 기독교적 전통의 뿌리는 여전히 서양문명과 교육의 정신적 뿌리로 작용하고 있다. 천주교 전래 이후 근대화 과정과 미군정 이후의 현대사에서 기독교는 매우 커다란 영향을 미쳤다. 특히 미군정 이후의 미국과의 긴밀한 관계 등으로 인해서 기독교적 전통과 그에 기초한 교육이 우리의 삶과 교육에서도 매우 중요한 정신적 근원 중의 하나로 작용하고 있다.

이 두 가지 전통은 오늘날까지 서양의 교육문화에 절대적인 영향을 미치고 있다. 때로는 그리스에서 비롯된 철학적인 전통이 더 강하게 드러나고 때로는 그 반대의 경향이 나타나기도 하였다. 그리스적인 전통이 강한 시대는 다양한 사상이 꽃피우고 인간 중심의 문화가 번성하며 문화적 활동이 풍성하게 이루어졌다. 대표적으로 그리스 · 로마 시대와 르네상스 시대를 꼽을 수 있다. 이에 반해서 종교적인 전통이 강한 시대는 인간적인 활동이 억제되고 종교적 교리에 대한 절대적 순종을 강조하였다. 따라서 사회문화적으로 보수성을 띠게 되고 자연스럽게 모든 인간적인 활동과 더불어 교육에 있어서도 창조적인 활동이 활발하게 전개되지 못하였다. 서양 중세의 교육에서 대표적인 예를 발견할 수 있다.

물론 이러한 구분은 이해를 돕기 위한 매우 단순한 구분이라고 할 수 있다. 교육의 역사에서 이 두 근원이 하나로 통합된 이후에는 어떤 하나의 근원만이 한 시대를 전적으로 지배한 시기는 없었다고 할 수 있다. 각 시대에는 언제나 두 가지 특징들이 모두 포함되어 있었다. 따라서 복합적인 성격을 각 시대의 교육 안에서 함께 확인할 수 있다. 우리는 각 시대와 그 시대의 교육문화를 이해할 때 이 두 근원적인 특징들이 어떻게 상호작용하는지를 살펴봄으로써 보다 분명하고 흥미롭게 그 시대와 교육을 이해할 수 있다.

## 2. 고대 그리스의 교육

### 1) 호머 시대의 교육

고대 그리스의 첫 번째 시대는 '호머(Homer)의 시대'이다. 이 시대의 역사가 호머가 쓴 서사시『일리아드』와『오디세이』안에 잘 나타나 있기 때문이다. 또한 이 시대는 다양한 영웅들이 이끌어 간 시대였기 때문에 '영웅과 무사의 시대'로도 일컬어진다.

이 시대는 영웅과 무사의 시대라고 할 수 있는데, 이는 당시의 시대적 상황과 깊은 관련이 있다. 당시 그리스와 주변 지역은 도시국가인 폴리스(polis)들로 나뉘어져 있었다. 각 폴리스들은 서로 경쟁관계에 있었고 또 이웃한 페르시아 등의 국가와도 잦은 전쟁을 치러야 했다. 전쟁에서 승리하면 국가와 자신의 생명을 보장받을 수 있지만 패배할 경우에는 죽거나 노예로 전락할 수밖에 없는 것이 당시의 상황이었다. 이와 같은 상황이 전쟁에서 승리를 가져다주는 강한 군인, 즉 영웅의 양성과 그들에 대한 찬양의 시대를 만들어 낸 것이다. 호머의 서사시에 등장하는 오디세우스, 아킬레우스, 헤라클레스 등의 다양한 영웅들에 대한 이야기는 이와 같은 시대적 상황 안에서 탄생한 것이다. 스파르타에서 어린아이들을 선별해서 좋은 군인이 될 수 없는 건강하지 못한 아이들은 동굴에 버렸던 전통 역시 이러한 시대적인 상황과 관련이 있다. 이처럼 도시국가의 구성원으로서 도시의 운명과 인간 개인의 운명이 같이 연결된 상태를 폴리스 이데올로기(Polis Ideology)라고 한다. 이는 극단적으로 집단중심적이고 국가 중심적인 세계관과 인간이해라고 할 수 있다. 국가 중심적인 인간이해에서는 개인의 가치와 운명이 국가에 대한 기여의 정도에 따라서 결정된다.

따라서 이 시대의 교육은 자연스럽게 영웅과 무사를 길러 내는 교육이었으며, 군인 양성을 위한 교육이었다. 교육의 내용 역시 좋은 군인을 양성하기 위한 내용으로 채워졌다. 체육과 음악이 주요 내용이었다. 체육은 신체의 단련과 함께 군사훈련을 포함하였다. 음악은 오늘날의 음악에 해당하는 내용과 함께 민족의 영웅적 서사시를 포함하였다. 체육은 신체의 훈련을, 음악은 정신의 도야를 담당하였다. 이는 곧 미와 선의 교육을 각기 의미하였다. 이를 합쳐서 '미선성(美善性)'의 교육이라고 한다. 미선성은 잘 다듬어진 육체가 정신적인 고귀함과 잘 어우러진 상태를 말한다. 그리스적 전통에서는 이처럼 육체적인 아름다움과 정신적인 고귀함이 함께하는 것으로 생각하였다.

### 2) 소피스트 시대의 교육

호머 시대의 교육은 군인, 영웅을 양성하기 위한 교육으로서 신체와 정신의 조화 안에서도 중심은 비교적 신체적인 측면에 기울어 있었다고 할 수 있다. 이와 같은 인간이해는 아테네를 중심으로 하는 비교적 확고한 정치적·군사적 안정과 그에 따른 평화 안에서 영웅의 필요성이 감소함에 따라서 점차 변화하게 되었다. 그 변화를 촉진하고 방향을 부여한 사람들이 소피스트(sophist)들이다.

소피스트들이 궤변론자라고 불리게 된 원인으로부터 그러한 인간관의 변화를 유추할 수 있다. 원래의 어의로 보면 소피스트는 '지혜로운 사람'을 의미하며, 실제로도 소피스트들은 초기에는 현자, 교사 등을 의미하였다. 그러나 아테네에서의 그들의 활동에 대한 후세의 평가에 따라서 궤변론자라는 평가를 받게 되었다. 이들을 현자에서 궤변론자로 만든 그들의 활동은 무엇인가?

첫째, 이들은 아테네에서 태어나고 성장한 사람들이 아니었다. 아테네의 시민이 아니라 그리스의 중심으로서의 아테네의 번영을 함께 누리고자 찾아온 이방인들이었다. 따라서 이들이 현자로서, 그리고 교사로서 베푼 가르침은 아테네의 전통과 역사와 규범과 일치하지 않는 측면이 많았다. 이와 같은 전통에 배치되는 가르침들이 훗날 아테네를 혼란스럽게 한 원인으로 간주되어 부정적인 평가를 낳게 되었다.

둘째, 소피스트들의 가르침의 주 내용은 말과 관련되어 있었다. 이들의 교육에서 중심 과목은 문법, 수사학, 변증법 등의 말이었다. 그중에서도 수사학과 웅변술이 가장 중요한 과목이었다. 이처럼 말이 중요하게 취급된 것은 이들이 아테네의 사회적, 정치적 현실에 발 빠르게 적응한 결과였다. 직접민주주의 체제였던 아테네에서 말을 잘하는 것, 웅변을 통해서 대중을 설득하는 것은 곧 정치 권력의 획득과 연결되었기 때문이다. 따라서 직업적 교사로서의 소피스트들이 생각하기에 가장 잘 팔릴 수 있는 교육의 내용은 말이었던 것이다. 그 결과 말은 그들의 중요한 판매품목이 되었다. 또한 무조건적으로 상대와의 언쟁에서 승리하는 방법에 치중함으로써 내용의 진위와는 상관없는 기교만의 말이 됨으로써 궤변이 되고 말았다.

이러한 소피스트들의 교육적 활동을 통해서 알 수 있는 것은 '말'이 인간과 교육의 이해에서 중심이 되었다는 점이다. 그리스어에서 로고스(logos)는 말이자 곧 이성을 의미하는 데서 알 수 있듯이 말의 숙련은 곧 이성의 발달을 의미했다. 말을 잘한다는 것은 곧 정신적으로 탁월하다는 것을 의미하였다. 따라서 소피스트들은 말의 발견과 말의 중심적 위치로의 고양을 통해서 그 이전인 호머 시대의 신체 중심의 인간이해에서 말과 정신 또는 이성 중심의 이해로 인간과 교육의 이해를 전환시킨 공헌이 있다.

또한 우리는 소피스트들의 활동을 통해서 이전의 국가 중심의 인간이해와 교육이해가 개인 중심으로 전환된 점을 중요한 공헌으로 확인할 수 있다. 호머 시대의 교육이 국가(폴리스)를 위한 전쟁영웅을 키워 내는 데 주력하였다면 이 시대의 교육은 개인의 정치적 출세를 위한 말의 숙련에 초점이 맞추어졌다. 이를 위해서 아테네의 부유한 부모들은 막대한 비용을 지불하면서(약 1만 달란트) 자신의 자녀들을 소피스트들에게서 교육받게 하였다. 더 이상 교육은 국가를 위한 일이 아니라 개인을 위한 일이 되었다. 이러한 변화 안에서 우리는 국가의 교육권을 개인의 교육권으로 전환하는 데 소피스트들의 활동이 커다란 역할을 수행했음을 알 수 있다.

소피스트들은 또한 교육의 역사에서 최초로 교육과정(Curriculum)의 개념을 도입한 사람들로 인정받고 있다. 앞서 보았듯이 이들은 문법, 수사학, 변증법 등의 과목들을 새롭게 개발하였고, 이를 정신의 훈련을 위해 사용하였다. 뿐만 아니라 이전부터 존재했던 체육, 음악, 수학 등의 과목들을 적극적으로 자신들의 교육에 수용하고 활용하였다. 전체적으로 보면 체육과 음악 등이 기초과목을 이루고 정신의 훈련을 위한 수사학, 변증법(웅변술)이 최종적인 과목의 위치를 차지하는 교육과정의 개념이 만들어지게 되었다. 소피스트들이 완성한 이러한 일반적이고 정신적인 기초 교육을 엔키클리오스 파이데이아(enkyklios paideia)라고 한다. 소피스트들은 이와 같이 기초과목에서 시작해서 고급과목에서 끝나는 일련의 과정으로서의 교육과정을 최초로 구상하고 실천하였다. 이를 통해서 탁월한 정신능력을 갖춘 자유 시민을 양성하고자 하였다. 소피스트들이 만들어 낸 교육과정은 로마를 거쳐 중세의 스콜라 학파에 계승되면서 7자유교과(Septem artes liberales)로 발전되고 서양 교육의 기본교육과정의 토대가 되었다.

소피스트들은 흔히 교육의 역사상 최초의 직업적인 교사로 알려져 있다. 그런데 소피스트들이 최초의 직업적인 교사라는 것은 다른 의미로는 그들이 교육이라는 직업을 만들어 내었음을 의미한다. 소피스트 이전에 교육은 가정의 일이었으며 또한 국가의 일이었다. 교육은 따라서 비형식적이거나 국가의 관료조직 혹은 군대조직 안에서 다루어졌다. 소피스트들은 이와 같은 비형식적이거나 혹은 국가인재양성을 위한 활동으로서의 교육을 독립된 영역으로 분리해 내었다. 따라서 소피스트들은 전문적이고 직업적인 활동으로서의 교육을 시작했다. 이를 통하여 전문적인 활동으로서의 교육의 형식을 만들어 낸 것으로 평가할 수 있다(오인탁, 2001a: 82-103).

### 3) 철인들의 시대

그리스의 역사에서 소피스트의 시대에 뒤이어 나타난 시기를 철인들의 시대라고 한다. 서양철학의 근원이 되는 철학적 기초가 이 시대에 마련되었다. 특별히 소크라테스, 플라톤, 아리스토텔레스로 이어지는 철학적 전통은 철학뿐만 아니라 교육학적으로도 매우 중요한 토대를 마련하였다. 이들의 사상을 통해서 이성 중심의 인간이해가 분명하게 자리 잡았고 이후의 교육에서는 이성의 도야가 최고의 위치를 차지하게 되었다. 또한 플라톤의 관념론, 아리스토텔레스의 실재론은 인간과 교육을 이해하는 기본적이고 가장 영향력 있는 관점으로서의 위치를 차지하고 있다.

소크라테스

(1) 소크라테스

교육의 역사에서 소크라테스(Socrates, BC 469~399)가 차지하는 위치는 각별하다. 인류의 스승으로서의 아름다운 삶뿐만 아니라 이성 중심의 인간이해를 확고한 위치로 올려놓은 점에서 커다란 의의를 갖는다.

소크라테스는 자신의 죽음을 앞두고 친구들에게 자신이 죽는다고 슬퍼하지 말라고 말하면서 자신이 "신들에게로 간다는 것에 대해서는 다시 없이 굳은 확신"을 가지고 있다고 이야기하였다.(Plato, 『파이돈』 63 b-c). 죽음을 앞둔 순간에 그가 한 말을 통해서 알 수 있듯이 그는 일생 동안 이성에 입각해서 살았고 이성을 절대적인 기준으로 삼았다. 또한 그는 죽음의 순간에 삶 저편의 보다 나은 세계를 언급함으로써 현실 너머의 이상 세계의 존재를 확신하고 있음을 보여 준다.

이러한 그의 말과 삶, 죽음을 통해서 우리는 소크라테스가 이성을 인간성의 가장 고귀하고 절대적인 요소로서 파악하였음을 알 수 있다. 앞에서 보았듯이 신체 중심의 이해로부터 정신의 가치를 더 높이 평가하는 인간관으로의 전환에는 소피스트들의 공헌이 크다. 소크라테스는 소피스트들이 말의 발견과 함께 발견한 정신 혹은 이성을 인간의 본질에 있어서 절대적인 가치로 올려놓았다. 따라서 호머 시대의 미와 선의 조화에서 볼 수 있는 바와 같은 미적 이해와 미적 교육은 소피스트를 거쳐 소크라테스에 이르면 이성의 절대화와 함께 상실되고 만다. 그의 못생긴 외모 안에 담겨진 고귀한 영혼, 이성에 근거한 삶의 발자취와 그 공헌으로 말미암아 미와 선은 함께 간다는 그리스적 인간이해, 신체와 정신의 탁월함은 함께한다는 이해가 무너져 버렸기 때문이다.

소크라테스에게서 우리는 학생을 도와주는 사람으로서의 교사의 모습을 발견할 수 있다. 소피스트들의 교육이 가르침을 베푸는 자, 지식의 전수자의 모습을 보여 주었다면 소크라테스는 조력자적인 교사이다. 그는 스스로 "나는 모른다."라고 말한다. 또한 "나는 내가 모르는 것을 안다. 그렇지만 소피스트들은 알지 못하면서도 안다고 한다."그래서 그는 "자기 자신이 모르는 것을 알고 있기 때문에 현명한 자다."라고 말하였다(Plato,『소크라테스의 변명』 21d).

여기에서 보듯이 그는 아는 것이 없는 사람이었다. 아는 것이 없기에 가르칠 수 없었다. 다만 다른 사람들이 알지도 못하면서 안다고 생각하는 것을 그는 꿰뚫어 볼 수 있었으며, 그러한 잘못된 생각을 날카롭고 끈질긴 질문을 통해서 파헤쳐서 보여 주곤 하였다. 영혼 속에 잠자고 있는 진리를 일깨우는 것이 그의 교육목적이었다.

그의 방법을 산파술로 부르는 것도 같은 맥락이다. 산파는 스스로 낳는 자가 아니라 이미 잉태되어 있는 아기를 쉽게 낳도록 돕는 사람이다. 소크라테스도 지식을 자신 안에 가지고 있는 사람이 아니다. 그는 스스로 무지하다고 말한다. 다만 그는 다른 사람 안에 감추어져 있는, 태어나기 전에 이미 가지고 있었으나 잊어버린 지식을 다시 기억해 낼 수 있도록(상기설) 도와주는 사람이다. 우리는 여기에서 지식을 주는 사람으로서의 교사가 아니라 스스로 성취해 가는 학생들의 삶을 위한 충실한 조력자로서의 교사의 모습을 발견한다.

교육을 진리를 일깨우는 과정에 있어서의 도움으로 이해한 소크라테스의 방법 역시 특징적이다. 그는 대화를 통해 교육하고자 하였다(대화법). 반어법, 대화술, 산파술 등이 여기에 속한다. 이 방법의 핵심은 교사의 일방적인 지시 전달이 아니라, 교사와 학생의 대화로 진리에 공동으로 도달하는 것이다. 그의 대화법은 상대방과의 대화를 통하여 하나하나의 개념을 정확하게 정의하고 이를 통하여 보편적인 진리를 향해 나아가는 길을 취하였다. 그는 이와 같은 끊임없는 질문과 토론의 과정을 통해서만 진리에 도달할 수 있다고 하였다.

플라톤

### (2) 플라톤

소크라테스의 제자인 플라톤(Platon, BC 427~347)도 스승과 마찬가지로 이성 중심의 인간이해를 강조하였으며, 이성의 계발을 교육의 중요한 과제로 설정하였다. 플라톤은 개인과 국가가 같은 구조를 가지고 있다고 생각하여 개인을 작은 글씨, 국가를 큰 글씨로 비유하였다. 개인 안에서 각각의 기능들이 잘 발휘되고 조화를 이루어야 하듯이 국가 역시 각각의 구성요소들이 제 기능을 발휘하고 조화를 이룬 상태가 이상적인 모습이라고 보았다. 인간에게는 욕망, 기개, 이성이라는 속성이 주어져 있으며 이들 각각의 속성들은 또한 각기 절제, 용기, 지혜의 덕으로 인도되어야 한다. 국가에 있어서도 마찬가지로 욕망, 기개, 이성의 속성을 더 많이 타고난 계층이 있으며 이들 계층들은 그에 합당한 덕을 갖추어야 할 필요가 있다. 이들 각각의 속성 혹은 그 속성을 가진 계층들이 그에 합당한 덕을 갖추어서 서로 조화를 이룬 상태를 정의로운 상태라고 한다. 그러므로 정의는 전체에 관련된 덕이다. 이는 개인과 국가에 있어서도 마찬가지이다. 따라서 이상적인 국가는 인간 개개인의 영혼과 국가 공동체 생활의 질서가 동일한 법칙에 의해 체계적으로 조직되고 조화롭게 유지되는 국가를 말한다. 이를 표로 나타내면 〈표 10-1〉과 같다.

이러한 인간이해 및 국가이해는 그의 이원론적인 이데아론과 연결되면서 독특한 교육체계를 만들어 내었다. 플라톤은 세계를 이해하면서 현실세계와 그와는 완전하게 분리되어 있는 이데아의 세계(이상 세계)를 분명하게 구분하였다. 이 두 세계 중에서 이데아의 세계가 참된 세계이며 현실 세계는 실체가 없는 허구로서 이데아의 그림자에 불과하다. 그러므로 교육의 목표는 참된 세계인 이데아의 세계를 아는 데 두어야 한다. 다시 말해서 진리를 아는 것이

**표 10-1** 플라톤의 인간과 국가에 있어서의 덕

| 덕 | 인간 | 국가 |
|---|---|---|
| 지혜 | 이성 | 통치자 계급 |
| 용기 | 기개 | 전사 계급 |
| 절제 | 욕망 | 생산자 계급 |
| 정의 | 각각의 속성에 합당한 덕을 갖추어 조화를 이룬 상태 | |

절대적인 교육의 목표이다. 진리를 알기 위해서는 인간 안에 주어진 이성을 잘 계발해야 하는데 이러한 이성의 계발을 위한 과정이 그의 교육과정이다.

이성의 계발을 위한 과정으로서의 교육과정은 다음과 같은 5단계로 구분된다(오인탁, 2001a: 334).

약 50세 4차 선발 → 통치자

5단계 2차 실습교육 철학적 문답법(변증법)

약 30세 3차 선발 → 장교, 중간 관리직

4단계 전문교육 문법/수사학, 산수/기학 I /기하 II/천문학/화성학, 철학적 문답법(변증법)

약 20세 2차 선발 → 군인

3단계 1차 실습교육 군사훈련

약 16세 1차 선발 → 생산자

2단계 기초교육 체육과 음악, 실용적 지식

약 10세

1단계 예비교육 체육과 음악

약 7세

이와 같은 과정을 거쳐서 최종 단계에 도달한 사람들이 철인이 된다. 철인은 이성의 훈련을 통해 이데아를 볼 수 있게 된 사람을 말한다. 오직 철인만이 진리의 세계인 이데아를 보았기 때문에 이들이 리더가 되어야 한다. 진리를 아는 사람으로서 그렇지 못한 다른 사람들을 위해 봉사하고 국가를 통치하는 것이 마땅하다는 것이다. 그래서 철인들은 결혼도 하지 않고 오직 국가를 위한 봉사에만 전념하도록 해야 한다는 것이다. 이것이 플라톤이 주장한 철인왕의 개념이다. 그러므로 플라톤에게 있어서 교육과 통치는 하나로 연결된 과정이다.

플라톤의 이원론적인 이데아론은 교육의 역사에서 이성에 대한 절대적인 권위를 부여한 인간관의 완성이었다고 말할 수 있다. 그는 허구의 세계와 참된 세계를 구분하는 이원론적 체계를 만들었고, 참된 세계를 파악할 수 있는 유일하고 절대적인 능력으로서 이성을 부각시켰다. 그 과정에서 이성을 훈련할 수 있는 과목으로서 철학적 문답법(변증법)의 가치 역시 절대적인 것으로 강조되었다.

이러한 그의 교육관은 국가관과 그대로 연결되어 있다. 그래서 그의 철인양성 교육과정은 곧바로 철인왕의 양성과정이다. 그의 교육론은 그래서 정치철학과 국가론을 담고 있는 책『국가(Politeia)』안에 서술되어 있다. 그래서 플라톤은 국가를 위한 교육, 국가에 의해 주도되는 교육의 이론적 기반을 만들었다는 평가를 받는다. 남자와 여자를 모두 포괄하는 전체 국민에 대한 동등한 교육을 주장하여 국민교육의 제창자로서 평가되고 있다. 반면에 개인의 교육을 국가의 교육의 틀 안에서 이해하여 전체주의 국가, 전체주의 교육의 이론적 토대를 제공하였다는 비판도 받고 있다.

### (3) 이소크라테스

이소크라테스(Isokrates, BC 436~338)는 플라톤과 동시대 사람으로서 마찬가지로 소크라테스의 제자이다. 플라톤과 이소크라테스는 당시의 아테네가

이소크라테스

처한 현실에 대해서 공통의 문제의식을 가지고 있었다. 소피스트들에 의해서 아테네의 좋은 역사적인 정신적 전통이 타락했다는 것이다. 새로운 아테네 건설을 위한 방법론으로서 플라톤은 이상적인 국가의 건설을 꿈꾸었고 이소크라테스는 전통으로 돌아가서 아테네의 청년들을 건전한 통치자로 양성하는 길을 택하였다. 그는 수사학을 통해서 아테네 청년들을 교육하였다.

그는 수사학을 단순한 아름다운 문장이나 타인을 설득하기 위한 웅변술로만 생각하지 않았다. 오히려 형식적인 도야의 수단을 넘어서서 윤리 · 도덕적이고 절대적인 자질과 능력을 부여하기 위한 인간 교육의 핵심 통로로 생각하였다. 그의 수사학은 타인을 설득하기 위한 언어의 기술이면서 동시에 진리를 담아내는 그릇이 되는 것을 추구하였다. 이를 위하여 수사학의 내용 안에 아테네의 전통과 더불어서 윤리적 · 도덕적 가치들을 반영하기 위해서 노력하였다.

그가 플라톤에 5년 앞서 설립한 수사학 학교는 플라톤의 아카데미아에 비해서 당대에 더욱 큰 성공을 거두었다. 이소크라테스의 학교를 통해서 당시의 중요한 정치가들과 지도자들이 많이 배출되었다. 뿐만 아니라 수사학은 그리스와 그리스 문화를 수용한 로마와 중세에도 가장 중요한 과목으로서의 위치를 차지하였다. 지금까지 중등교육과 고등교육의 과목으로서 확고한 위치를 가지고 있으며, 이소크라테스는 그러한 수사학의 아버지로 평가되고 있다.

### (4) 아리스토텔레스

플라톤의 제자 아리스토텔레스(Aristoteles, BC 384~322)는 플라톤의 이데아론을 계승하면서도 그것을 변형시켜 자신만의 체계를 창조하였다. 그도 플라톤과 마찬가지로 현실 세계 밖에 존재하는 이데아를 인정하고 그것을 아는 것이 최고의 행복이며 교육의 궁극적인 목적이라는 점을 인정한다. 그러

아리스토텔레스

면서도 플라톤과 같이 현실과 이데아를 완벽하게 분리된 두 세계로 보지는 않는다. 오히려 그는 현실과 이데아가 하나로 연결되어 있다고 주장함으로써 일원론적인 세계관을 보여 준다. 이데아는 현실 밖의 이상의 세계에만 존재하는 것이 아니라 현실 안에도 부분적으로 포함되어 있다.

이와 같은 생각은 '질료-형상론'을 통해서 보다 구체적으로 표현되었다. 개체는 질료와 형상으로 구성되어 있는데 형상은 이데아이며 사물의 본질에 해당한다. 본질로서의 형상은 그 자신의 고유한 형태를 실현하려고 하는 힘이다. 질료는 재료에 해당한다. 세계는 맨 아래층에 순수한 질료가 있고 맨 꼭대기에는 순수한 형상으로서의 신이 존재하는 일원적인 구조이다(오인탁, 2001a: 424). 그렇기 때문에 눈에 보이지 않는 이상의 세계를 보기 위해서 노력하기보다는 현실 안에서 이데아를 찾는 것이 더 쉬울 수 있다. 이러한 생각에서 아리스토텔레스는 생물학을 비롯한 자연과학과 더불어서 정치학, 윤리학 등의 현실 세계와 관련된 학문들도 중요하다고 하였다. 그에 의해서 고대 그리스의 철학은 이상의 세계, 관념의 세계에서 벗어나서 다시금 현실과 연결되었다.

아리스토텔레스에 의하면 인간은 식물이나 동물들과는 다른 존재이다. 인간도 식물적 영혼이나 감각적 영혼을 가지고 있다. 그러나 식물과 동물이 지닌 힘에 더해서 정신의 능력이 있기 때문에 정신적 존재로서 특별하다. 그러므로 정신적 존재로서의 이성이 인간을 인간답게 하는 진정한 본질이다. 이러한 이성을 사용해서 정신적으로 관조하는 삶을 최고의 목표로 한다는 점에서 스승 플라톤을 계승하고 있다. 그러면서도 그는 실천적 삶의 중요성을 함께 이야기한다. 정신적 관조는 실천적 삶 속에서 실현되어야 하기 때문이다.

이와 같은 인간이해를 가지고 있기 때문에 교육에 있어서도 단순히 이성의 훈련만을 강조하지는 않는다. 그는 자연, 습관, 이성의 조화를 이야기하였다. 타고난 자연으로서의 신체를 제일 먼저 배려하고 다음으로는 영혼을 위한 습관의 교육이, 마지막으로 정신을 위한 이성의 교육이 실시되어야 한다는 것이다. 이들 셋이 조화를 이룰 때 그가 목적으로 하는 사회적 인간으로서의 도덕성을 갖춘 시민의 양성이 가능하다고 보았다(정영근, 1996: 197).

그가 도덕적 삶을 강조한 것은 인간을 '정치적 동물'로서 사회적인 존재로 보았기 때문이기도 하다. 인간은 국가라고 하는 공동체 안에서 태어나며 그 안에서 생활하고 공동체를 보존하고 발전시킨다. 따라서 개인의 행복을 위한 교육뿐만 아니라 공동체를 위한 교육도 필요하다. 이것이 그가 공동체적 인간의 윤리를 강조한 배경이기도 하다.

아리스토텔레스는 그의 스승과는 달리 철인이라는 소수를 최고의 정점으로 하는 교육을 구상하지는 않았다. 그는 일차적으로 도덕적인 시민의 양성을 지향했으며, 또 모든 사람들을 진리를 관조하는 최고의 행복으로 이끌어 가고자 하였다. 이와 같은 점에서 그의 교육사상은 스승 플라톤과는 다른 차원으로 확장되었다고 할 수 있다.

아리스토텔레스의 사상은 중세 후반의 스콜라 학파를 거쳐 르네상스 이후의 서양철학에 매우 폭넓은 영향을 미쳤다. 특히 그의 현실 세계 및 자연과학에 대한 관심은 코메니우스와 루소를 거쳐 현대 교육학의 자연주의적 경향에 큰 영향을 주었으며, 이성 중심의 경향은 중세의 가톨릭 철학을 거쳐 현대의 항존주의 등에서 여전히 영향력을 발휘하고 있다.

## 3. 헬레니즘 시대의 교육

### 1) 헬레니즘 문화

헬레니즘이란 용어는 역사가 드로이젠이 그리스어로 원래 그리스인 자신을 지칭하던 Hellēn에서 따온 말이다. 헬레니즘의 탄생은 알렉산더에 의한 대제국 건설의 결과라고 말할 수 있다. 알렉산더의 마케도니아 왕국에 의한 페르시아의 정복은 서남아시아에서 고대 이집트에 이르는 대제국을 만들어 내었다.[1] 그리스 문화와 언어가 그리스인 지배자들과 함께 제국의 전역으로 퍼져 나갔으며, 반대로 헬레니즘 왕국들은 정복 지역의 토착 문화의 영향을 받아들이게 되었다. 헬레니즘 문명은 고대 그리스 세계와 중동 및 서남아시아의 문화가 융합된 산물이었다.

헬레니즘은 그리스 시대에 이어서 등장한 시기이면서 로마보다 앞서 등장한 시기이다. 그러므로 헬레니즘의 큰 의의는 그리스 문명을 로마로 전해 주는 교량적인 위치에 있다. 이렇게 생겨난 헬레니즘 문명은 고대 그리스 문명을 유럽의 공통적 문명으로 연결시켜서 장차 서구 전체의 공통문명이 될 수 있는 기초를 마련하였다.

헬레니즘이 이러한 역할을 할 수 있었던 것에는 몇 가지 요인이 있다. 첫째, 여러 헬레니즘 왕국들은 공통적으로 그리스 문화의 보존에 큰 관심을 기울였다. 그 결과 그리스적인 것이 헬레니즘의 영향 아래 있던 여러 정복국가로 자연스럽게 퍼져 가고 보존되었다. 후에 로마에 정복당한 후에도 이와 같이 잘 보존된 그리스적 문화가 로마로 계승되면서 로마 역시 그리스화되었다. 둘째, 여러 헬레니즘 국가들은 그리스적 요소의 보존에 힘쓰면서도 정복 지역의 사람들에게 배타적이지 않았다. 알렉산더의 정신에 따라서 그들은 페르시아와 기타 지역의 사람들과 혼인관계를 맺고 관료와 군인으로 등용하였다. 이와 같은 정책이 그리스적 요소가 쉽게 피정복 지역에 전파되는 데 좋은 영향을 미쳤다.

---

1) 헬레니즘에 속하는 왕국들로는 마케도니아, 안티고노스, 프톨레마이오스, 셀레우코스, 아탈로스 왕조가 있다. 이들은 모두 알렉산더의 정복지에 그의 부하 장군들이나 그 후예들에 의해 건설되었으며, 그리스인이라는 자기 정체성과 그리스 문명을 공유하여 그리스 문화의 확산에 기여하였다.

**[그림 10-1]** 알렉산더의 원정과 헬레니즘의 영역

## 2) 헬레니즘 시대의 교육

여러 헬레니즘 국가들에서는 그리스의 영향으로 교육과 문화가 발달하였다. 특히 고등교육기관이 발달하였는데 아테네는 고등교육의 중심지였다. 아테네에는 여러 도서관이 설립되어 운영되었고 철학과 수사학이 발달하여 널리 명성을 떨쳤다. 알렉산드리아는 아테네 다음으로 중요한 중심지였는데 알렉산드리아 도서관은 70만여 권의 장서를 소장했다고 한다. 페르가몬에는 알렉산드리아 도서관 다음으로 많은 20만여 권 규모의 도서관이 있었으며 도서 출판의 중심지가 되었다. 로도스 섬은 정치·외교 분야의 교육으로 유명했다. 그 교육과정에서는 논증능력의 훈련 및 형이상학과 윤리학 등이 주로 다루어졌다. 또 지적 혁신보다는 백과사전적인 박학과 문화를 보존하는 데 관심이 있어서 고전적인 학문을 체계화하고 목록화하여 가르치는 데 주목하였다.

## 4. 로마의 교육

### 1) 로마의 역사적 위치

교육의 역사에서 로마가 차지하는 위치는 매우 크다. 앞서 언급한 서양 문화와 교육의 두 가지 뿌리가 로마 시대에 하나로 합쳐져서 오늘날까지 이어지고 있다. 정복국가였던 로마는 현재 유럽에 해당하는 지역 대부분과 이집트 및 중동지역을 자신의 영토로 만들었고 오랜 기간 동안 이 지역을 통치하였다. 오랫동안 로마의 영향이 그 정복지에 미쳤다. 그 과정에서 그리스 문화를 계승한 로마의 전통이 유럽 전체의 전통으로 자리 잡게 되었다. 여기에 기독교가 전파되어 로마의 국교로 공인되면서 두 개의 정신적인 뿌리가 하나로 합쳐지고 유럽 전체로 퍼져 나가 공통의 전통을 만들어 내게 된 것이다. 그러므로 오늘날 서양 문명의 공동의 뿌리는 로마로 거슬러 올라간다고 이야기할 수 있다.

### 2) 공화정 시대의 교육

로마는 초기에는 왕정이었으나 곧 공화정으로 바뀌었고 기원전 27년에 로마제국이 탄생하였다. 로마는 기원전 146년에 그리스를 정복하였고 그때부터 본격적으로 그리스의 영향을 수용하여 변화하기 시작하였다. 그러므로 공화정 기간 동안은 대체로 로마 고유의 성격을 유지하였다고 볼 수 있다.

공화정 시기의 로마교육은 실용성을 특징으로 하였다. 애국적이고 건강한 시민을 양성하는 것을 목적으로 하였으며, 구체적으로는 선량한 시민, 군인, 노동자를 양성하는 것을 목표로 하였다. 이를 통해서 선량한 시민이자 애국적이고 용감한 군대를 강하게 양성하고자 하였다. 로마의 교육은 실제적 생활을 통한 훈련을 통해 이루어졌는데, 교육의 내용은 초보적인 읽기, 쓰기, 셈하기와 12동판법[2] 및 체육이 중심이 되었다. 12동판법은 시민권을 얻기 위한 훈련이기도 하였으므로 매우 큰 비중을 차지하였다.

초기 로마의 교육은 가정을 중심으로 이루어졌다. 부모가 자녀의 교육을 책임지고 가정에서 실생활을 통해서 교육하였으며, 때로는 포로로 잡혀 온 지식인 노예들이 교사 역할을 수행하였다. 소년들은 아버지를 모방하고 소녀들은 어머니를 모방하여 배웠다. 부모로부터 고대 로마의 영웅이나 위인들의 이야기를 듣고 그들을 모범으로 삼고자 하였다. 또한 소년들은 아버지를 따라 종교와 정치활동, 사교활동 등의 사회생활을 하며 실제적인 경험을 통해서 배웠다. 읽기, 쓰기, 셈하기 등의 교육도 가정에서 이루어졌다. 귀족의 자제들은 16세가 되면 유력 정치인 밑에서 정치를 배웠으며 17세부터는 군대에서도 활동했다.

### 3) 제정 시대의 교육

제정 시대의 로마에서는 강력한 황제가 통치하는 1인 지배체제가 확립되고 공화정은 몰락하였다. 문화적으로는 그리스 문화가 수입되어 사회 전반에 강력한 영향을 미쳤다. 타렌토 전쟁(BC 282~272)과 포에니 전쟁(BC 264~241)을 통해서 수많은 교육받은 그리스인들이 전쟁포로나 노예 혹은 상인으로 로마로 왔으며, 이들을 통해서 그리스적인 전통이 로마에 빠르게 전파되었다. 기원전 200년부터 로마가 그리스를 전적으로 장악하게 되면서 이러한 경향은 더욱 심화되었다(Reble, 1999: 57).

교육 역시 그리스적인 학교교육 제도를 수용하여 변화하게 되었다. 교육

2) BC 5세기 무렵의 로마 성문법, '12표법'이라고도 한다. 귀족들의 독점적 권력에 대항한 평민들과의 타협으로 만들어졌다. 소송법, 가족법, 공법, 종교법, 거래법 등을 포함하였다.

의 중심 역시 부모가 주도하는 가정교육에서 학교로 이동하게 되었다. 그리스의 전통을 계승하여 지적 발달을 위한 이성의 훈련과 언어 능력의 훈련이 중요하게 되었다. 특히 웅변술의 훈련은 정치 무대에서의 성공과 결부되어 매우 중요하게 여겨졌다. 따라서 이 시기 교육의 목적은 유능한 웅변가의 양성에 있었다. 이를 위하여 도덕적인 수양과 넓은 교양을 함께 교육하였다.

제정 시대의 학교교육은 크게 문자학교, 문법학교, 수사학교의 단계로 구분할 수 있다.

① 문자학교(Ludus)

사립 초등교육기관으로서 6~12세의 아동에게 읽기, 쓰기, 셈하기의 초보적인 지식을 가르쳤다. 약간의 문학도 가르쳤으며, 그리스어나 12동판법을 가르치기도 하였다. 반면에 체육, 음악, 율동은 전혀 가르치지 않았다.

② 문법학교(grammaticus, grammar school)

중등교육기관으로서 12~16세의 청소년들에게 주로 언어와 문학을 중점을 두어 가르쳤다. 문학, 그리스어, 라틴어, 신학, 역사, 지리, 문법, 수사학, 논리학(변증법), 수학, 기하학, 천문학, 음악 등의 7자유교과(seven liberal arts)를 고등교육의 예비과정으로 가르쳤다.

③ 수사학교(school of rhetoric)

실질적인 최종 교육기관의 의미를 갖는 고등교육기관으로서 16세 이상의 청소년들에게 웅변가 양성을 위한 교육을 실시하였다. 문체론, 작품론과 아주 실용적인 수사학 연습을 중심으로 수업이 진행되었다. 7자유교과를 비롯하여 로마법, 윤리학 등도 교육하였다.

# 5. 교육사상가

## 1) 키케로

키케로

키케로(Marcus Tullius Cicero, BC 106~43)는 로마의 철학자, 정치가, 수필가이자 대표적인 교육사상가이다. 그는 그리스의 아테네에서 문법, 철학, 법률 등을 공부하고 수사학자들에게서 웅변술을 배웠다. 뛰어난 웅변가였던 그는 정계로 진출해서 시칠리아의 재무관, 고등안찰관, 법무관 등을 거쳐서 안토니우스와 함께 집정관(執政官)으로 활약하기도 하였다.

키케로는 인간의 성향은 근본적으로 선하다고 보았다. 이와 같은 천부적인 선한 소질은 교육을 통해 완성될 수 있다고 보고, 교육을 통해서 선한 본성이 선으로 실현되면 행복에 이르게 된다고 하였다. 따라서 교육의 목적은 일차적으로 인간의 선을 실현하는 것이며, 둘째로는 넓은 교양과 철학적인 지식을 갖춘 웅변가를 양성하는 데 두었다. 훌륭한 웅변가에게 필요한 교육내용으로는 철학, 역사, 정치학이 중요하며 철학은 모든 지식의 왕관이요 도덕의 학교라고 하였다. 또 정치학은 학문의 여왕이며 역사는 로마 민족의 주체성을 기르기 위한 필수적인 과목이라고 하였다. 또한 주변 환경의 중요성을 인식하여 환경의 힘에 의하여 올바른 태도와 고귀한 사상이 형성된다고 하였다.

교육방법으로는 체벌을 금지하고 명예심을 존중함으로써 선함을 실현해야 하고, 또한 개성을 존중하는 교육이 필요하다고 하였다. 모든 사람에게 공통적으로 필요한 것은 일찍부터 선함으로 인도하는 싹을 길러 주고 악의 근원인 관능적인 향락을 금해야 한다고 하였다. 특히 청년기의 최대의 위험은 성욕과 관능적인 경향에 있기 때문에 이를 주의해야 하며 이를 방지하기 위해서는 종교가 중요한 역할을 한다고 강조하였다. 또한 그는 교육이 애국적인 국민을 기르는 데 기여해야 한다고 주장하였다.

### 2) 퀸틸리아누스

퀸틸리아누스

퀸틸리아누스(Marcus Fabius Quintilianus, 35?~100?)는 로마 제정 시대의 대표적인 교육사상가로서 수사학자이며 웅변가였다. 에스파니아에서 출생하였으며 로마에서 수사학자로 활동하던 아버지를 따라 로마에서 법률과 수사학을 공부했다. 수사학교에서 20년간 웅변술을 강의하면서 후진들을 양성하였으며, 그 공로를 인정받아 당시의 로마 황제 베스파시아누스(T. F. Vespasianus)로부터 웅변술 교수의 칭호를 받고 로마 최초로 국가 소속의 교사(공교수, 公敎師)가 되었다. 이후 웅변가 양성의 실제적 경험을 토대로 12권에 달하는 『웅변가교육론(Institutio Oratoria)』을 썼는데 교육을 과학적으로 취급한 최초의 저술로 평가되기도 한다.

그는 웅변가에 대해 이상적인 교육을 받은 사람으로 생각하고 웅변가의 양성을 목적으로 교육하였다. 그가 이상적으로 여기는 웅변가는 뛰어난 변론가일 뿐만 아니라 모범적인 사람이기도 하였다. 도덕적으로 선하며 7자유과를 충분히 습득하여 교양을 갖추고 있으면서 달변가이기도 하여야 했다. 그는 완벽한 웅변가는 훌륭한 사람이기도 하여야 한다고 보았다. "가장 훌륭한 영혼과 최고의 웅변술"(Reble, 1999: 62)은 서로 통합되어야 한다는 것이다.

훌륭한 웅변가를 양성하기 위해서는 조기교육이 중요하며, 학교에서의 경쟁과 우정이 매우 중요하다고 주장하였다. 어린이와 청소년들은 부모 또는 가정교사의 가르침보다도 학우들의 자극에 더 많은 영향을 받기 때문에 학교가 가정에 비해 더 중요한 교육의 장이라고 역설하였다. 교사의 제일가는 임무는 학생들의 개성을 발견해서 그에 맞게 지도하는 것이라고 하여 개성에 따른 교육을 주장하였다. 또한 체벌을 금지하였고 체벌보다는 포상이 교육적으로 더 효과가 크다고 주장하였다. 학습에 있어서 흥미와 유희의 필요성을 인정하였다.

# 제 11 장 중세 서양의 교육

## 1. 중세의 사회와 문화

일반적으로 서양의 중세는 서로마 제국이 멸망한 5세기 무렵부터 르네상스와 종교개혁이 시작된 15세기까지의 약 1천 년에 걸친 기간을 말한다. 중세 서양세계에서는 기독교가 모든 것을 포괄하는 기본적인 관점으로 작용하였다. 기독교는 삶 전체에 대해 논란의 여지없는 근본이며 이상적 표준으로 작용하였다(Reble, 1999: 72).

중세의 가톨릭교회는 교부 철학의 영향 아래 있었다. 교부 철학은 플라톤의 이원론을 받아들여 기독교의 교리를 체계화하였기 때문에 현세를 내세와 구분하고 인간의 타락과 함께 철저하게 타락하였다는 견해를 고수하였다. 이에 따라서 현세에서의 삶은 교회의 가르침을 준수하면서 금욕과 절제의 삶을 살면서 내세를 대비하는 것으로 이해되었다. 그 결과 모든 인간적인 것들이 억제되었으며, 신학을 제외한 학문과 문화의 발달 또한 어렵게 되었다.

중세에는 또한 게르만 민족의 이동과 이들에 의한 서로마 제국의 몰락 등으로 중앙집권적인 지배체제가 무너지게 되었으며 봉건제도가 발달하였다. 영지의 분할과 농노들에 의한 농업경제가 이 시대의 특징이었다. 게르만 민족의 이동과 정착 후에도 노르만, 마자르, 사라센, 몽고, 터키 등에 의한 지속적인 민족의 이동과 침략이 있었으며 전문적인 군사계급인 기사계급이 등장해서 영주의 지위와 영토에 대한 보호를 담당하였다.

중세의 후반기에 수백 년간 계속된 십자군 원정은 동서문화의 교류라는 매우 중요한 부수적인 효과를 가져왔다. 이로 인해서 상업의 발달, 새로운 계층의 성장, 농업경제 중심의 봉건제의 변화, 학문의 발달 등으로 오래 지속된 중세적인 질서가 막을 내리고 새 시대의 새로운 질서가 만들어지기 시작하였다.

새로운 질서의 바탕에는 세계관의 변화가 함께 했다. 기독교적 관점에서 벗어난 새로운 관점으로 전환한 것은 아니지만 기독교 안에서 새로운 관점의 전환이 이루어졌다. 그러한 전환의 배경에는 이슬람세계에서 보존되었다가 역수입된 아리스토텔레스 사상의 영향이 있었다. 아리스토텔레스의 현실 긍정적 관점은 카톨릭 신부들로 구성된 스콜라 학자들에 의해 기독교 신학 안으로 받아들여졌다.

아리스토텔레스적 관점의 수용은 기존의 플라톤 철학에 기초한 이원론적 현실 부정적 신학을 극복하는 계기를 만들었다. 그 결과 중세의 긴 어둠이 걷히고 근세로 나갈 수 있는 철학적 전환이 이루어졌다. 관점의 전환은 기독교 신학 안에서 그리고 그 신학의 지배를 받던 서구 세계 전반에 걸쳐서 변화를 초래하였다. 그 결과 근대가 탄생하게 되었다.

## 2. 기독교 교육

### 1) 교육의 기본 관점

중세는 기본적으로 기독교적 관점이 지배한 시대라고 할 수 있다. 이미 로마 시대에 기독교는 국교로 공인되었고 중세가 시작되는 시점에는 로마의 지배하에 있던 지역들은 기독교의 영향 아래 있었다. 기독교는 원죄설에 따라서 모든 사람들을 죄인으로 이해하였다. 또한 인간의 타락과 함께 인간이 중심이 된 세계 전체도 타락한 것으로 여겼다. 그에 따라서 일차적으로는 타락한 존재를 하나님께 인도하는 것이 중요하였고, 다음으로는 현세의 삶을 내세를 준비하기 위한 거룩하고 경건한 삶이 되도록 도덕적으로 훈련하는 것이 중요하였다. 이 두 가지 목표가 교육에 있어서도 그대로 적용되었다.

이와 같은 기본적인 관점 아래서 중세의 교육은 크게 종교교육과 세속교육으로 나누어 볼 수 있다. 종교교육은 그야말로 교회가 주도하는 교육으로서 사제양성교육과 일반 신도들을 위한 교육으로 나누어 볼 수 있다. 그 다음으로는 세속교육인데 교회교육에 비해 그 비중은 적지만 근대 이후의 세계를 위한 중요한 단초들이 이 시대의 세속교육을 통해 마련되었다는 점에서 중요하다. 세속교육에 있어서도 기독교적 관점은 매우 중요한 토대로서 그대로 적용되었다.

기독교적 관점 안에서도 차이가 존재한다. 중세의 대부분의 시기는 교부철학에 기초한 현실부정적 세계관이 지배하였다. 그러나 십자군 원정 이후 아리스토텔레스의 사상이 이슬람 세계에서 역수입되면서 기독교적 관점 안에서도 새로운 현실긍정의 관점이 숨통을 틔우게 되었다. 다음 절에서 이에 대해서 보다 상세히 다루고자 한다.

### 2) 교부 철학과 스콜라 철학

서양 중세를 관통한 기독교적 관점은 크게 교부 철학과 스콜라 철학의 두 가지로 구분할 수 있다. 이들은 기독교적 관점이 갖는 근본적인 본질을 공유하지만 각기 다른 특징을 가지고 있다. 교부 철학은 로마 교황청의 확립 이전의 시기에 성립된 것으로서 기존의 서구철학의 전통과 다양한 이론 및 이교도적인 전통, 교회 안의 다양한 이단적인 요소들과 대항하면서 교회의 정통을 확립하던 시기에 형성되었다. 신앙적인 요소는 분명하지만 이론적인 체계성이 부족하던 당시에 아우구스티누스(Augustinus, 어거스틴)를 비롯한 교부들은 플라톤의 이원론적인 체계를 받아들여서 교리를 정리하고 정통신학을 확립하였다. 그래서 당시의 신학은 플라톤적인 이원론의 특징을 분명하게 가지고 있으며 현실을 부정적으로 보고 내세지향적인 경향이 강하다. 특히나 당시 새롭게 이주해 온 게르만 민족은 이교도들이었기 때문에 이들에 대한 지속적인 신앙의 전파와 교육이 매우 중요하였다.

중세 제2기에 해당하는 시기는 스콜라 철학의 시대로 불린다. 스콜라는 학교를 의미하는데, 이는 이 시대의 철학자들이 체계적인 교육을 통해 양성된 성직자 계층의 학자들임을 말해 준다. 이 시대는 이미 교회의 정통이 확고하게 정립되고 기독교적 가치관이 보편화된 시기였다. 따라서 교부 철학의 시대와 같은 정통의 확립과 이단에 대항하는 논증과 정통의 변호보다는 일반 신자들에 대한 교리의 설명에 중점을 두었다. 또한 십자군 원정 이후 종전에 의심 없이 받아들여지던 기독교의 가르침에 대한 회의적인 경향이 대두하면서 그리스의 철학 체계를 빌려 교회의 교리를 이성적 견지에서 새롭게 정립하였다. 그 과정에서 중요한 역할을 한 사람이 스코투스(J. Scotus, 815~877)와 안셀무스(Anselmus, 1033~1109)였다. 아울러 아리스토텔레스 철학의 재발견에 따라서 이를 기독교 신학 안으로 수용하는 일이 중요한 과제였다. 이와 관련해서 중요한 역할을 한 사람이 토마스 아퀴나스(T. Aquinas)였다.

아리스토텔레스 철학의 수용은 일원론적인 견해의 수용을 의미하며, 그동안 부정적으로만 이해되었던 현세와 인간에 대한 긍정적인 이해를 가능하게 함으로써 근세를 여는 가치관의 전환을 가져오는 계기가 되었다. 또한 스콜라 철학에 의해 도입된 이성적 요소는 후에 르네상스 출현의 토대가 되었으며, 뛰어난 스콜라 학자들을 중심으로 대학이 형성되었다는 점 역시 매우 중요한 교육적 기여라고 할 수 있다.

### 3) 기독교 학교

#### (1) 문답학교

문답학교(catechumenal school)는 말 그대로 질문과 답변의 형식으로 대화를 통하여 교육하는 학교를 말한다. 가톨릭 교육의 기초 단계로서 아직 세례를 받지 않은 어린이들과 이교도들에게 세례를 받기 위한 준비교육을 실시하는 것이 목적이었다. 초기에는 짧은 기간 동안에 이루어졌으나 점차 길어져 2~3년으로 연장되었다. 기독교의 기본 교리와 세례를 받기에 적당한 예비교육을 시켰다.

#### (2) 고급문답학교

고급문답학교(catechetical school)는 문답학교의 교사 또는 교회의 지도자를 양성하기 위한 교육기관이었다. 다른 말로 문답교사학교라고도 한다. 신학, 철학, 자연과학, 수사학, 천문학, 수학, 문학, 역사학 등을 가르쳤으며 상당히 높은 수준의 교육을 실시하였다.

#### (3) 사원학교

사원학교(cathedral school)는 각 교구의 본산 소재지에 세운 학교로 교구 감독의 책임 아래 운영되었다. 본산(本山)학교, 감독학교(episcopal school)라고도 한다. 교회의 지도자와 성직자를 양성하는 것을 목적으로 하였으나 나중에는 일반인의 자녀들도 받아들였다. 읽기, 쓰기, 찬송가 등의 공통 교과를 이수한 후에 성경, 철학, 그리스 문학, 신학 등을 가르쳤다. 중세의 가장 대표적인 교육기관으로 꼽힌다.

(4) 수도원 학교

수도원 학교(monastic school)는 수도원 생활의 정신을 구현하기 위하여 수도원에 부설된 것이었다. 수도원 학교는 크게 두 가지로 구분할 수 있다. 첫째, 수도원 생활을 통하여 수도사를 지망하는 5세 내지 7세의 아동을 교육하기 위한 것, 둘째, 수도사를 지망하지 않는 일반 아동을 수용하여 교육하는 것이었다. 교육내용은 종교적인 것이 대부분을 차지하였으며, 그 외에 읽기, 쓰기, 셈하기 등의 기초 교과를 가르쳤다. 초등교과를 이수한 다음에는 7자유교과를 교육하였다. 후에 일부 진보적인 수도원들에서는 7자유교과 외에 그리스 · 로마의 고전들을 가르치기도 하였다. 교육 방법은 수도원의 금욕 정신에 입각하여 엄격하게 훈련시키는 것이었으며, 체벌을 가하기도 하였다. 또한 종교적인 사색과 명상이 중요하게 여겨졌다. 이와 같이 수도원 교육은 유럽 각지에 보급되었으며, 중세에 있어서 학예(學藝) 발달의 중심이 되었다.

## 3. 세속교육

### 1) 시민교육의 발달

거의 전적으로 기독교 교육에 의존했던 중세 교육에 변화가 생기기 시작한 것은 십자군 전쟁의 영향이 컸다. 오랫동안 계속된 전쟁의 결과로 동서 간의 무역이 활발해지고 상업과 공업이 발달하였으며 자유시(自由市)도 등장하였다. 상공업자들이 새로운 사회세력으로 등장하면서 자신들의 직업 관련 교육과 자녀교육의 필요성이 제기되었다. 실제 생활을 영위할 수 있는 유능한 인물을 양성하기 위한 교육이라는 새로운 교육의 목적이 등장하였다. 이와 같은 필요에 따라서 조합학교(guild school)와 도시학교(city school)들이 설립되었다. 전문적인 기술자 양성을 위한 도제교육제도가 만들어져 시행되었다. 중세의 시민교육은 교육의 역사에서 큰 의미가 있다. 시민교육을 통해서 교육의 대상이 일반 서민계급까지 확대되었으며 교회의 영향을 벗어난 공공단체가 경영하는 교육이 시행되었다. 또한 직업교육, 기술교육, 실업교육 등 생활을 위한 실제적인 교육이 처음으로 실시되었다.

## 2) 세속 학교

### (1) 조합학교

도시 상공업자들이 자녀들의 교육을 위해 설립한 학교이다. 대학준비교육을 실시하는 라틴어 중학교와 직업훈련을 목적으로 하는 직업학교의 두 가지 유형으로 발달하였다. 라틴어 중학교는 비교적 부유한 계층의 자녀들이 다녔고 직업학교는 이보다 가난한 계층을 위한 실용적인 직업교육을 실시하였다.

### (2) 도시학교

도시학교(都市學校)는 중세 후반에 발달한 도시들에서 시민들의 교육을 담당한 학교들이다. 영국의 문법학교(grammar school)와 공중학교(public school), 독일의 라틴어 학교 등은 비교적 부유한 계층의 자녀들을 위한 교육기관이었다. 경제적으로 보다 어려운 가정의 자녀들을 위해 초등 정도의 교육을 실시하는 습자학교(習字學校)도 있었다.

#### (3) 도제교육

도제교육은 기술자 양성을 위한 특별한 교육제도였다. 기술자가 되려는 사람은 10세 전후에 마스터(master)를 찾아가서 도제(견습공, apprentice)가 되어서 그에게 봉사하면서 일정 기간 동안 기술을 습득한다. 그 후 도제는 직공으로 승격하여 여러 곳을 여행하면서 더 높은 기술을 습득하고 또 앞으로 마스터가 되어 도제를 지도하는 데 필요한 교양과 수양을 쌓는다. 그 후에 독자적인 작품을 제출하여 심사를 받아 정식 마스터로서의 자격을 받고 조합원이 된다. 르네상스 시대의 많은 인문주의 예술가들도 이러한 도제교육제도를 통하여 훈련을 받았다.

### 3) 기사교육

봉건제도의 확립에 따라서 기사(騎士, knight) 계급이 등장하였으며 이에 따라서 기사 양성을 위한 교육이 시행되었다. 기사교육의 목적은 그리스도교적인 정신을 갖춘 무사를 양성하는 데 있었다. 기사의 군사적인 미덕은 용기, 충성, 관용이었으며 사회적인 덕목은 예의, 공손, 자비였다. 또한 기사들은 약자와 숙녀를 보호하고 정직하며 윗사람에게 봉사하도록 교육받았다.

7세까지는 가정에서 순종의 미덕, 쾌활한 성격, 경건한 신앙심 및 예의에 관한 훈련을 받았으며, 7세에서 14세까지는 시동(侍童, page)의 시기로서 영주의 저택이나 궁정에서 귀부인의 시동으로서 궁정생활의 예법과 충성심, 노래 · 무용 · 종교의식과 읽기 · 쓰기 등을 배웠다. 이 시기에는 또한 달리기, 권투, 씨름, 말타기, 수영 등 신체적인 훈련과 간단한 무기 사용법을 익히기도 하였다. 14세부터 21세까지는 기사의 종자(從者, squire)가 되어 본격적인 기사 수업을 받았다. 또한 기사의 필수 7예(藝)에 해당하는 말타기, 수영, 활쏘기, 검술, 수렵, 서양장기, 시 짓기와 읊기 등을 집중적으로 교육받았다. 21세가 되면 전투와 경기훈련의 실력 여하를 검사받는 기사입문식을 거행하여 정

**표 11-1** 기사 교육 과정

| 단계 | 나이 | 교육 장소 | 교육 내용 |
|---|---|---|---|
| 가정교육 | ~7 | 가정 | 순종의 미덕, 쾌활한 성격, 경건한 신앙심 및 예의 |
| 시동(侍童, page) | 7~14 | 영주의 저택, 궁정 | 궁정생활의 예법, 충성심, 노래, 무용, 종교의식, 읽기, 쓰기, 신체훈련, 무기 사용법 |
| 종자(從者, squrie) | 14~21 | 기사 수행 | 기사 7예: 말타기, 수영, 활쏘기, 검술, 수렵, 서양장기, 시 |
| 기사입문식 | 21 | | 전투와 경기훈련의 실력 검증 |

식 기사가 되었다.

이와 같은 기사교육에서 신사도가 유래되었다는 점에서 기사교육은 서양교육의 역사에서 매우 특징적이고 중요한 위치를 차지한다고 볼 수 있다. 뿐만 아니라 고대 그리스와 로마 이후 단절되었던 신체와 정신의 조화로운 교육이 기사교육에서 부활되고 근대교육으로 계승된 측면도 매우 중요한 의의 중의 하나이다.

### 4) 대학의 발달

대학의 발생은 중세 후기 세속교육에서 매우 중요한 사건이다. 대학의 발생은 십자군 원정 이후의 학문적 발전이라는 시대적 상황이 배경이 되었다. 12세기 들어서는 십자군 원정으로 인해 서구에 재수입된 아리스토텔레스의 철학과 아랍 학문들의 영향으로 커다란 학문적 발전을 경험하게 되었다. 기존의 학교들은 이러한 학문적 발전이 가져온 지식에 대한 열망을 감당할 수 없었다. 그 과정에서 배우려는 학생과 가르치려는 교수들이 모여서 하나의 조합을 형성하면서 대학이 시작되었다(Reble, 1999: 80). 아울러 상업의 발달은 세속적인 학문의 성장을 자극하였고 법학, 의학 등 실용적인 학문의 필요성 역시 점차 증가하였다.

이러한 요소들이 복합적으로 작용하여 대학들이 생겨나고 발전해 나갔다. 먼저 이탈리아에서 볼로냐(Bologna, 1119)와 살레르노(Salerno, 1200) 대학이 설립되었고 프랑스에서는 파리 대학(1200)이 설립되었다. 영국에서는 옥스퍼드와 케임브리지(1249) 대학이 설립되었다.

당시의 강의는 유럽의 공통적인 학문 언어였던 라틴어로 이루어졌다. 7자유과를 기초 과목으로 공부한 후에 신학, 의학, 법학 등을 전문적으로 연구하였다. 수업방법은 강의와 토론을 주로 하였다. 학사, 석사, 박사 등의 학위체제도 이미 이때에 어느 정도 윤곽이 형성되었다.

초기 대학에서 교수와 학생들은 함께 공부하면서 대체로 빈곤한 생활을 하였으며 종교적 훈육보다는 세속적인 학문연구에 치중하였다. 대학들은 대체로 국가와 교회로부터 독립을 유지했으며 자유를 보장받았다. 교수와 학생들은 병역, 부역, 세금이 면제되었으며 대학 내에 독립된 법정을 설치하는 등 치외법권적인 특권을 누렸다.

중세의 대학은 지적 활동의 중심이 되는 것 외에 많은 영향을 미쳤다. 고전문화를 계승하는 역할을 수행하여 헬레니즘 문화가 서구문화의 기초가 되는 데 기여하였다. 또한 이슬람 문화를 서양문화에 통합시키는 데에도 기여하였다. 중세 대학은 대체로 아리스토텔레스와 스콜라 철학의 정신을 전파하였으며 점차 자유로운 학문연구를 통해 르네상스 운동의 선구자적인 역할도 수행하였다(Reble, 1999: 82).

# 4. 교육사상가

## 1) 아우구스티누스

아우구스티누스

어거스틴이라는 이름으로 더 유명한 아우구스티누스(Augustinus, 354~430)는 고대인에 속하면서 가장 대표적인 중세 사상가로 꼽힌다. 그가 살았던 시대는 아직 교황 중심의 가톨릭교회의 체제가 확고하게 자리 잡기 전이었으며, 교회의 정통 교리도 정립되지 않았던 시기이다. 그리스의 철학적 전통 안에서 다양한 이론들이 공존하던 상황에서 교부들은 신학적 정통성을 확립하고 지켜내기 위해서 노력하였다. 그중에 대표적인 사람이 아우구스티누스이다.

아우구스티누스는 현재의 알제리에 속하는 누미디아에서 태어났다. 그의 어머니는 독실한 기독교 신자인데 반해서 아버지는 비신자였다. 그는 어린 시절부터 문법과 수사학을 공부하였으며 카르타고에서 수사학을 공부한 후 밀라노에서는 수사학 교사로 활동하였다. 젊은 시절에 마니교에 심취했던 그는 밀라노 시절에 암브로시우스의 영향으로 기독교로 개종하였다. 391년에 신부가 되고 395년에는 주교가 되었다. 후에 히포의 교부가 되어서 서방 기독교의 지도자가 되었다. 『고백록』, 『삼위일체론』, 『신국론』 외에 많은 저술을 남겼다.

그의 최대 공헌은 무엇보다도 고대 그리스 · 로마의 철학과 기독교 사상을 통합하여 신학의 체계를 정립한 것을 들 수 있다. 이를 통하여 기독교의 이론적 체계 정립에 기여함은 물론 중세의 기본적인 관점을 제공하였다. 신플라톤주의를 수용하여 기독교의 이론적인 체계를 만들어 냄으로써 중세 기독교

철학이 플라톤적인 체계 위에 건설되게 되었다. 중세의 세계관이 현실을 부정적으로 보고 오직 내세를 위한 준비과정으로 파악한 것은 이와 같은 플라톤의 이원론적 세계관의 영향이 크다. 인간의 자율성과 세속적 삶은 부정되고 철저하게 신 중심적이고 교회 중심적인 중세적 질서의 이론적 기초가 형성되었다.

교육적인 부분에서도 그는 플라톤과 신앙을 결합한 사상을 전개하였다. 교사가 지식을 학생들에게 전달하는 것이 아니라 내면에 감추어진 진리를 발견하는 것으로 보았다. 아우구스티누스에 따르면 진리를 발견하는 것은 하느님의 계시에 따른 것이다. 그리스도가 '내면의 스승'이 되어서 그에게 귀 기울이는 자마다 진리를 스스로 볼 수 있게 한다는 것이다. 신을 인식하는 것도 도덕적이고 지적인 교육을 통해서는 불가능하고 오직 '신앙'을 통해서만 가능하다고 보았다(김창환, 1996: 231).

그의 교육론은 수도원 교육을 비롯한 중세의 종교교육에 절대적인 영향을 미쳤다. 또 고대 그리스의 철학과 신학을 종합하여 신학적 체계를 완성함으로써 고대와 중세를 연결하고 중세의 신학적 관점을 완성한 의의가 있다.

### 2) 아퀴나스

아퀴나스

아퀴나스(Thomas Aquinas, 1225~1274)는 이탈리아 나폴리 근처에서 귀족의 아들로 태어났다. 도미니크회에 들어가 신부가 되었으며 파리와 쾰른에서 공부하였고 파리 대학의 교수로 활동하였다. 그는 신부이자 학자로서 '스콜라 철학의 왕'이라 불릴 만큼 중세 기독교 철학의 최고봉의 위치를 차지한다. 『신학대전』, 『아리스토텔레스 주해서』 등을 포함한 방대한 저작을 남겼고 중세철학의 종합을 이루었다는 평가를 받고 있다.

그의 철학은 아리스토텔레스의 철학과 밀접한 관련이 있는데, 그는 일생을 통해 아리스토텔레스 연구에 몰두하였다. 아우구스티누스가 플라톤 철학에 기초해서 정립한 기독교 철학을 수용하면서도 이를 다시 아리스토텔레스의 철학과 결합시켜 새로운 체계로 발전시켰다. 그래서 그의 사상 안에서는 신 중심의 기독교적 세계관이 중심을 이루면서도 인간의 상대적인 자율성이 허용된다. 이성은 신앙 안에서 그 나름의 법칙에 따라 활동할 수 있으며, 하느님의 신비는 인간의 언어로 표현되고 구체화된다. 따라서 인간은 이성을 사용하여 하느님의 신비에 대하여 연구할 수 있다는 것이다. 이는 아리스토텔레스의 일원론적이고 현실 긍정적인 관점을 반영한 것이다.

아퀴나스는 아우구스티누스가 주장한 진정한 교사는 신뿐이라는 주장을 인정하였다. 그러면서도 다른 이의 이성을 자극하여 이전에 몰랐던 것을 인식하도록 돕는 활동 역시 가능하다고 하였다. 그런 의미에서 인간의 교육활동과 교사로서의 역할 역시 일정한 정도로 가능하다고 파악하였다.

현실과 인간에 대한 아퀴나스의 긍정적인 관점은 르네상스 운동의 뿌리가 되었다는 평가를 받고 있다. 신앙 안에서 억압되었던 인간적인 활동이 그의 신학 안에서 상대적인 자율성을 획득하였다. 신앙 안에서의 상대적 자율성은 점차 신앙과 분리된 자율성으로 발전하게 된 것이다. 결국 아퀴나스의 아리스토텔레스 수용이라는 관점의 전환이 근대의 출발을 낳게 하는 중요한 계기가 된 것이다. 이러한 평가와 더불어 아퀴나스는 르네상스의 사상적인 아버지로 인정받고 있다.

# 제 12 장
# 르네상스와 종교개혁 시대의 교육

## 1. 르네상스 시대의 교육

### 1) 인간회복과 문예부흥의 이중적 회복

르네상스(Renaissance)는 원래 재생, 부활을 의미하는 말이다. 그런데 우리는 르네상스를 '인간회복' 또는 '문예부흥'이라는 말로 번역하곤 한다. 혹은 르네상스와 위의 두 단어들을 붙여서 사용하곤 한다. '인간회복'과 '문예부흥'은 따로 떼어 놓고 보면 서로 전혀 다른 뜻을 가지고 있다. 회복과 부흥은 서로 비슷한 의미이지만 인간과 문예는 서로 다른 말이기 때문이다. 그런데 이 두 단어를 르네상스라는 말로 묶어서 쓸 수도 있고, 때로는 같은 의미로 사용하기도 한다. 르네상스라는 말에 그와 같은 의미들이 포함되어 있기 때문이다. 왜 이런 일이 가능한 것일까?

역사적으로 보면 르네상스는 중세가 끝나고 근세가 시작되는 시점이다.

흔히 우리는 중세를 암흑기라고 한다. 앞서 우리는 서양 정신사와 교육사의 두 근원에 대해서 다루었다. 그리스의 철학적 전통과 히브리의 종교적 전통이 그것이다. 그중 그리스의 철학적인 전통은 인간 중심적이고 창조적인 특징을 지녔다. 이에 비해서 히브리에서 비롯된 종교적인 전통은 신 중심적이고 보수적인 특징을 가지고 있다고 하였다. 히브리에서 비롯한 종교적인 전통이 기독교로 이어지고 그 기독교가 삶 전체를 지배하고 장악한 대표적인 시기가 중세이다.

중세의 신앙적인 관점 안에서 인간은 신의 명령을 어기고 타락한 죄인으로 이해되었다. 아담과 하와의 타락 이후에 인간은 철저하게 타락했으며, 그에 따라 인간이 지배하고 다스리는 세계 역시 철저하게 타락하였다는 것이 이 시대의 인간과 세계를 이해하는 기본 관점이었다. 그렇기에 참다운 삶은 죄인으로서의 길을 벗어나 교회의 가르침에 따라 금욕하고 절제하는 것이어야 한다는 것이 중세적 삶의 특징이었다. 모든 인간적인 삶이 억압당하고 인간 중심의 문화 역시 꽃피우지 못하였다. 그래서 이 시대를 '암흑기'라고 한다. 따라서 이때의 암흑기란 그 앞에 '인간다운 삶'이 생략된 표현이다. 인간다운 삶이 기독교적인 세계관에 의해 억압되고 그래서 암흑처럼 답답하고 어두운 시기였다는 것이다.

르네상스의 인간회복은 이와 같은 억압된 삶으로부터의 인간다운 삶의 회복을 의미한다. 억압의 주체가 교회였기 때문에 그것은 동시에 신 중심의 세계관과 질서로부터 벗어났음을 뜻하였다. 세속적인 인간이해가 신앙적인 인간이해를 대체하는 것을 의미한다. 신앙 안에서 죄인으로 이해된 인간관을 벗어나서 이성을 가지고 스스로 판단하고 활동할 수 있는 자율적인 존재로 인간을 새롭게 이해할 수 있게 된 것이다.

그렇다면 문예부흥은 어떻게 설명할 수 있는가? 그리고 그것은 왜 인간회복과 연결되어 르네상스를 대표하는 표현이 되었는가?

신 중심의 사회에서 벗어나고 교회의 지배에서 벗어나 참으로 인간다운 삶으로 돌아가기 위한 운동이 르네상스였다. 그렇다면 참으로 인간다운 삶은 어떤 것인가? 잘 알려진 바와 같이 중세는 약 천 년 동안 계속되었다. 천 년 동안의 교회의 지배와 타락한 죄인으로서의 삶은 인간 본래의 모습에서 멀어지게 했다. 뿐만 아니라 원래 인간의 모습이 어떠했는지에 대해서도 알 수 없게 되었다. 그래서 사람들은 기독교가 지배하기 이전의 시대를 생각하게 되었다. 기독교적인 세계관에 따라서 스스로를 타락한 죄인으로 이해하기 이전의 시대를 생각하고 죄인 이전의 자연 그대로의 인간을 생각하게 된 것이다.

그와 같은 자연 그대로의 인간의 모습을 당시 사람들은 기독교가 서구를 지배하기 이전의 시대인 고대에서 찾을 수 있다고 생각하였다. 그래서 르네상스 시대에는 고대에 대한 관심이 되살아났다. 고대 그리스와 로마로 돌아가서 기독교 이전의 인간이해와 삶에 눈을 돌리게 된 것이다. 그중에서도 눈으로 볼 수 있고 이해할 수 있는 문학과 예술에 주목하였다. 고대 그리스와 로마의 문학과 예술을 통해서 기독교 이전의 인간과 인간의 삶을 찾으려고 한 것이다. 이와 같은 이유에서 르네상스는 인간회복과 문예부흥이라는 두 단어와 밀접한 관계를 맺게 된 것이다.

### 2) 르네상스 시대의 교육

중세의 교육은 거의 전적으로 종교교육으로 일관한 교육이었다. 일부 세속적인 교육이 있었지만 중세 교육의 근간을 이루는 것은 신앙 안에서의 교육이었다. 죄인으로서의 인간을 하나님께 인도하는 것이 교육의 근본 과제였다. 진정한 교육이라고 할 수 있는 인간의 변화 역시 오직 하나님에 의해서만 이루어질 수 있는 것으로 이해되었다.

이에 대해서 근대의 교육은 매우 새로운 방향으로 전개되었다. 르네상스 교육에서 가장 중요한 것은 인간에 대한 이해가 근본적으로 전환되었다는 것이다. 중세 시대의 인간은 기독교적 관점에서 이해되었다. 기독교에서는 모든 인간을 죄인으로 본다. 아담 이후 모든 인간은 아담이 하나님의 명령을 어기고 선악과를 따먹은 데서 비롯되는 죄를 가지고 태어난다. 그래서 아담을 선조로 하는 모든 인간은 태어날 때부터 이미 원죄를 가지고 있다. 그리고 모든 죄는 숙명적으로 죽음으로 연결되어 있다. 죄에서 죽음으로 이어지는 이 숙명적인 연결고리를 끊을 수 있는 길은 하나님께로 돌아가는 길밖에 없다. 따라서 기독교 안에서 교육은 죄인들을 하나님께로 인도하는 것이다. 그 이후에 죄인을 의인으로 변화시키는 것은 하나님의 몫이다. 그러므로 진정한 변화를 가능하게 하는 진정한 교사는 하나님밖에 없다.

르네상스 시대의 새로운 인간이해는 인간을 이성적인 존재로 본다. 인간 안에는 이성이라는 좋은 씨앗이 주어져 있기에 누구든지 교육을 통해서 이 이성의 씨앗을 키워 가면 완전한 인간으로 발전해 갈 수 있다고 여긴다. 이제 인간은 더 이상 죄인으로 이해되지 않는다. 스스로 자신 안에 주어진 좋은 가능성을 교육하는 존재, 그것을 통해 스스로를 완성해 가는 존재로 새롭게 이해된다.

중세의 교육에서는 하나님만이 진정한 교사였다. 인간을 변화시킬 수 있는 존재는 하나님밖에 없다고 여겼기 때문이다. 죄인으로서의 인간의 변화는 죄를 없게 하고 그 결과로 영원한 생명을 갖게 하는 것인데 그러한 능력은 오직 하나님만 가지고 있기 때문이다. 따라서 중세에 있어서 교육이라는 것은 죄인들을 하나님께 인도하고 하나님을 알아 가는 과정에 도움을 주는 정도로 한정되었다. 교육은 유일한 교사인 하나님의 교육활동의 보조적 역할에 불과하였다.

르네상스 이후의 교육에서 인간은 중세에서와는 전혀 다르게 이해되었다. 인간이 자기 안에 주어진 이성의 씨앗을 발달시켜 가면 스스로 완전성에 이를 수 있다는 생각은 교육의 역할을 매우 크게 인정할 수 있는 토대가 되었다. 인간 안에 주어진 이성의 씨앗은 저절로 발전해서 완성되는 것이 아니라 오직 교육을 통해서만 싹트고 자라나서 완전성에 이르기까지 자라날 수 있다고 여겼기 때문이다. 결국 교육을 통해서만 인간은 참으로 인간다운 인간이 될 수 있다는 것이다. 이런 의미에서 교육은 인간다움의 필수적인 조건으로 새롭게 이해되었다.

르네상스 교육은 또한 언어 중심의 교육이었다. 고대 그리스와 로마의 문학과 예술을 통한 인간의 재발견을 추구하였기 때문에 르네상스는 문예운동으로 전개되었다. 인간 그 자체의 활발한 활동 이전에 인간 자신에 대한 재발견 운동으로 전개된 것이다.

문학과 예술을 이해하기 위한 수단으로서의 언어가 매우 중요한 의미를 갖게 되었다. 문학작품을 읽고 이해하기 위해서는 당시의 언어를 이해하는 것이 필수적이었기 때문이다. 그래서 고대의 라틴어에 대한 이해가 매우 중요한 교육의 과제로 등장하였다. 이는 마치 동양의 한문 문화권에서 고전의 이해에 있어서 한자의 교육이 필수적인 것과 마찬가지이다. 그래서 르네상스 교육에 있어서 핵심적인 과제 중의 하나는 언어교육이며 그 언어는 라틴어이다. 라틴어 교육은 르네상스 인문교육의 핵심 교과였다. 그런데 이와 같은 언어 중심의 경향은 점차 형식주의로 치우쳐서 후에 비판의 대상이 되기도 하였다.

## 2. 종교개혁과 교육

### 1) 종교개혁의 전개

종교개혁(Revolution)은 부패한 로마 가톨릭교회에 대한 저항운동이며 그 결과 가톨릭교회와 분리된 새로운 교회들이 생겨났다. 이들 교회를 가톨릭교회와 분리해서 일반적으로 개신교라고 부른다. 개신교의 탄생과 이에 협력하는 국가들의 출현으로 말미암아 로마 교황청의 일원적 지배 아래에 있던 서구의 질서는 다원화되었다. 결과적으로는 종교가 주도하는 질서로부터 세속이 지배하는 질서로의 전환이 이루어졌다. 이를 통해서 중세에서 근대로의 전환점을 마련하였다. 부패한 교회의 일방적인 지시를 거부하고 성경에 근거한 올바른 믿음의 회복을 강조한 종교개혁은 르네상스의 비판 이성에 기초하고 있다. 그런 의미에서 종교개혁은 르네상스와 일맥상통하며, 서로 상승작용을 일으켜서 이성에 기초한 근대를 만들어 내었다.

일반적으로 종교개혁을 불러온 요인은 세 가지 정도로 요약할 수 있다.

첫째, 도덕적인 요인으로서 모범이 되어야 할 가톨릭교회가 극도로 부패하였다는 것이다. '면죄부'나 교황의 사생아, 만연한 성직매매 등에서 보듯이 당시의 교황청과 가톨릭교회가 총체적으로 부패한 것이 비판과 저항의 원인이 되었다.

둘째, 지적인 요인으로서 르네상스를 들 수 있다. 르네상스로 인해서 유럽의 지적인 생활에는 근본적인 변화가 생겼다. 인간 중심의 고대 문학으로의 복귀, 개인주의의 등장 등으로 교회가 가지고 있던 절대적인 정신적 중심이 흔들리게 되었다. 인문주의의 학문적 열정이 신학 분야로 옮겨가면서 교부신학과 성서 원어인 히브리어와 헬라어 연구가 활발하게 진행되었으며, 그 결과 중세의 신학이 성서적 인문주의의 세찬 도전을 받기에 이르렀다.

셋째, 사회적 요인으로서 십자군 이후 봉건 사회가 점차 무너지면서 상업의 발달로 농업경제가 상업경제로 옮겨가면서 사회의 구조가 변화된 것이다. 이와 함께 국가주의가 등장해서 교황권이 급격하게 추락하게 되었으며 교황청이 부과하는 조공의 상승과 지나친 사치에 반발하는 농민들의 불만이 또 하나의 원인이 되었다.

이와 같은 여러 가지 원인이 축적된 가운데 1517년에 마르틴 루터(M. Luther)가 가톨릭교회를 비판하는 내용의 95개조 반박문을 발표하면서 급격하게 변혁의 불길이 번져 가게 된 것이 종교개혁운동이다. 그러므로 종교개혁은 루터 개인이나 특정한 사회계층에 의한 것이 아니며, 그 뿌리는 그 시대 전체와 연결되어 있다(Reble, 1999: 104). 독일에서 루터를 중심으로 개혁운동이 일어남과 더불어 스위스에서는 츠빙글리에 의해 취리히가 새롭게 변화되고, 제네바에서는 캘빈(J. Calvin)의 개혁운동이 꽃을 피우게 되었다. 그의 제자였던 녹스는 영국으로 가서 개혁파 신학을 전하였다.

종교개혁은 단순하게 신앙적인 개혁에 그치지 않았다. 가톨릭교회 중심의 질서가 붕괴됨으로써 유럽 전체가 변화를 겪었고 그 변화는 개신교의 확장과 더불어 전 세계로 퍼져 나갔다. 중세적 질서인 교회의 지배에서 벗어나면서 점차 세속 국가들이 힘을 얻게 되었다. 그 과정에서 종교개혁이 제후세력과 결합하면서 국가의 형성과 발전에 기여하기도 하였다. 결과적으로 종교개혁이 가톨릭교회의 세력 약화와 함께 근대국가 형성에도 기여함으로써 중세적 질서로부터 근대적 질서로의 변화를 촉진하는 계기가 되었다.

교황청의 통제가 점차 약해지면서 인문주의도 더 활발해지게 되었다. 신학의 지배에서 벗어난 인문학이 꽃피어 문예부흥을 이루었으며, 자연과학이 발전하기 시작하였다. 신대륙의 발견과 더불어서 박해받던 유럽의 개신교 신자들에게 탈출의 기회가 마련되었다. 교황청의 통제에서 벗어난 각국이 경제적으로 독립함으로써 가톨릭교회의 중심인 교황청의 재정적 압박과 더불어서 권위도 점차 상실하게 되었다.

한편 가톨릭 내부에서는 자신들에 대한 반성과 더불어서 개신교에 대한 반격을 위해 내부적인 쇄신이 이루어졌다. 그중의 대표적인 것이 가톨릭교회 내부의 개혁과 함께 해외 선교에 힘을 쏟는 예수회의 창설이다.

### 2) 종교개혁의 교육적 영향

개혁자들의 신학적 사상은 다섯 가지로 요약할 수 있는데 다섯 Solas(Five Solas)로 일컫는다. sola는 라틴어로 '오직'을 의미하며, 이 다섯 Solas는 그러므로 당시 로마 가톨릭에 대항하는 개신교 사상의 핵심을 나타내는 다섯 신조이다. 오직 성서(Sola Scriptura), 오직 그리스도(Solus Christus), 오직 은혜(Sola Gratia), 오직 믿음(Sola Fide), 오직 주만 영광 받으심(Soli Deo Gloria)이다.

'오직 성서'는 진리의 기준이 교황청을 대표로 하는 교회에 있지 않고 성서에 있다는 것이다. '오직 그리스도'는 인간 스스로에 의한 구원은 불가능하고 오직 예수 그리스도의 은총에 의해서만 가능하다는 것이다. '오직 은혜'는 구원은 오직 하나님의 선물로서 주어지는 것이며, 인간의 행위에 대한 대가가 아니라는 뜻이다. '오직 믿음'은 하느님의 은혜는 오직 믿음을 통하여 받을 뿐이지 다른 어떤 것을 필요로 하지 않는다는 것이다. '오직 주만 영광 받으심'은 구원이 전적으로 하느님에게 달린 것이기에 인간의 참여나 영광이 있을 수 없다는 것이다.

이 다섯 가지 신조의 핵심은 그동안 가톨릭교회가 가지고 있던 신의 대리자로서의 권위를 성서와 하나님께로 되돌린 것이다. 사람들은 스스로 성서를 읽고 그 안에서 하나님의 뜻을 분별하며 스스로 하나님께 예배해야 한다는 것이다. 그러므로 이 다섯 신조 자체가 르네상스의 이념인 '비판적인 이성'의 역할을 긍정하는 바탕 위에 있다. 이것이 종교개혁이 갖는 르네상스와의 공통적인 정신이다. 그러므로 종교개혁은 르네상스의 이념 위에 서 있으며, 르네상스는 종교개혁의 영향으로 로마 가톨릭교회의 영향력이 약화되면서 한층 강화되는 상호작용 관계를 이루었던 것이다.

종교개혁은 어떤 의미에서는 새로운 관점의 등장이 아니라 이미 존재하고 있던 기독교적 관점의 쇄신이라는 측면이 강하다. '오직 성서'라는 종교개혁의 구호는 '성경으로 돌아가자'는 구호로 대체될 수 있다. 보다 철저한 종교성을 요구한다는 측면에서는 복고적인 성격을 갖는다고도 할 수 있다. 그럼에도 불구하고 종교개혁은 중세를 종결하고 근세를 여는 전환점을 만들어 내었다. 이와 같은 종교개혁의 진보적이고 개척적인 측면은 역시 르네상스 정신을 공유한 데서 찾을 수 있을 것이다. 종교개혁은 전통적인 가톨릭교회의 시각에 안주하지 않고 르네상스 정신에 기초해서 이성에 의한 성경의 이해를 시도하고, 비판적인 이성의 활동으로 그것을 판단하고, 옳다고 판단한 바에 따라서 행동하는 르네상스의 정신을 그 안에 함께 포함하였던 것이다.

그러므로 단순하게 종교개혁을 종교운동으로 보고 종래의 시각에 대한 반복으로 보아서는 제대로 이해할 수가 없다. 오래 지속된 가톨릭의 시각을 극복하는 새 시대의 시각이 종교개혁을 주도하는 토대가 되었기에 새 시대를 열 수 있었던 것이다. 새 시대는 언제나 새로운 과제를 만들어 내고 그 과제의 해결에 적합한 새로운 문제 파악과 해결의 시각을 요청하는 것이다.

종교개혁운동의 영향으로 교육적으로도 많은 변화가 만들어졌다. 그 변화들은 현대교육의 기초를 형성하는 변화들이었다. 종교개혁운동이 미친 교육적 영향은 다음과 같이 간단히 정리할 수 있다.

첫째, 종교개혁운동으로 초래된 교육적 변화들은 다양하지만 "모든 사람에게 동등한 교육"의 이념이 미친 영향이 가장 크다고 할 수 있다. 이러한 이념 아래서 종래 성직자와 일부 계층에 국한되었던 교육이 모든 사람을 대상으로 하는 교육으로 전환될 수 있게 되었다. 그 영향으로 신분계층을 초월한 교육, 남녀의 차별을 극복한 교육이 점진적으로 형성되었다. 독일의 고타교육령과 미국의 매사추세츠 교육령은 모두 모든 사람들을 대상으로 하는 교육이라는 종교개혁의 정신에 기초한 것이었다. 이들 법령을 시작으로 현대의 공교육제도가 만들어지기 시작하였다.

둘째, 모든 사람에 대한 교육은 결과적으로 교육의 세속화를 초래하였다. 루터를 중심으로 한 종교개혁가들의 교육이념에서 모든 사람을 위한 교육은 죄인들을 하나님께 인도하고 또 하나님의 일에 대한 봉사를 위한 종교적인 목적을 가진 것이었다. 그렇지만 만인을 대상으로 하는 교육은 시민들의 일상을 위한 교육적 내용들을 수용하면서 점차 세속적인 내용을 확대해 가는 과정으로 변화되었다. 결국 교육의 보편화와 교육의 세속화가 함께 진행되면서 오늘날의 세속적인 보편교육으로 재편되었다. 그 과정에는 근대국가의 형성과 국가에 의한 국민교육의 실시가 함께 작용하였다. 교회가 아닌 국가가 교육을 주도하면서 세속화의 과정이 더욱 촉진되었다.

셋째, 종래 성직자 양성과 인문교육의 핵심이었던 라틴어 대신에 모국어 교육이 새롭게 강조되는 계기가 되었다. 루터가 자신의 모국어인 독일어로 번역한 성경은 모국어로 된 최초의 성경이었다. 이는 모든 사람들이 모국어 성경을 통해서 성경을 쉽게 읽고 이해하게 위한 종교적 목적이었다. 결과적으로는 거룩한 언어로서의 라틴어의 절대적 위치를 상대화시키고 라틴어에 비해 전시되었던 모국어의 의미를 일깨우는 계기가 되었다. 모국어가 성경의 언어와 교육의 언어로 사용되면서 그만큼 교육의 보편화도 빨라지는 긍정적 상호작용도 낳게 되었다.

이 밖에도 교육의 보편화는 다양한 학교제도의 보급, 여성의 교육적 지위 향상 등 근대 이후의 인간의 삶에 절대적인 영향을 미쳤다. 교육의 보편화로 인한 문화적 · 사회적 발전에 대한 영향은 여기에서 다 다룰 수 없을 만큼 막대하였다. 종교개혁은 르네상스와 더불어 현대사회의 토대를 형성한 결정적인 계기로 평가할 수 있다.

### 3) 가톨릭교회의 대응(반종교개혁)

종교개혁에 대한 가톨릭교회의 대응은 탄압과 쇄신을 병행하였다. 그중에서 교육적으로 가장 의미 있는 운동이 예수회 운동이다. 예수회는 에스파냐 태생의 이그나티우스 로욜라(Ignatius de Loyola, 1491~1556)에 의해 창설되었다. 예수회는 1541년에 새로운 수도회로 공식적으로 출범하였다. 예수회의 창설 목적은 교황의 절대적인 권위를 회복하기 위해서 싸우는 군대 교단이 될 것과 해양 개척으로 발견된 신대륙에 그리스도의 진정한 복음을 전하는 선교 집단이 되는 것이었다.

예수회는 그 설립 목적과 부합되게 전 세계에 선교 활동을 펼쳐 나갔다. 특히 예수회는 신앙의 토착화라는 새로운 선교 방법을 시도하여 효과를 거두었다. 예수회 선교사들은 선교 지방의 관습과 생활을 이해하려고 부단히 노력하였고 원주민들과 의식주를 함께하면서 그들이 기독교 신앙을 올바로 받아들이게 하기 위하여 그들의 언어로 교리서를 번역하거나 저술하였다.

예수회는 이러한 자신들의 목적을 달성하기 위한 가장 중요한 수단으로 학교의 설립과 교육사업을 선택하였다. 교단의 성직자 양성뿐만 아니라 모든 국가의 청소년들을 가톨릭적 의미에서 혁신하기 위해서 학교를 설립하고 운영하였다. 이를 위해서 일반학교, 인문고등학교, 신학대학, 철학부를 설치하고 운영하였다(Reble, 1999: 126). 예수회의 교육사업은 매우 성공적이어서 한때는 많은 가톨릭 국가들에서 김나지움(인문계 중등학교)과 대학들이 거의 예수회 소속이었을 정도였다(Scheuerl et al., 1991a: 70). 예수회 학교들은 이후 서양 근대학교의 모범이 되었으며, 특히 인문학교제도의 발달에 커다란 영향을 미쳤다.

## 3. 교육사상가

### 1) 에라스무스

#### (1) 생애와 사상

에라스무스(Desiderius Erasmus, 1466?~1536)는 네덜란드 출신의 인문주의자로 르네상스를 대표하는 학자의 위치를 차지하고 있다. 네덜란드 로테르담에서 신부와 의사의 딸 사이에서 태어난 그의 삶은 평범하지 않았다. 그의 부모는 정식으로 결혼한 사이가 아니었다. 결혼에 대한 반대에 직면하자 아버지는 이탈리아로 가서 신부가 되었다. 어린 시절과 소년시절을 부모의 돌봄 아래서 생활하였지만, 부모가 페스트로 모두 사망한 후 엄격한 기숙 신학

에라스무스

교를 거쳐 아우구스트 수도원에서 교육받았다. 그곳에서 고대의 문헌들을 접하면서 당시 최고의 인문학자로서의 길로 들어섰다. 1492년에 신부가 된 후에 몇 년 동안 파리대학에서 신학을 공부하였다.

르네상스와 신학의 역사에 있어서 그의 중요한 업적 중의 하나가 신약성서의 개정이다. 그는 신약성서의 보급을 위해서 수백 년 동안 공인되었던 신약성서(불가타)를 그리스어와 대조하여 그리스어-라틴어 대조번역판을 새롭게 펴내었다. 중세시대에는 신부들만이 성서를 읽을 수 있었으나 인쇄술이 발달하지 않은 상황에서 신부들조차 성경을 쉽게 접하지 못했다. 그가 라틴어 판 성서를 내어 놓음으로써 성직자들이 독점하던 성서가 일반인들에게도 읽힐 수 있게 되었다. 이제 라틴어를 읽을 수 있는 사람은 누구든지 신약성서를 읽을 수 있게 되었다. 이는 "직접 눈으로 보고, 이성적-비판적으로 사유하고, 그에 따라서 행동한다."는 르네상스의 비판정신을 반영한 것이다. 그가 개정한 신약성서는 후에 루터의 독일어 신약성서의 기초가 되었다.

또한 그 자신이 신부임에도 당시의 교회가 가진 문제를 신랄하게 비판함으로써 종교개혁에도 커다란 영향을 미쳤다. 이성에 대한 신뢰와 비판정신은 가톨릭교회 비판에도 일관적으로 적용되었다. 그는 인간과 신의 이성 사이의 근본적인 공통점을 옹호하는 입장이었다(Scheuerl et al., 1991a: 37). 이러한 입장에 따라서 지나치게 강조된 성서와 성직자들의 권위에 대해서 비판적이었다. 그는 필요 이상으로 성서를 신비화하고 어려운 교리를 내세우며, 일반인들의 접근을 차단하는 경향에 대해서 비판하였다.

### (2) 교육사상

에라스무스는 인간은 태어나는 것이 아니라 교육된다고 하였다. 교육을 통해서 비로소 인간다운 인간이 된다는 것이다. 인간은 태어날 때 결함을 지니고 태어나며, 완성되지 않은 불확정 상태이다. 그렇지만 인간은 태어나면서부터 학습능력을 지녔기 때문에 특출하다. 그리고 인간의 학습을 가능하게 하는 것이 이성이다. 이처럼 불완전하게 태어난 인간에게 주어진 이성을 교육하여 인간다운 인간으로 만드는 활동이 교육이다. 그렇기 때문에 아직 유연한 시기인 어린 시절의 1년이 성숙한 후의 10년보다 가치 있다고 하였다 (Gail, 1974: 232-235).

또한 아이들은 어른들과 다른 존재이며 아동의 교육에 있어서는 아이들의 본성을 참작해야 한다고 하였다. 그는 어렵고 강압적인 교육에 대해서 분명하게 반대하며 비판하였다. 교육 방법에 있어서도 강압적인 방법과 맹목적인 암기를 반대하였다. 복잡하고 어려운 내용은 교육에 있어서 불필요한 통제와 강제적인 훈육을 낳게 하고 이러한 경향은 약자에 대한 지배욕이나 동일한 고통을 당했던 교사들의 복수심의 결과라는 것이다. 이러한 강압적인 교육의 가장 나쁜 영향은 학생들이 공부에 흥미를 잃게 만드는 것(Scheuerl et al., 1991a: 44, 51)이라고 하였다.

그는 교육자를 아버지에 비유하였다. 여기서 바람직한 교사상으로서의 아버지는 아버지다운 사랑을 가진 사람을 말한다. 진실로 아버지다운 사람은 아들을 총체적으로 배려하는 사람이기 때문이다. 아버지가 아들이 가진 다른 사람보다 우수한 점을 고려하듯이 교육자도 그러해야 한다고 하였다. 아버지의 마음으로 행해지는 동반자적인 배려가 교육자의 자질이다(Gail, 1974: 236).

당시 최고의 라틴어 학자이기도 한 그는 종래의 형식주의적 교육을 비판하고 고전문학을 강조함으로써 르네상스 인문주의와 교육개혁에도 결정적으로 기여하였다.

## 2) 루터

### (1) 생애와 사상

종교개혁을 대표하는 인물인 루터(Martin Luther, 1483~1546)는 1483년 독일의 작센에서 태어났다. 그의 아버지는 광산 기술자였으며, 가정의 분위기는 당시의 일반 가정들처럼 매우 엄격하고 경건하였다. 어린 시절 그는 만스펠트의 라틴어 학교와 막데부르크의 형제단 학교에 다녔고, 아이제나흐에서도 공부하였다. 1501년 에르푸르트 대학에 입학하였고 이곳에서 문학사와 문학 석사학위를 받았다.

루터

1505년 아우구스티누스 수도회에 입회하여 수도사로서의 길로 들어섰으며, 1507년 사제 서품을 받았다. 이후 그는 신학 연구를 위해 선발되었고, 1508년에 비텐베르크 대학에 입학했다. 1512년 신학박사가 되고 1513년부터 비텐베르크에서 교수생활을 시작하였다.

루터는 1517년 10월 31일에 면죄부 등 당시의 교회가 가진 문제들에 대한 95개조 반박문을 써서 발표함으로써 종교개혁을 촉발시켰다. 반박문의 발표 이후 교황청과 대결하면서 루터는 교황과 로마 가톨릭교회로부터 독립을 선언했으며, 교황에게 반감을 가진 독일의 기사 및 시민들이 그를 열렬히 지지하였다. 1521년에는 신성로마제국의 황제였던 카를 5세가 소집한 제국의회에서 추방령이 내려졌다. 추방된 후 그는 작센의 제후 프리드리히의 보호로 바르트부르크 성에 은거하면서 신약성서를 자신의 모국어인 독일어로 번역하였다. 그가 번역한 독일어 신약성서는 가톨릭교회의 공식 언어이자 신성한 언어로 여겨졌던 라틴어 이외의 언어로 번역된 최초의 성서이며, 최초의 모국어 성서이다.

종교개혁의 전개는 당시의 독일의 상황과 결합되면서 급격하게 발전하였다. 당시의 농민들은 신분상 농노에 가까운 취급을 받았다. 이러한 농민들의 불만이 1524년에 터져 나왔다. 이 농민 소요는 도시의 빈민층까지 가세하면서 더욱 격렬하게 전개되었다. 그렇지만 루터는 농민들의 편에 가담하지 않았으며 오히려 이들을 무마하려고 하였다. 신 앞에서 모든 인간은 동등하다는 그의 생각은 종교적인 믿음에 관한 것이었으며, 사회적 구호가 아니었다(Reble, 1999: 111). 루터는 농민들의 기대를 저버리고 그를 보호해 준 프리드리히를 비롯한 영주들의 편에 섰다. 이런 상황에서 루터는 지지자들을 잃게 되었다. 결과적으로 가톨릭교회 측과 타협하지 않을 수 없었으며, 혼자의 힘으로 반가톨릭 운동을 이끌어 갈 수 없게 되었다. 루터는 본래 로마 가톨릭을 개혁하고자 한 것이 아니었다. 루터는 근본적으로 보수파였으며, 루터의 개신교는 보수적이고 소극적이었다. 이와 같은 보수적이고 귀족들의 힘에 기댄 개혁으로 인해서 그의 개혁은 일반 민중들에게 깊숙이 파고들지는 못했다. 그럼에도 불구하고 종교개혁의 촉발자로서의 그의 영향은 절대적인 의의를 갖는다.

### (2) 교육사상

루터에 의하면 인간에게 주어지는 하느님의 은총은 하느님이 복음서에 계시한 사랑을 통해서 직접 일어나는 사건이다. 인간은 자신의 죄와 결점에도 불구하고 오로지 예수와 그의 말씀을 믿음으로써('오직 믿음', sola fide) 하느님의 은총을 깨닫게 된다. 이러한 신앙적 각성에 따라서 교회나 성직자에 의한 중재의 의미가 사라지게 되었다. 이것은 신과 인간의 중개자로서의 특별한 신분으로서의 성직자 계층의 권위를 부정하는 것이다. 모든 사람들은 하느님 앞에 어떠한 차별도 없으며, 따라서 성직자의 중재 없이도 하느님께 직접 예배할 수 있다는 생각이다. 이것이 그가 제시한 '만인제사장설'이다.

개인과 하느님 사이에서 성직자의 중재가 사라지게 되면서 하느님의 말씀으로서의 성서가 더 중요한 역할을 하게 되었다(Reble, 1999: 106). 믿음의 근거는 가톨릭교회나 신부들의 가르침이 아니라 오직 성서에 근거해야 한다('오직 성서', sola scriptura)는 생각으로 발전하였다. 이에 따라서 모든 기독교인들은 스스로 성경을 읽고 이해하며 하나님께 제사 지낼 수 있는 자격과 책임을 갖게 되었다. 그것은 동시에 모든 사람들이 교육을 통해 성경을 이해할 수 있는 능력을 갖추어야 함을 의미하였다. 믿음의 절대적이고 유일한 근거인 성서를 이해하기 위해서는 성직자뿐만 아니라 모든 사람이 성서를 이해할 수 있어야만 했다. 여기에서 모든 사람들을 대상으로 하는 교육이라는 공교육의 이념이 탄생하였다. 루터는 모든 사람들이 하나님을 제대로 이해하기 위해서는 모든 사람들이 교육받아야 한다고 주장하였다. 이로써 루터는 공교육의 이념을 제시하였다.

그가 신약성서를 독일어로 번역한 것도 마찬가지의 맥락이다. 당시의 성서는 그리스어와 라틴어로 기록되어 있었다. 교육받지 못한 사람들은 접근할 수 없는 매우 어려운 언어였다. 이와 같은 언어적 장벽을 무너뜨리고 모든 사람들이 성경을 쉽게 읽고 이해할 수 있도록 하기 위한 노력에서 성서의 번역 작업이 이루어진 것이다.

루터에게 있어서 인간의 존재 및 모든 교육의 목적은 하느님의 자녀가 되는 것에 있다. 하느님과의 자녀관계는 하느님과 세상에 제대로 봉사하는 데 있다. 그러므로 어린이들은 첫째로 구원받도록, 그리고 둘째로 쓸모 있도록 교육되어야 한다. 구원을 결정하는 것은 전적으로 하느님에게 속한 것이다. 그러므로 하느님만이 진정한 의미의 교사이며, 유일한 교사일 수 있다. 그럼에도 불구하고 교육은 필요하다. 교육이 구원을 만들어 낼 수는 없지만 종교적 삶은 교육을 필요로 하기 때문이다. 따라서 교육의 목적은 하느님과 세상에 봉사하기 위함이다.

루터는 부모를 가장 훌륭한 교육자로 보았다. 자녀들을 가장 잘 알고 있기 때문이다. 그러나 부모들이 교육적 과제를 완수하기에 부족할 수 있기 때문에 국가나 도시가 학교를 세우고 운영해야 한다고 하였다. 이와 같은 생각은 중세에 성행하였던 교회 중심의 학교운영과는 다른 생각이었다. 성직자 계층뿐만 아니라 세속적 직업을 준비시키기 위한 교육도 중요하다고 보았기 때문이다(Reble, 1999: 115).

이처럼 루터에 의해 수행된 교회의 개혁은 교육적으로는 교육기회의 확대를 통한 교육의 민주화라는 거대한 혁신의 출발점이 되었다. 만인제사장설, 성경의 번역, 공교육 이념 등을 통해 성직자와 일부 상류계층에 국한되었던 교육이 하나님을 믿는 모든 사람들에게 공평하게 베풀어져야 한다는 이념이 퍼져갔기 때문이다. 교육이 확장될수록 교육을 통한 이성의 계발과 비판적 이성의 활동을 통한 르네상스 정신의 확산이 동시에 가능해졌다. 이것이 종교개혁이 갖는 르네상스와의 상호보완적 관계이며, 근대의 완성에 결정적으로 기여한 면이다. 그가 신앙 안에서 제시한 모든 사람을 위한 교육의 이념은 세속 국가의 공교육으로 이어지면서 오늘날 그는 공교육의 아버지로 평가된다. 그의 공교육 사상은 현재의 독일에 속하는 고타, 바이마르 등과 미국의 매사추세츠 교육령 등을 거쳐서 오늘날의 의무교육으로 이어졌다.

# 제 13 장
# 리얼리즘과 계몽주의 시대의 교육

## 1. 리얼리즘 시대의 교육

17세기는 정치적으로는 절대왕정의 시대이며 문화와 예술 분야에서는 바로크 시대로 부른다. 르네상스와 종교개혁을 거치면서 유럽사회는 서서히 종교적 세계관과 권력으로부터 벗어나게 되었다. 세속 권력이 점차 강해져서 귀족들과 시민들은 절대왕정의 지배 아래로 들어가게 되었다. 절대왕정의 출현은 다른 면에서는 국가체제의 정비를 의미한다. 지역 국가의 개념이나 민족국가의 개념 등이 이때에 함께 등장하여 발전하였다.

절대왕정 국가들은 국가의 유지와 팽창을 위해서 중상주의적 정책을 시행하였으며 그 결과 경제가 발전하고 삶의 질이 향상되면서 인구도 증가하였다. 또 국가의 발전을 위해서 보다 유능한 인재들을 길러 내기 위하여, 또 다른 한편에서는 국민의 복지를 위해서 교육과 학교문제에 대해 적극적인 관심을 보이면서 국민교육이 구체적으로 현실화되는 계기가 만들어졌다. 17세기는 국가가 주체가 되는 참다운 의미의 공교육이 최초로 시작된 시기였다(Reble, 1999: 137).

이 시대의 또 다른 경향 중의 하나는 전 시대의 특징인 인문주의로부터의 탈피이다. 과도한 수사학과 형식주의에 대한 비판이 이루어졌다. 인문주의에서 고전의 이해와 연결되었던 '언어' 혹은 '말'에 대한 강조가 비판받으면서 '사물'이 더 주목받게 되었다. 인문주의 시대의 교육이 라틴어 교육과 고전에 능통한 학자와 교양인의 양성을 목표로 한데 반해서 이 시대의 교육은 국민교육을 지향하였다(Reble, 1999: 138).

다른 한편으로 르네상스 인문주의에서 만들어진 이성 중심의 경향은 한층 더 발전하였다. 합리성의 강화가 이 시대에 보다 뚜렷해졌는데 과학 분야에서 놀라운 발전이 그러한 경향을 더욱 강화하였다. 데카르트, 스피노자, 홉스, 라이프니츠 등이 합리성에 기초한 새로운 관점의 확산에 기여하였다. 과학 분야에서는 갈릴레이, 케플러, 뉴턴 등이 등장하여 대단한 성과들을 만들어 내었다. 그 결과 이 시대를 거치면서 신앙의 시대에서 이성의 시대로의 전환이 매우 빠르게 진행되었다.

교육의 역사에서도 이와 같은 흐름은 매우 분명하게 확인된다. 교육사에서 17세기는 리얼리즘(realism) 혹은 실학주의(實學主義)의 시대이다. 리얼리즘은 그 전 시대인 르네상스 인문주의와 분명하게 구별되는 특징으로 이 시대를 나타내는 용어이다. 르네상스는 시간이 흘러감에 따라서 원래의 모습에서 멀어지기 시작하였다. 그중의 하나가 자연과 실생활에 대한 관심이 점차 퇴보하고 고전의 암기와 실생활과 동떨어진 인문주의로 치우치게 된 것이다. 그에 대한 반발로 실생활에 대한 연관성을 강조하고 실용성을 강조하는 경향이 등장하였다.

이러한 경향은 17세기의 과학적 성과들과 결합하면서 더욱 강화되었다. 과학의 성과들은 이전의 학문들이 보여 주지 못했던 수많은 새로운 성취들을 만들어 내었다. 자연현상에 대한 관찰의 결과 흥미로운 새로운 지식들이 축적되었다. 급격하게 축적되는 발견과 발명의 성과들은 실제 세계와 동떨어진 책 속에서는 찾을 수 없었던 새로운 열정을 만들어 내었다. 이러한 경향들이 결합되어서 리얼리즘의 시대가 만들어졌다. 실제 생활, 실용성, 자연과학, 경험세계 등이 이 시대의 경향들을 대표하는 개념들이다. 전 시대의 인문주의는 이성적인 존재로서의 인간의 가치를 재발견하는 데 결정적으로 기여한 것에 반해서 이 시대는 자연과학이 발전하면서 '자연'의 가치에 대한 새로운 인정이 이루어졌다.

리얼리즘은 교육 분야에서 거대한 체계와 획기적인 교육 방법을 추구하는 것으로 나타났다. 모든 지식의 체계적인 정리를 추구하는 백과전서파가 이때 등장하였다. 또 이성에 기초해서 모든 것을 개혁하려는 의도에서 교수법의 개혁이 활발하게 이루어졌다. 과학적 발견이 만들어 낸 많은 지식의 전달과 효과적인 습득을 위한 합리적 노력들도 이루어졌다. 이러한 노력이 17세기를 교육학에서 '교수학의 시대'로 만들었다. 코메니우스는 교수법과 관련해서 최고의 명성을 얻으면서 이 시대의 대표적인 교육사상가로 인정받았다.

이 시기에는 또한 과학의 발전과 실물과 현실에 대한 관심이 증가되었다. 인문주의에서 강조되었던 고전과 언어는 점차 힘을 잃었다. 그 대신에 사물 자체를 본질적으로 여기는 실학주의적 경향이 강하게 등장하였다. 자연과학의 발견들이 만들어 낸 지식과 현실과 관련된 지식들이 이 시기의 교육에서 새롭게 부각되었다.

인문주의에 대한 비판, 현실에 대한 강조, 지역 국가 혹은 민족국가의 등장 등의 영향으로 라틴어 대신에 모국어를 강조하는 경향이 등장하였다. 모국어에 대한 강조와 인간의 자연성을 중요하게 생각하는 경향, 현실과 실물에 대한 강조 등의 영향으로 일반 국민학교의 사상이 등장하고 실천되었다. 바이마르와 고타, 프랑스, 영국 등 유럽의 여러 곳에서 학교개혁과 국가가 주도하는 학교제도의 설립에 대한 논의와 실천들이 이루어졌다. 그 결과 공교육 제도의 기틀이 이 시대에 만들어졌다(Reble, 1999: 143).

## 2. 계몽주의 시대의 교육

계몽주의(Enlightenment)는 18세기를 대표하는 사상운동이며 정치운동이다. 계몽주의에서 계몽(啓蒙)은 말 그대로 하면 '빛을 비추다' '깨우다' '가르침을 베풀다' 등의 의미를 가진다. 계몽주의는 인간의 이성을 절대적으로 신뢰하면서 이성의 힘으로 인간과 인간 사회를 이상적인 상태로 이끌려는 운동이었다. 르네상스 이후 이성에 대한 신뢰가 점차 증가하였고 이 시대에 와서 이성과 이성적 존재로서의 인간에 대한 신뢰는 극에 달하였다.

이러한 이성에 대한 신뢰는 이성적 존재로서의 인간에 대한 믿음의 차원을 넘어서서 인간 사회 전체에 걸친 합리적 개혁운동으로 전환되었다. 인간 존재 자신에 대한 비합리적인 신념에서부터 인간들의 사회와 국가가 가진 불합리한 요소들 등 삶의 전반적인 영역들이 합리성의 기준에 의해서 비판되었고 혁신적인 개선책들이 제시되었다. 이제 합리성은 인간 개인의 성장과 완성의 지표가 될 뿐만 아니라 사회와 현실을 진단하고 개혁하는 척도로도 작용하게 되었다.

정치적으로는 전제군주정치가 비이성적인 것으로 비판되고 민주주의 사상이 급속히 발전하였다. 왕의 권위는 신으로부터 부여된 것으로서 비판하거나 도전할 수 없는 절대적인 것이라는 왕권신수설이 붕괴되었다. 대신에 이성적 존재로서의 인간 개개인의 자유와 평등을 절대적인 가치로 내세웠다. 17세기의 절대주의 국가에 대한 시민의 저항이 이러한 계몽주의 정신에 의해서 주도되었다. 개인의 인권에 대한 자각, 국민주권론과 계약국가론, 민주적 정치체제에 대한 신념이 확산되었다. 전에는 왕의 절대적인 권력에 복종해야 했던 백성들이 이제는 자율적인 시민으로 인식되었다. 시민계층이 하나의 세력으로 등장하였고 이 시대의 문화에 큰 영향을 미쳤다(Reble, 1999: 175-177). 볼테르(Voltaire), 로크(J. Locke), 루소(J. J. Rousseau), 몽테스

키외(Montesquieu) 등이 이러한 계몽주의적 정치운동을 주도하면서 민주주의 사상을 발전시키는 데 기여하였다.

왕권신수설에 기초한 절대왕정이 비판받으면서 국가권력에 대한 생각이 근본적으로 변화하였다. 이러한 변화는 거대한 정치개혁과 혁명의 탄생으로 이어졌다. 대표적인 사건이 프랑스 혁명이다. 또한 이들의 사상은 후에 미국 독립운동의 배경이 되기도 하였다. 결과적으로 계몽주의의 이름 아래 전개된 합리성에 기초한 정치개혁운동은 현대 민주주의의 토대를 마련하는 계기가 되었다.

이와 함께 인간의 자율적인 의지를 죄와 연결시켜 이해하고 억압하였던 기독교적 관점과 질서에 대한 비판이 이루어졌다. 인간 이성에 대한 신뢰와 이성에 의한 사회 개혁에 대한 낙관적인 기대가 이 시대를 지배하였다. 비이성적이고 신비주의적인 것을 거부하고 현실에 충실하려는 태도 역시 이 시대의 특징이었다. 이에 따라서 기독교에 대한 반발과 세속화가 급격하게 진행되었고, 이성과 과학이 그 자리를 대신하였다.

기독교적 인간관에 대한 비판은 이 시대의 가장 중요한 교육적 전환을 마련하는 계기가 되었다. 이전 시대까지 모든 교육은 기독교의 원죄설에 기초해서 '죄인을 하나님께 인도하는 것'을 목적으로 하였다. 그 바탕에는 인간은 태어날 때부터 죄를 가지고 태어난다는 '원죄설'이 자리 잡고 있다. 기독교적 인간관에 대한 비판은 이러한 원죄설에 대한 비판과 거부로 나타났다. 기독교적 원죄설에 대한 비판과 과학적인 연구의 성과와 합리적인 사유의 결과들이 새로운 인간관의 탄생으로 이어졌다.

그 대표적인 것이 로크의 '백지설'과 루소의 '성선설'이다. 이들은 모두 원죄설에 기초한 인간이해를 거부하고 새로운 인간이해를 제시하였다. 로크는 인간은 태어날 때 백지와 같은 상태이고 거기에 어떤 경험을 제공하느냐에 따라서 어떤 존재로도 될 수 있다는 생각을 제시하였다. 루소는 인간은 태어날 때 선한 존재라고 하여 마찬가지로 원죄설을 거부하였다. 이러한 인간관들은 기독교적 원죄설을 벗어났다는 점에서 혁신적이며, 근대적 인간관의 완성이라고 할 수 있다. 이와 같은 새로운 인간관의 바탕에는 이성적인 존재로서의 인간 자신에 대한 신뢰가 깔려 있다고 할 수 있다.

이성적 존재로서의 인간 자신에 대한 신뢰는 인간이 사는 사회의 개선에 대한 낙관적인 희망으로 이어졌다. 이전 시대까지 교육이 이성적인 인간을 만드는 것이었다면 이제 사람들은 스스로의 이성을 계발하고 완성하는 차원에 만족하지 않고, 모든 사람들이 이성적으로 성숙한 이상적인 사회를 꿈꾸게 되었다. 그러기 위해서는 아직 이성적으로 각성되지 못한 사람들에 대한 교육이 필요하였다. 계몽주의 시대는 모든 사람들의 이성을 계발하고 완성함으로써 이성적으로 성숙한 이상향을 인간의 힘으로 완성하려고 노력한 시대였다. 인간의 노력이 인간을 이성적인 존재로 만들고, 이성적으로 성숙한 인간들로 구성된 이상적 사회가 가능하다는 유토피아(Utopia)에 대한 희망과 신념이 이 시대를 지배하였다.

이상적 사회를 향한 열망과 낙관적인 신뢰는 이 시대를 교육의 시대로 만들었다. 교육을 통한 인간사회의 개선에 대한 노력은 교육의 영역뿐만 아니라 과학 및 전체 생활의 교육화 현상으로 나타났다. 교육을 통해서 사람들을 개선하고 정신적으로 성숙하게 할 수 있다는 생각이 확산된 결과이다. '진리의 전달'이 이 시대 학자와 교육자, 지식인들의 일반적인 신조였다. 교육적인 문학작품들이 성행하고, 쉬운 언어로 말하고 전달하려는 태도는 이 시대 교양인의 필수적인 태도가 되었다. 이러한 경향은 국민교육운동으로 발전하였다(Reble, 1999: 181).

르네상스 교육은 고전에 몰두하고 이를 이해하기 위해 언어교육을 중시하면서 귀족주의적인 경향을 띠었다는 한계를 가졌다. 이에 비해서 계몽주의 시대의 교육은 모든 사람들의 이성적인 각성을 추구하였다는 점에서 한 걸음 더 보편적 교육을 향해 전진하였다고 할 수 있다. 모든 사람의 이성적 각성을 지향하고 그것을 통해서 인간 사회 전체의 개선을 이룩하고자 하였다. 이성에 기초한 자유와 평등의 이념은 교육의 영역으로도 그대로 확산되었고 시민계급의 탄생은 귀족의 교육으로부터 시민의 교육으로의 전환을 만들어 냈다.

## 3. 교육사상가

### 1) 코메니우스

#### (1) 생애와 사상

코메니우스

코메니우스(Johan Amos Comenius, 1592~1670)는 체코의 신학자이면서 교육학자이다. 『세계도회』, 『대교수학』, 『범교육론』 등의 저서를 통해 근대 교육학 역사상 최고의 학자로 인정받고 있다. 그는 어려서 모든 가족을 잃고 이모에게 양육되었다. 헤르본 대학을 거쳐 하이델베르크 대학을 졸업하였다. 그의 일생은 한마디로 고난의 연속이었다. 어려서 가족을 모두 잃었고 첫 번째 부인과 아이들도 모두 전염병으로 그의 곁을 떠났다. 두 번째 부인마저도 일찍 그의 곁을 떠났다. 일생 동안 자신이 속한 형제교단의 안정적이고 자유로운 신앙활동을 위한 안식처를 찾기 위해 노력하였지만 이마저도 이루어지지 않았다. 평생 이 목표를 위해서 이곳저곳을 떠돌아다니고 정치적인 노력을 기울였지만 결국 실패하고 말았다.

이와 같은 불행한 현실적 상황 때문인지 그는 자신의 시대에 예수의 재림이 이루어질 것이라는 천년왕국설을 믿었으며, 이를 준비하기 위해 노력했다. 그의 학문적인 저작들은 매우 합리적이고 당시의 과학정신을 잘 반영하고 있는 반면에 그의 신앙적인 세계는 신비주의적인 측면이 다분하다. 어떤 사상가에게 있어서나 마찬가지이지만 코메니우스의 사상도 당시의 시대정신을 반영하면서 동시에 새 시대를 열어 주는 선구적 측면들이 있다. 코메니우스의 사상에는 이중적인 측면이 내포되어 있다. 첫째는 르네상스 이후 당시까지 축적된 합리적 사고의 결과들이다. 둘째는 형제교단의 지도자로서의 코메니우스의 신앙적 측면이다. 지금까지 교육학계에 일반적으로 널리 알려진 측면은 이 중 첫 번째 측면에 치우쳐 있다. 그래서 그를 실학주의의 대표적 사상가로 평가하곤 한다. 그렇지만 이와 같은 평가는 그를 너무 한 측면에서만 단편적으로 이해하는 오류라고 할 수 있다.

(2) 교육사상

코메니우스는 스스로를 먼저 신학자로 이해했다. 같은 맥락에서 그의 교육사상들은 언제나 그의 신학적 체계 안에서 이루어졌다. 신과 신이 창조한 세계에 대한 범지학적 이해에 기초해서 그의 교육사상들이 전개되었다. 신의 창조 작업과 인간의 타락으로 인한 세계 전체의 타락을 개선하는 것이 그의 전체 범지학 체계의 근간이라면 그의 교육사상은 인간이 그 작업에서 어떻게 봉사할 수 있는가에 대한 생각에서 비롯되었다고 볼 수 있다(Scheuerl et al., 1991a: 112-113).

그는 신의 피조물로서의 인간을 신과 닮은 존재로 보았다. 또한 인간은 작은 우주라고 할 수 있어서 우주의 구조와 인간의 본성은 서로 대응적인 관계라고 하였다. 그는 이러한 대응관계를 삼중적인 구조로 파악하였다. 인간은 식물, 동물, 영혼의 삼중의 방식으로 존재한다. 이는 각각 어머니의 태중, 지상, 하늘이라는 세 장소에 대응한다.

교육목적 역시 삼중적으로 제시된다. 인식 형성, 도덕론, 경건성이 그것이다. 인식을 통해서 인간은 타락으로 말미암은 원시상태에서 벗어날 수 있다. 바른 인식은 바른 행동과 연결된다. 그의 지식개념에는 언제나 행위가 수반되어 있다. 경건성은 기독교적 실천과 관련된다. 그는 모든 인간이 신의 피조물로서 신을 닮았고, 그래서 모든 인간이 위의 세 가지 교육목적을 달성할 수 있다고 보았다.

그래서 그는 모든 사람을 대상으로 하는 완전한 교육을 구상했다. 이를 '모든 사람에게(omnes), 모든 것을(omnia), 모든 방법으로(omnino)'라는 말로 표현하였다.

'모든 사람'이란 귀족과 천민, 가난한 사람과 부자, 소년과 소녀 등 모든 차별을 넘어서는 신의 피조물 전체를 의미한다.

'모든 것'은 교육내용에 해당하는데 그의 교육내용에 있어서 특징적인 것은 전통적으로 중요시되던 언어적 내용 대신에 사물이나 사실의 자연적인 체계에서 학습내용을 가져왔다는 것이다. 그리고 이러한 학습내용을 다음과 같은 네 단계의 학교에 각각 배치하였다.

| 학교 | 나이 | 교육단계 | 교육내용 |
| --- | --- | --- | --- |
| 대학 | | 고등교육 | 범지학적 맥락의 학문 연구 |
| 라틴어 학교 | | 중등교육 | 백과사전, 고급 언어, 수학 |
| 모국어 학교 | 6~12 | 초등교육 | 모국어 교과 |
| 어머니 학교 | 0~5 | 가정교육 | 기초 문법, 경제, 윤리 |

–『대교수학』에 명시된 교육단계와 내용(Scheuerl, 2004: 128-129)

'모든 방법'은 교육방법에 해당하는데 여기서 강조되는 것은 '자연에 따르는 방법'이다. 예를 들면, 모든 것은 중심에서 시작해야 한다. 학습은 쉬운 것에서 어려운 것으로, 가까운 곳에서 먼 곳으로, 일반적인 것에서 특수한 것으로 진행되어야 한다. 이러한 원리에 따라서 제작된 것이 서양 교육사에서 최초의 시각적 교재인『세계도회』이다. 이 책은 기존의 암기 위주의 라틴어 교재들과는 달리 '그림 → 모국어 → 라틴어'의 순서로 배열함으로써 엄청난 성공을 거두었다.

이와 같은 '전체로서의 하나'의 체계는 그의 생전에 출판되지 못하였다가 1930년대에 다시 발견된 원고인『인간 개선을 위한 일반적 제언』에서 보다 완성된 형태로 드러났다. 이 책은 전체 7권으로 구성되어 있으며, 그중 네 번째이자 가장 핵심적인 책이 『범교육(론)(Pampaedia)』이다. 범교육의 목적은 범지적 질서, 곧 창조질서의 회복이다. 이를 위한 교육은 또다시 삼중적인 구조로 제시되었다.

이러한 삼중적인 체계에 따른 교육목표는 '마땅히 알 것을 알고, 마땅히 행할 것을 행하며, 언어로 표현할 수 있게 하는 것'이었다.

| 하나님의 세 가지 책 | 사물세계 | 인간 정신 | 성서 |
|---|---|---|---|
| 세 가지 눈 | 감각 | 이성 | 믿음 |
| 인식 대상 | 사물 | 감각 | 표현 |
| 지식 습득의 수단 | 감각 | 이성 | 언어 |

『대교수학』에 제시되었던 4단계의 학교 역시 인생 전체를 포괄하는 8단계의 학교로 확대되었다. 탄생전학교, 영아학교, 아동학교, 소년학교, 청년학교, 성인학교, 노년학교, 죽음의 학교 등이다. 범교육론에 나타난 8단계의 학교를 세계, 학교, 학교의 장소, 연령, 일 년의 12개월에 비교하여 정리하면 〈표 13-1〉과 같다(오인탁, 1980: 343).

표 13-1 『범교육론』에 제시된 8단계 학교

| | 세계 | 학교 | 학교의 장소 | 연령 | 해당 월 |
|---|---|---|---|---|---|
| 1 | 가능세계 | 탄생전학교 | 탄생지 | | |
| 2 | 원형세계 | 영아학교 | 집(가정) | 0~6세 | 1월 |
| 3 | 천사세계 | 아동학교 | 마을 | 7~12세 | 2, 3월 |
| 4 | 자연세계 | 소년학교 | 도시 | 13~18세 | 4, 5월 |
| 5 | 문화세계 | 청년학교 | 국가 | 19~24세 | 6, 7월 |
| 6 | 윤리세계 | 성인학교 | 세계 | 25세 이상 | 7~11월 |
| 7 | 정신세계 | 노년학교 | 노인이 사는 곳 | | 12월 |
| 8 | 영원세계 | 죽음의 학교 | | | |

그의 교육학적 공헌은 매우 크다. 무엇보다도 교육에 있어서 발달의 개념을 체계적으로 제시한 최초의 인물이라 할 수 있다. 더욱이 그의 발달단계는 『범교육론』에서 생애 전체에 걸친 발달의 개념으로 확대되어 현대 교육학이 20세기 말에야 성취한 업적을 수백 년 앞서 제시하고 있다. 그리고 이러한 발달단계들은 각각의 체계적인 학교교육의 단계 제시와 연결되었으며, 더 나아가 생애교육 혹은 평생교육의 개념을 보여 주었다.

그는 또한 사물과 자연에 대한 학습을 교육의 주요 내용으로 끌어들인 점에서 높이 평가받고 있다. 이를 통하여 종래의 인문교육과 스콜라주의 교육에 치우친 교육적 전통을 극복하고 신인본주의 시대에 와서야 등장하는 일반교육의 개념을 미리 제시한 것으로 평가된다(오춘희, 1998: 54).

이 밖에도 그의 공헌은 매우 크고 포괄적이다. 그의 사상이 갖는 포괄성이 그것을 가능하게 했다. 코메니우스의 교육사상은 17세기의 학교법 제정, 보통의무교육의 발전, 모국어 교육, 실업교육, 교수방법론 등 광범위한 영역에 걸쳐서 직접적인 영향을 미쳤다(Scheuerl et al., 1991a: 131).

## 2) 로크

### (1) 생애와 사상

로크(John Locke, 1632~1704)는 영국의 철학자이며 사상가로서 교육학적으로도 매우 중요한 위치를 차지하고 있다. 그는 1632년 섬머셋셔에서 법조인의 아들로 태어나 청교도식의 엄한 가정교육을 받으면서 자랐다. 웨스트민스터 기숙학교를 거쳐, 1652년 옥스퍼드 대학의 크리스트 칼리지에 장학생으로 입학하여 학사와 석사를 마쳤다. 1660년부터 옥스퍼드 대학의 강사로 5년간 활동하였으며, 정치에 참여하기도 하였다. 『인간 오성론(An Essay

로크

concerning Human Understanding)』, 『통치론(Two Treatises of Government)』 등의 책을 통해 당시의 사회와 후대의 사상에 큰 영향을 미쳤다.

로크의 경험론은 철학적으로나 교육학적으로 매우 의미 있는 사상의 출발점이다. 그는 플라톤 이후 서양철학에서 인정되어 오던 경험 이전에 미리 주어진 관념이나 지식을 인정하지 않았다. 모든 의식의 내용들은 외적인 경험에서 비롯된 것이며, 경험 이전의 인간 의식은 백지상태(tabula lasa)라고 하였다.

이러한 생각에 기초해서 그는 인간 의식의 형성과정을 다음과 같이 설명하였다. 먼저, 경험에 의해서 일차적으로 오성에 제공되는 것을 감각이라 한다. 다음으로 감각을 통해 미리 정신에 주어진 관념들과 새로운 감각이 작용하는 것을 반성이라 한다. 이처럼 외부에 대한 감각과 감각에 대한 반성을 통해서 얻어진 것이 단순관념이다. 그리고 여러 가지 단순관념들이 사고과정을 통해 합쳐져서 만들어지는 것이 복합 관념이다. 또 우리가 지식이라고 부르는 것은 관념들 사이에서 일치 또는 불일치를 의미한다.

그의 경험론에 제시된 백지설은 기독교의 원죄론과는 다른 인간관을 제시하였다. 이것은 또한 플라톤이 제시한 이래 오랫동안 고수되었던 철학적 인간관, 즉 사람이 태어날 때부터 선천적인 관념 또는 생득 관념을 가지고 있다는 생각과도 다른 관점이다. 이와 같은 그의 인간에 대한 새로운 관점은 흄이나 루소, 칸트 등의 인식론에 큰 영향을 미쳤다. 기독교의 원죄설과 다른 인간관을 제시하였다는 점에서 근대적인 인간이해를 완성하였다고도 할 수 있다.

그는 인간의 자연 상태를 평화, 선의, 상호부조가 있는 낙원과 같은 상태로 보았으며 자연권의 안전한 보장을 위해서 사회적 계약에 의해서 국가가 발생하였다고 주장하였다. 그래서 국가의 임무는 시민의 안전을 보장하는 것이며, 이를 야경국가론(夜警國家論)이라고 한다. 국가가 그 기능을 제대로 수행하지 못할 때에는 국민에 의해 파기될 수 있다는 것 역시 로크의 국가론의 특징 중 하나이다. 사회계약론을 핵심으로 하는 그의 정치사상은 볼테르와 루소에게 직접적인 영향을 주었으며 프랑스 계몽주의와 대혁명의 기초가 되었다. 또한 미국 독립운동의 이론적 · 정신적 기반을 제공하였다고 평가받고 있다. 이처럼 그의 정치사상은 근대 시민사회와 민주주의 발전의 토대가 되었다.

(2) 교육사상

로크의 교육사상은 당시의 계몽사상을 잘 반영하면서 또 코메니우스의 영향도 많이 수용하였다. 계몽주의적 합리성과 종래의 기독교적 인간관에서 벗어난 새로운 인간관을 그의 교육사상에서 찾아볼 수 있다.

그는 가정교육을 가장 중요한 교육으로 강조하였다. 인간발달의 기본적인 틀이 가정교육을 통해서 형성되고, 또한 가정교육이 이루어지는 어린 시기에는 인간의 인격형성에 있어서 주변의 영향을 가장 많이 받기 때문이다. 그는 이러한 가정교육의 권리와 의무의 책임자로 아버지의 역할을 강조하였다. 그는 구약성서의 절대부권사상에 기초해서 자녀에 대한 집행권과 처벌권을 아버지에게 부여하였다. 그렇지만 동시에 처벌과 순종은 부모의 자식에 대한 사랑에 기초해야 함을 강조하였다. 자녀의 양육과 교육은 사랑을 기반으로 하는 부모의 의무라는 것이다(고경화, 1998: 79).

로크의 교육적 공헌 중 매우 중요한 하나는 신체교육의 중요성을 다시 되살려 낸 것이다. 신체와 정신의 조화로운 교육은 고대 그리스 시대부터 서양 교육의 뿌리였다. 그렇지만 이러한 전통은 플라톤 이후의 이성 중심주의와 기독교적 인간관의 영향으로 단절되었다. 특히 기독교적 관점에서 신체는 욕망 및 죄와 관련되어서 억압의 대상이 되었다. 로크는 이와 같은 신체를 배제한 이성 혹은 정신 위주의 교육을 극복함으로써 신체와 정신의 조화를 내세웠다. 그는 『교육론』의 첫 부분에서 "건전한 신체에 건전한 정신이 깃든다."고 하여서 신체교육의 중요성을 강조하였다. 정신과 신체는 인간의 형성에 있어서 어느 하나도 배제될 수 없는 동등한 가치를 가진 요소들이다. 또 신체의 교육에 있어서는 자연적인 발달에 따를 것을 주장하였다. 자연의 발달단계에 따라서 좋은 습관을 길러 주는 것이 신체교육의 방법이다. 여기에는 절제된 식사, 수면시간의 통제, 배설의 훈련 등이 있다.

로크는 신체교육뿐만 아니라 모든 교육에 있어서 습관의 형성을 강조하였다. 특별히 어린 시절에 좋은 습관을 만들어 주는 조기교육을 강조하였다. 백지와 같은 어린이의 내면은 외부 경험들이 습관의 방법으로 강화되어 내면화됨으로써 덕성, 성격, 가치관 등을 형성하게 되기 때문이다(고경화, 1998: 85). 그리고 이와 같은 어린이의 습관 형성에는 모범을 보이는 부모의 행동이 매우 중요하다. 어린이의 발달단계에 맞게 자연적인 방법으로 습관을 형성하는 것이 중요하다. 따라서 강제적인 체벌 등은 불필요하다.

이처럼 그는 전통적인 강압적이고 지루한 방법에는 반대하였다. 그래서 언어교육에 있어서도 전통적으로 많이 사용되던 성서 대신에 이솝우화집을 권장하였다. 신사의 언어로서 라틴어교육을 강조하지만 방법에 있어서는 암기 위주의 언어교육을 탈피할 것을 주장하였다. 어린이의 개별적인 성향을 잘 파악해야 하며 생동성과 즐거움을 주는 학습이 되어야 한다는 것이다.

이와 같은 로크의 사상은 교육의 역사에 많은 영향을 미쳤다. 어린이의 중요성과 경험의 중요성을 강조한 그의 교육론은 루소에게 많은 영향을 미쳤다. 또한 기존의 억압적이고 고전어 중심의 학교교육에 대한 비판과 신체와 정신의 조화로운 교육에 대한 강조 역시 이후의 교육적 전환에 많은 영향을 미쳤다(고경화, 1998). 그를 통하여 원죄설에 기초한 인간관이 새로운 방향으로 전환될 수 있었다. 그것은 어떤 의미에서는 진정한 의미의 근대적인 인간관이라고 할 수 있다. 특히 아동의 자발성과 개별성, 조기교육에 대한 강조는 루소에게 계승되어 현대의 아동 중심 교육사상의 토대가 되었다. 신체와 정신의 조화로운 교육에 대한 강조는 신인본주의 이후의 전인교육에 대한 사상으로 발전하였다. 이와 같은 다중적인 측면에서 로크는 근대적인 인간이해와 교육이해의 완성자이면서 현대를 향한 교육의 문을 열어 주는 전환점을 마련한 사람으로 평가할 수 있다.

### 3) 루소

#### (1) 생애와 사상

루소(J. J. Rousseau, 1712~1778)는 계몽주의 시대에 속하는 사람으로 대표적인 인물 중 하나이다. 그러면서도 그의 사상은 계몽주의의 정점을 넘어서 새로운 시대로 나아가는 전환점에 있다고 하겠다. 그의 계몽주의 사상은 프랑스 혁명의 기반이 되었으며, 다른 한편으로는 뒤이은 19세기 낭만주의의 선구적인 역할을 하였다. 그의 작품으로는 『신 엘로이즈』, 『에밀』, 『고백록』 등이 있다.

루소

루소는 스위스 제네바에서 출생하였다. 어머니가 루소를 낳고 바로 죽자 시계공인 아버지에 의해 양육되었다. 10세에는 아버지마저 집을 나가 숙부에게 맡겨져서 정식 학교수업을 받지 못하고 공장의 심부름꾼 등을 하며 지냈다. 16세에 제네바를 떠나 방랑생활을 시작하였고, 이 기간 동안 바랑 부인을 만나 후원을 받으며 공부할 기회를 얻었다.

1742년 파리로 나와 대표적인 사상가 중의 하나인 디드로(D. Diderot) 등과 친교를 맺고 진행 중인 '백과전서'의 간행에도 협력하였다. 1750년 디종의 아카데미 현상 논문에 당선한 『과학과 예술론』을 출판하여 사상가로서 인정받게 되었다. 그 뒤 『인간불평등기원론』(1755), 『신 엘로이즈』(1761), 『사회계약론』(1762), 『에밀』(1762) 등의 대작을 차례로 출판하였다. 그는 스위스 출신이었고 체계적인 교육을 받은 적도 없었지만 그의 독창적인 사상은 당시의 프랑스를 넘어 유럽 세계로 퍼져 나갔다. 사후에 그의 유해는 프랑스 혁명에 미친 영향을 인정받아 프랑스의 위인들이 잠들어 있는 팡테온(Pantheon)에 묻혔다.

(2) 교육사상

루소의 사상에서 핵심적인 축은 인간과 자연의 대비이다. 그는 인간은 자연 상태에서는 자유롭고 행복하고 선량하였으나 인간 스스로 만들어 낸 문명 안에서 타락하였다고 생각하였다. 그러므로 다시 자연 상태로의 인간을 회복해야 한다고 생각하였다. 그것은 인간 안에 감추어진 자연을 발견하고 회복함으로써만 가능하다는 것이다. 그래서 그의 교육사상은 철저하게 자연의 원칙을 따르는 방식으로 전개되었다. 교육의 목적부터 자연으로부터 도출된다. 그의 생각에 따르면 교육의 원천은 자연, 인간 또는 사물에 있다. 인간의 능력과 신체기관 등의 발달은 자연의 교육에 속한다. 그리고 그 발육을 어떻게 이용하는가를 우리에게 가르쳐 주는 것이 인간의 교육이다. 사물의 교육은 우리에게 영향을 미치는 갖가지 사물에 대해서 경험을 통해서 습득하는 것을 말한다(Rousseau, 1988a: 18). 이 중에서 인간이 마음대로 변화시킬 수 없는 것이 자연의 교육이므로 나머지 두 교육을 자연의 교육에 일치시킬 것을 강조하고 있다.

이와 같이 자연을 중시하는 관점에 기초해서 그는 교육을 자연에 대한 협력과 대리적인 활동으로 파악하고 있다. 그것은 자연의 신체적인 교육에 대한 정신적인 측면에서의 교육활동이다. 자연이 신체적인 인간을 조성하고 있는 동안 정신적인 인간을 형성하는 데 노력하는 것이 인간의 교육이라는 것이다(Rousseau, 1988a: 3). 따라서 이와 같은 교육활동을 담당하는 교사들은 언제나 자연의 대리자와 협력자의 위치에 서 있는 셈이다(Rousseau, 1988a: 9).

루소의 교육사상을 정리하면 다음과 같이 몇 가지로 살펴볼 수 있다.

첫째, 루소는 교육의 역사에서 어린이의 발견자로 불린다. 어린이를 어른의 축소판으로 보거나 이성적으로 미성숙한 존재로 보는 관점에서 벗어나서 어린이를 고유한 존재로 인정하고 교육하고자 하였다. 어린이를 고유한 존재로 인정함으로써 어린이 안에 주어진 자연의 질서와 시간에 따르는 발달의 질서와 어린이 고유의 특성에 근거한 교육활동이 가능하게 되었다.

둘째, 자연의 질서에 따르는 발달의 개념을 교육에 도입하였다. 자연의 질서는 점진적이며 완만하다(Rousseau, 1988b: 120)고 하면서 조급하게 교육하려 하지 말고 발달의 질서에 따라서 교육할 것을 강조하였다. 이와 같은 생각에 따라서 그는 어린이의 발달과정을 4단계로 제시하였다. 발달단계에 따른 교육에 대해서 그는 '시간을 아끼는 교육'이 아니라 '시간을 낭비하는 교육'으로 강조해서 표현하였다(Rousseau, 1988a: 140).

셋째, 실물 교육을 강조하였다. 루소는 자연이라는 유일의 교재를 통해서 자연의 원리에 따라서 교육할 것을 강조하고 있다. 따라서 그는 인간에 의해 저술된 책을 거부한다. 그에게 있어서 유일하고 완전한 교재는 곧 세계요 자연이다. 그래서 그는 어린이들을 오직 사물에만 의존하게 가르쳐야 한다고 주장하였다. 그래야만 자연의 질서를 따르게 된다는 것이다(Rousseau, 1988a: 121). 세계라는 책 이외에는 어떤 책도 필요 없으며 사실 이외의 어떠한 교육도 필요 없다(Rousseau, 1988b: 9).

넷째, 여성교육을 주장하였다. 루소는 자연 상태의 여성을 어머니, 남성에 대한 상대적인 개념으로서의 여성, 자녀의 양육자 및 교사로서 파악하였다. 먼저 루소는 여성을 어머니로 이해하였다. 그는 가정을 사회를 구성하는 출발점으로 보고 윤리와 사회적인 책임의 기반으로 확인하고 가정의 핵심을 어머니로 이해하였다. 어머니의 의무를 인간으로서의 첫 번째 의미로 여기고 어머니의 타락은 모든 도덕적 질서의 교란과 자연성의 상실을 의미한다고 하였다. 다음으로 루소는 여성을 남성에 대한 상대적인 개념으로 파악하였다. 여성을 불완전한 남성으로 보는 것은 옳지 않으며 양성이 그 공통된 점에 있어서는 평등하다. 양성 사이에 차이가 있는 점에 있어서는, 양성은 비교할 수가 없고 서로를 보완하고 있는 것이다(Rousseau, 1988c: 115).

교육에 있어서도 이러한 여성 이해는 그대로 적용된다. 그는 당시 교육에서 배제되어 있던 여성을 교육의 대상이자 주체로 이해하였다. 같은 맥락에서 루소는 여성을 자연이 부여한 천부적인 교사로서 이해하였다. 특별히 아동기와 여성교육에 있어서 여성의 역할을 매우 중요하게 평가하였다. 여성은 남성보다 어린이를 가까이서 보살필 수 있고 보다 많은 영향을 미칠 수 있기 때문이다. 이렇게 루소는 가정에서의 어머니의 교육이 교육과 삶의 바탕이 됨을 강조하였다. 여성을 교육의 대상으로 이해하고 또 교사로서의 역할을 강조한 점은 시대를 앞선 선구적인 것이었다고 할 수 있다.

루소의 교육사상은 그가 나름대로 파악한 '자연'의 개념에 따라서 전개되고 있다. '자연'의 우위성과 절대성을 주장함으로써 자연의 상대 개념인 '인간'과 '인위적'인 것들이 부정되는 특징을 갖는 것이 그의 사상의 특징이다. 당시까지 주도적인 흐름이었던 어른이 주도하는 교육, 인위적인 방법과 훈육이 주도하는 교육, 책이 절대적인 권위를 갖는 교육에 대해 자연과 어린이와 실물을 우선으로 하는 교육을 주장함으로써 새로운 교육의 패러다임을 연 것이다. 그래서 그의 교육사상은 이전의 교육에 대비해서 '소극적 교육론' 혹은 '반 교육론'으로 불리기도 한다.

루소의 사상에서 오늘날의 교육과 관련해서 가장 주목할 만한 점은 아동중심으로 교육이해를 전환하였다는 점이다. 루소는 어린이를 창조주가 만든 그대로의 모습, 자연을 가장 잘 보존한 상태로 이해하고 어른들은 문명 안에서 타락한 존재로 보았다. 그가 살았던 계몽주의 시대의 인간이해는 보다 이성적인 존재인 어른들이 스승이 되어 어린이를 이성적인 존재로 양육해야 한다고 생각하였다. 이에 반해서 루소는 어린이 안에 보존된 자연에 눈을 돌리고 이를 어린이의 가치로 확인하였다. 그를 통해서 정립된 이와 같은 어린이 이해는 다음 세대인 페스탈로치, 프뢰벨 등에 의해서 실천되기 시작하였고, 기존의 학교교육에 대한 대안으로 자리 잡기 시작하였다. 그리고 20세기에

들어와서는 미국의 진보주의 운동의 확산 등을 통해서 대표적인 교육이해로 자리 잡았다.

이와 함께 우리는 로크와 루소에 와서 이루어진 인간이해의 전환과 그에 따른 교육이해의 전환을 생각해 볼 필요가 있다. 로크와 루소에 이르러서 비로소 기독교적 인간관과 근본적으로 다른 인간이해에 도달하게 되었다. 어떤 의미에서는 진정한 의미의 교육학적 근대가 시작된 것이라고 할 수 있다. 이제 교육의 목적은 더 이상 '죄인들을 하느님께 인도하기 위한 하느님의 구원의 역사에 대한 조력적인 활동'이 아니게 된 것이다. 이성적인 존재로서의 인간의 순수한 완성을 추구하는 활동으로 교육이 이해되게 된 것이다. 이들 두 사람이 제시한 원죄로부터 자유로운 인간은 기독교적 인간관이 지배하던 중세로부터의 근본적인 이탈이라고 할 수 있다. 그런 의미에서 이들이 제시한 인간관은 진정한 의미의 근대적 인간관이다. 그리고 그 인간관에 기초한 교육 역시 진정한 의미의 근대적 교육이라고 할 수 있다. 따라서 교육사상사의 측면에서는 이들로부터 진정한 근대를 이야기할 수 있다.

# 제 14 장
# 낭만주의와 신인본주의 시대의 교육

## 1. 낭만주의 시대의 교육

계몽주의는 르네상스에서 복원되고 새롭게 강조된 이성 중심의 인간이해의 정점이라고 할 수 있다. 이 시대 사람들은 인간에게 주어진 이성을 인간에게 주어진 최고의 자질로 생각하였다. 또 인간 이성에 기초한 사회의 개혁을 통해서 이상적인 사회를 건설할 수 있다고 믿었다. 이와 같은 이성에 대한 무한한 신뢰와 이상사회 건설에 대한 낙관적인 신념에 따라서 강력한 개혁운동을 전개하였다. 그 결과가 프랑스 대혁명 등으로 나타났다.

그렇지만 프랑스 대혁명 등에서 분명하게 나타나듯이 인간 이성에 기초한 사회개혁의 운동은 긍정적인 면과 부정적인 면을 함께 가지고 있었다. 사람들은 혁명의 어두운 면을 보았고 환멸감을 느꼈다. 이러한 실망감은 이성에 대한 절대적인 신뢰에 영향을 미쳤다. 이제 사람들은 이성적인 존재로만 자신을 이해하는 경향에서 벗어나기를 원했다. 대신에 있는 그대로의 인간의 모습에 관심을 기울이기 시작하였다. 이성뿐만이 아니라 감성까지도 인간에게 주어진 원래의 자질로 이해하기 시작한 것이다.

낭만주의(Romanticism)는 이와 같은 이성에 치우친 인간 이해의 일방성에 대한 반작용이라고 할 수 있다. 낭만주의에서는 이성에 대응하는 감성 역시 자연 상태의 인간에게 본래부터 주어진 것으로 이해하고 그것을 긍정적으로 받아들였다. 이와 같은 감성에 대한 긍정적인 이해는 그동안 이성 중심의 인간이해에 억눌려 있던 감성의 자유로운 활동을 급격하게 확산시켰다. 그 결과 낭만주의 시대는 느낌이나 감정 등이 이성을 압도하는 특징을 갖게 되었다. 이 시대를 대표하는 '질풍노도의 시대'라는 표현에서 보듯이 이 시대는 이성에 대응하는 감성으로 인간을 이해하고 감성의 자유로운 활동을 인정함으로써 이성 중심의 계몽주의에 대한 보완이 이루어진 시기였다.

이 시대의 특징 중의 하나는 '자연'에 대한 동경이었다. 인간세계의 직업적이고 문명화된 삶에 대해서 회의하는 대신 자연에 대한 신뢰와 동경을 보냈다. 교육사상사에서 이와 같은 '자연'에 대한 동경은 이미 루소에게서 분명하게 나타난다. 그는 인간 사회를 타락한 세계로 묘사하고 자연으로 돌아감으로써 인간 안에 원래 주어진 선함을 간직할 수 있다고 하였다. 그런 면에서 루소는 계몽주의에 속하면서 동시에 낭만주의의 문을 연 사람이라고 할 수 있다.

자연에 대한 동경은 어린이 안에 간직된 자연에 대한 인정으로 연결되었다. 어린이는 보다 자연에 가까운 존재로 이해되었고, 문명과 사회 안에서 순수성을 잃어버린 어른과 대비되었다. 어린이는 순수하고 타락하지 않은 존재로 새롭게 발견되고 존중되었다. 따라서 교육은 어린이 안에 간직된 자연의 유기체적인 발달을 돕는 활동으로 이해되었다(Reble, 1999: 226-228).

이와 같은 이해는 이전 시대인 계몽주의 교육과는 상반된 모습이라고 할 수 있다. 계몽주의 시대까지의 이성 중심의 교육에서는 어린이에 대한 어른의 우위성이 절대적으로 인정되었다. 어른들은 이성적으로 보다 성숙하고 완성된 존재이며, 어린이는 아직 미완성이고 이성적으로 성숙하지 않은 존재로 이해되었기 때문에 이성적으로 성숙한 존재인 어른들이 교사가 되어 미성숙한 어린이들을 이끌어 가는 것을 당연하게 여겼다.

낭만주의적 인간이해 안에서 어린이는 원래 주어진 자연의 순수함을 간직한 존재이다. 인간문명 안에서 왜곡되지 않은 자연이 어린이 안에 있기 때문이다. 이제 교육은 어린이 안에 간직되어 있는 선함을 잘 보존하고 식물의 씨앗처럼 싹이 트고 잘 자라날 수 있도록 도와주는 활동으로 새롭게 이해되었다. 교사는 어린이를 이성적인 존재로 만들어 가는 사람이 아니라 농부처럼 어린이 안에 간직된 자연의 가능성을 보존하고 스스로 잘 성장하도록 도와주는 사람으로 새롭게 이해되었다. 계몽주의의 적극적인 교육이 낭만주의적 인간관을 통해서 소극적인 교육으로 변화하였다.

교육의 역사에서 낭만주의는 어린이에 대한 발견의 시대이다. 어린이에 대한 발견은 교육의 역사에서 아마도 가장 큰 전환 중의 하나라고 할 수 있을 것이다. 이 시대에 시작된 어린이에 대한 긍정적인 인식은 다음 시대인 신인본주의 시대의 실천가들을 통해서 모색되었다. 그리고 20세기에 각 국의 공교육 안으로 확산되면서 오늘날의 교육에 확고한 토대로 정착되어 있다.

## 2. 신인본주의 시대의 교육

계몽주의 시대와 낭만주의 시대를 뒤이어 신인본주의(neo-humanism) 시대가 등장하였다. 신인본주의 시대는 계몽주의 시대의 특징인 이성중심주의와 낭만주의 시대의 감성주의가 절충되고 통합되어 인간에 대한 포괄적인 이해에 접근한 시대이다.

이성중심주의는 그리스 시대에 등장한 이래 중세 가톨릭 신앙이 지배하던 시대에 약화되었다. 그러다가 르네상스 시대에 인간회복과 함께 이성중심주의도 강하게 부활하였다. 그 후 계몽주의 시대에 이르기까지 점차 그 위력을 더해왔다. 계몽주의 시대는 이성에 대한 절대적인 신뢰에 기초해서 이상사회를 꿈꾸던 시대였다. 그러나 계몽주의와 그 영향으로 이루어진 프랑스 혁명, 그에 뒤따라 일어난 전쟁 등은 이성의 일방적인 독주가 결코 긍정적인 것만은 아니라는 각성을 만들어 내었다. 그 결과 낭만주의에서는 이성의 반작용으로 감성이 주도하는 시대가 되었다.

이와 같은 오랜 시간 동안의 이성의 지배와 감성의 반작용 등을 거쳐 비로소 인간에 대한 통합적인 이해를 시도한 시대가 신인본주의 시대이다. 이 시대에 와서 비로소 이성과 감성의 조화가 이루어졌으며 인간의 보편적 발달 혹은 전인교육의 이념이 처음으로 정립되었다. 그래서 신인본주의 시대의 특징은 보편적이고 여러 방면에 조화로운 인간의 도야라고 할 수 있다. 인간은 이성뿐만 아니라 모든 힘을 발달시켜야 하며 조화로운 내면으로 도야되어야 한다. 인간은 그가 가진 어떤 특징으로 도야되는 것이 아니라 인간으로 도야되어야 한다(Reble, 1999: 229).

신인본주의라는 용어에서 보듯이 이 시대는 르네상스 인본주의와 깊은 관련이 있다. 신인본주의는 르네상스 인본주의와 같이 인간의 회복을 지향하면서 그 근원을 고대에서 찾았다. 그렇지만 이 시대는 르네상스 인본주의와는 달리 단순하게 고대사회를 모방하는 것에서 벗어나고자 하였다. 그보다는 고대사회와의 교류를 통해서 고유한 힘의 각성을 추구하였다. 그런 의미에서 신인본주의는 단순한 언어 중심주의나 문헌에 대한 집착에서 벗어나고자 하였다. 그래서 언어의 교육에 집중하기보다는 정신의 교육에 집중하고자 하였다(Reble, 1999: 232).

신인본주의는 인간이해의 측면에서 볼 때 중요한 두 가지 특징을 가지고 있으며, 두 가지 특징은 서로 긴밀하게 연결되어 있다.

첫째, 신인본주의라는 말에서 분명하게 나타나듯이 '인간 중심'의 사상이 분명한 특징을 이룬다. 마찬가지로 인본주의 앞에 붙은 '새로운(신)'이라는 수식어에서 보듯이 그 사상적 근원인 르네상스 인본주의와 일맥상통하면서도 다른 특징을 가지고 있음을 알 수 있다. 신인본주의는 르네상스 인본주의의 지나친 언어 중심주의와 형식주의를 비판하면서 진정한 의미의 인본주의를 구현하고자 하였다. 따라서 르네상스 인본주의가 강조하였던 '언어'가 아니라 그리스 문화의 '정신'을 강조하고 그 인간 중심의 문화를 본받고자 하였다. 그리스의 자유로운 인간의 모습을 회복하는 것을 목적으로 하였기 때문에 고전어에 있어서도 르네상스가 라틴어를 강조하였다면 이 시대에는 그리스어에 대한 새로운 관심이 대두되고 강조되었다.

둘째, 신인본주의에서는 계몽주의 시대까지의 이성중심의 인간이해와 낭만주의 시대의 감성중심의 인간이해의 종합이 이루어졌다. 여기에 건전한 신체의 훈련 등이 더해져서 '전인교육'의 사상이 형성되었다. 이와 같은 이성과 감성 그리고 신체의 조화를 추구하면서 전인으로서의 인간을 교육하는 것이 이 시대 교육의 이상이다. 그래서 당시에 인본주의라는 말은 이성적인 존재로서의 인간이 아니라 여러 방면에서 조화로운 발달을 추구하는 전인으로서의 인간의 존중을 의미한다.

신인본주의 시대의 교육은 전인교육의 정신에 기초해서 계몽주의 시대와 같은 시민의 교육이나 특정 직업을 위한 전문성의 교육을 극복하려고 하였다. 그 대신에 인간으로서 지녀야 할 보편적인 자질의 교육을 지향하는 인간교육을 추구하였다. 특정한 신분이나 직업에 따라서 서로 다른 교육을 받는 것이 아니라 인간이라면 누구나 동일한 교육을 받을 수 있는 학교제도를 마련하고자 노력하였다. 이를 위해서 신분교육 및 전문교육 중심의 학교제도를 개혁하고 모든 학교를 보편적인 인간교육을 위한 장소로 전환하려고 시도하였다(Reble, 1999: 246).

이와 같은 생각에 따라서 보편적인 인간교육을 위한 장소로서 중등학교(독일의 경우 김나지움)가 크게 발달하였다. 교과목 중에는 인간발달과 관련된 다양한 과목들과 함께 라틴어, 그리스어 등의 고전어가 포함되었다. 이 시기 중등학교의 발달은 오늘날 대학진학을 목표로 하는 인문계 중등학교의 기초를 형성하였다.

한편 보편교육의 이념은 교육에서 소외되어 있던 빈민과 유아에 대한 교육적 관심을 촉발하였다. 당시 유럽은 이미 산업화가 상당히 진전되어 있었고 초기자본주의 사회의 복지결핍은 커다란 빈부의 격차와 빈민의 양산이라는 부작용을 낳고 있었다. 보다 더 큰 부의 축적을 위해 노력하는 과정에서 아동노동의 착취 등의 문제도 발생하였다.

모든 인간이 동등하게 인간다운 교육을 받아야 한다는 신인본주의의 정신은 이러한 시대적 상황에 대한 대안으로서 빈민교육을 탄생시켰다. 어렸을 때부터 공장이나 광산 등에서 노동자로 살다가 일찍 죽어가는 이들을 위해 인간으로서의 기본적인 교육을 제공하려는 노력들이 이루어졌다. 그 결과로 페스탈로치(Pestalozzi)는 누구에게나 동일한 일반도야(교육)를 먼저 실시하고 그 다음에 직업교육과 전문교육을 실시하고자 하는 교육적 체계를 구상하고 실천하였다.

또한 프뢰벨(Frobel)은 일반도야의 이념에 기초해서 유아기부터 인간으로서의 보편적인 교육을 실시할 것을 주장하고 실천하였다. 그가 시작한 유치원 교육운동은 유럽을 거쳐 오늘날 거의 모든 나라에서 일반적인 교육제도로 정착되었다. 신인본주의의 전인교육과 보편교육의 이념에 기초한 이들 교육자들의 실천을 통해서 오늘날 우리가 누리고 있는 교육적 복지의 근간을 만들게 된 것이다.

## 3. 교육사상가

### 1) 페스탈로치

#### (1) 생애와 사상

페스탈로치

페스탈로치(Johann Heinrich Pestalozzi, 1746~1827)는 1746년 스위스의 취리히에서 태어났다. 일찍이 아버지를 여의고 어머니의 돌봄 아래서 성장하였다. 초등학교와 라틴어 학교를 거쳐 취리히의 카롤리눔에서 대학교육을 받았다. 이 시기에 루소를 중심으로 한 계몽사상가들의 영향을 강하게 받았다. 카롤리눔을 중퇴하고 농업에 전념하기로 한 결정 역시 루소의 영향이었다고 한다(Scheuerl et al., 1991a: 279). 그러나 농업에서 실패했고 이 실패를 계기로 교육사업으로 전환하게 되었다. 비록 농업에서는 실패했지만 실패에서 얻은 경험이 그 후의 교육적 활동에 좋은 영향을 미쳤다. 어린이들이 노동을 통해 구걸에서 벗어날 수 있다는 것이 교육과 일을 병행하는 그의 학교에 대한 기본 아이디어를 제공하였다(Scheuerl et al., 1991a: 281). 그렇지만 그의 첫 번째 학교인 노이호프 학교는 실패로 끝이 났다.

그 이후 1800년까지 몇 십 년 동안 그는 실천가가 아닌 저술가로서 살았다. 이 기간 동안에『은자의 황혼』(1780),『린하르트와 게르트루트』(1781~1787, 4부작),『게르트루트는 어떻게 그녀의 아이들을 가르치는가』(1801) 등의 주요 저서들을 출판하였다. 저술가로서 그는 성공을 거두었고, 프랑스 혁명의 영향으로 스위스에 새로운 정부가 수립되자 그 자신의 교육적 이상을 실험할 수 있는 기회를 갖게 되었다. 1798년에는 슈탄스에, 1799년에는 부르크돌프에, 1804년에는 이페르텐에 차례로 학교를 세웠다. 특히 이페르텐의 학교는 커다란 성공을 거두어 전성기에는 여러 나라에서 온 166명의 학생들을 가르쳤다. 그렇지만 교사들의 분쟁 등으로 1825년에 이마저도 문을 닫고 말았다. 그는 노이호프로 돌아가서 새로운 빈민기관을 세우기 위해 노력하다가 1827년에 세상을 떠났다.

#### (2) 교육사상

그는 평생에 걸쳐 인간교육을 위해 노력하였다. 인간 도야와 그 의미, 필요성, 가능성에 관한 것이었다. 무엇보다도 기초 도야의 중요성을 강조하였다. 모든 사람이 자신이 처한 신분과 상황 안에서 살아가지만 그들 모두는 예외 없이 완전한 의미의 인간으로 교육되어야 한다(Reble, 1999: 277). 따라서 먼저 일반적인 의미의 인간교육이 이루어지고, 그 바탕 위에서 직업교육이 이루어져야 한다. 이러한 주제들은 대부분 빈민교육, 교육 방법, 학교와 가정의 기능에 대한 주제들과 연결되어 제시되었다(Scheuerl et al., 1991a: 284). 인간 본질에 대해서 초기에는 루소의 영향을 받아 낙관론적인 견해를 가지고 있었으나 점차 성악설로 생각을 전환했다.

교육 방법 역시 마찬가지의 전환을 보여 준다. 초창기에는 루소가 제시한 자연에 따르는 방법을 최선의 것으로 여겼다. 인간은 자연스럽게 도야되어야 하며, 조용히 그리고 천천히 성장해야 한다는 것, 서둘러 말을 가르치기보다는 구체적인 직관이 우선되어야 한다는 것 등이다(Reble, 1999: 280). 후기에는 사회의 필요성에 따라서 제도화된 교육기관을 통해서 가르치는 것을 꼭 필요한 것으로 이야기하고 있다. 자연에 따르는 방법 역시 단순하게 자연에 맡기는 것이 아니라 정돈하고 보충해야 할 필요가 있다는 쪽으로 전환하였다(Scheuerl et al., 1991a: 288).

학교는 절대적으로 필요한 것이지만 안방교육의 모델에 따라서 구성되어야만 한다. 모든 인간의 발달은 가정에서 비롯되며, 가정에서의 삶이 모든 교육, 모든 수업의 최초이자 본질적인 학교이다. 학교제도가 가정교육과 분리된 것이 학교의 근본적인 악이다. 학교는 가정교육처럼 애타적인 동기 아래 움직여야 한다. 또한 지적 능력에 대한 지나친 강조에서 벗어나서 인간의 모든 능력을 조화롭게 발전시키기는 방향으로 개선되어야 한다. 이와 같은 맥락에서 그는 인간 도야의 세 가지 측면을 제시하였는데, 머리, 가슴, 손의 조화로 이는 각각 지적 도야, 도덕적 도야, 신체적 도야를 의미한다. 이 중 도덕적 도야가 중심이며 가장 중요한 줄기이다(Reble, 1999: 286).

그의 일생의 관심은 빈민교육에 있었으며 가난한 민중이 처한 상황에 대한 염려에서 비롯되었다. 그는 가난한 사람들에게 교육을 통해서 좀 더 나은 운명을 열어 주기를 열망했다. 가난한 사람들이 스스로 도울 수 있는 삶을 살도록 교육하기 위해서 노력하였다. 여기에서 더 나아가 가난한 사람들의 행복을 위해서 마음을 정돈하여 내면적인 평온함을 교육받기를 원했다. 이는 경제적인 개선과 더불어 인간으로서의 삶을 바라보는 관점의 전환과 하느님 안에서의 평안을 의미하는 것이다(Scheuerl et al., 1991a: 292).

페스탈로치가 현대 교육에 미친 영향은 막대하다. 현대 초등학교제도의 발달에 기초를 마련하였으며, 민중교육사상의 보급 역시 그의 공헌이 절대적이다. 학교 안에서 전인교육, 인간 중심적인 특징들을 받아들이게 된 것 역시 그의 공헌이 크다. 그 배경에는 루소의 사상에서 나타나는 아동 중심적이고 자연주의적인 요소들이 바탕이 되어 있다. 그럼에도 불구하고 그의 교육적 실천의 삶은 높이 평가되어야 한다. 사상의 차원에 머무르지 않고 적극적으로 빈민을 위한 교육으로 뛰어들어 교육의 개선을 위해 끊임없이 노력한 교사로서의 삶이 그것을 가능하게 했다. 이러한 그의 실천이 유럽을 거쳐 미국의 진보주의로 수용되고 결국 현대 교육이 아동 중심으로 전환되는 데 결정적인 영향을 미쳤다.

## 2) 헤르바르트

헤르바르트

### (1) 생애와 사상

헤르바르트(Johann Friedrich Herbart, 1776~1841)는 올덴부르크에서 법률가의 아들로 태어났다. 예나 대학에서 공부하는 동안 교수로 재직하고 있던 실러와 피히테로부터 영향을 받았다. 대학 졸업 후 가정교사로 일하던 동안에 부르크도르프를 방문하여 페스탈로치를 만나기도 했다. 페스탈로치와의 만남은 그에게 많은 영향을 미쳤고 교육에 있어서의 분위기의 중요성, 교육적 감정, 관심 이론 등에 그 흔적이 남아 있다(Scheuerl et al., 1991a: 373). 그는 괴팅겐 대학의 강사로 교수직을 시작하였고, 칸트의 후임으로 쾨니히스베르크 대학에서 오랫동안 재직하였다. 훔볼트와 오랫동안 친분을 유지했으며, 괴테와도 친분을 나누었다. 말년에는 다시 괴팅겐 대학으로 돌아와 철학부의 학장을 맡았으며 1841년 사망할 때까지 강의를 진행하였다.

### (2) 교육사상

헤르바르트는 체계적인 교육학의 선구자 중 한 사람으로 인정받고 있다. 이는 그가 수업과 교육현상의 과정을 명확한 개념으로 파악하고 체계적으로 구성하여 이후 교육학의 발전에 크게 기여하였기 때문이다. 그는 교육학의 학문적인 독립을 추구하였고, 교육의 목적을 윤리학에서, 방법은 심리학으로부터 가져와야 한다고 하였다(Reble, 1999: 301).

그는 계몽주의 철학을 잘 이해하고 있으면서 또한 칸트의 추종자로서 계몽주의의 비판가 측면도 가지고 있었다. 그래서 그의 사상에는 계몽주의, 이성 비판, 감성 및 정서에 대한 이해의 세 가지 요소가 공존하고 있다.

헤르바르트의 철학과 그것과 관련된 그의 교육적인 물음은 인식하는 주체와 인식 대상인 객체 사이의 일치가 어떻게 가능한가로 압축할 수 있다. 판단력에 혼란을 주는 주관적인 영향은 어떤 것이 있는가, 그것은 교육적으로 어떻게 저지할 수 있는가 하는 것이 그의 철학과 교육학의 핵심 주제이다(Scheuerl et al., 1991a: 377).

그가 생각한 교육의 최고 목적은 '내적인 자유'를 얻는 것이다. 그리고 이 내적인 자유는 인식과 의지의 연결을 통해서 성취된다. 따라서 그의 교육목표는 '오성의 계발을 통한 사고체계의 형성'과 '의지의 도야를 통한 도의적 성격의 강화'라고 할 수 있다. 이 중 사고체계의 형성은 어떻게 하면 올바른 인식에 도달할 수 있는가 하는 인식론적 물음에 대한 답변에 해당한다. 도의적 성격의 강화는 어떻게 개인의 의지를 인식 또는 통찰과 연결시킬 수 있는가 하는 도덕철학적 물음에 대한 답변이다(Scheuerl et al., 1991a: 379-380).

사고체계의 형성은 가능한 한 여러 방향에 대해서 흥미를 유발하는 것, 즉 다면적 관심의 형성을 목표로 한다(Reble, 1999: 302). 관심은 우리를 세계와 연결시켜 준다. 다양한 관심을 갖고 있는 학생은 평생학습을 위한 전제조건을 갖게 된다. 그러므로 헤르바르트의 수업에서는 학생들을 관심으로 연결하는 것이 중요하다.

1) 인식이 가능해지려면 개별 대상의 특성을 '분석'하고 그것을 개념으로 '종합'해 내는 것이 필요하다.
2) 또한 대상의 특성을 분석하고 나면 그것에 대한 '심화'가 요구되고, 개념으로 종합하기 위해서는 '숙고'가 요청된다.
3) 이와 같은 분석과 종합, 심화와 숙고는 다음 네 가지 단계에 연결된다.
   첫째 단계: 명료(정적[1]인 심화)–개별 대상의 특징 분석

---

1) 여기에서 '정적' '동적'으로 표현한 개념은 '머물러 있음'과 '발달'로도 표현할 수 있는데, 이러한 표현이 이해하기에는 더 쉬운 것 같다. 이러한 표현을 수용하면 사고는 머무름과 발달을 반복하는 율동적인 움직임을 갖게 된다(Reble, 1999: 305 참조).

둘째 단계: 연합(동적인 심화)—이미 파악된 요소들의 일치성과 차이 구별
셋째 단계: 체계(정적인 숙고)—개념 형성
넷째 단계: 방법(동적인 숙고)—새로운 사례에 대한 적용

이와 같은 과정을 통해서 다면적 관심이 형성되고, 또한 균형 잡힌 사고체계도 형성된다.

그러나 균형 잡힌 사고체계의 형성이 궁극적 목표는 아니고 앞서 이야기한 바와 같이 의지에 연결되어서 '내적인 자유'의 성취로 나아가야 한다. 이것을 그는 '도의적 성격의 강화'라고 이야기하였다. 이를 위해서는 훈육이 요청된다. 이것이 윤리교육인데 여기에서는 의지를 견고하게 하거나 선하고 따뜻한 마음을 갖도록 하는 것이 필요하다(Scheuerl et al., 1991a: 387).

헤르바르트와 그의 제자들의 노력은 독일의 초등학교 발전에 큰 공헌을 했다.

### 3) 프뢰벨

#### (1) 생애와 사상

프뢰벨

프뢰벨(Friedrich Frobel, 1782~1852)은 1782년 독일의 오버바이스바흐에서 목사의 아들로 태어났다. 어머니는 그의 출산 후유증으로 그 다음해에 세상을 떠났다. 계모와 하녀에 의해 양육된 그의 유아기는 행복하지 못했으며, 재능을 인정받지도 못하였다. 열다섯 살에 산림관 견습생활로 사회생활을 시작했으며, 1799년에 예나대학에서 학업을 다시 시작하였으나 이마저도 실패하고 중간에 그만두었다. 1805년에 페스탈로치의 제자인 그루너를 만나 그의 학교에서 교사가 되었고, 거기에서 자신의 길을 발견하였

다. 1808년에는 페스탈로치가 직접 운영하던 이페르텐으로 가서 1810년까지 그곳에서 머물렀다. 1810년 그는 스스로 '일반 독일학원'을 설립하였고, 후에 카일하우로 옮겨갔다. 1835년에는 부르크도르프에 고아원 학교를, 1849년에는 아이제나흐에서 마지막 학교를 설립하였다. 말년에 그는 자신의 이념을 확산시키기 위해서 킨더가르텐(유치원, Kindergarten)의 공식화를 위해서 노력하였으며, 1852년에 세상을 떠났다.

[그림 14-1] 프뢰벨의 은물을 모델로 한 프뢰벨 기념비

출처: http://giantsofeducation.wordpress.com

### (2) 교육사상

프뢰벨은 페스탈로치적 방법에 근거해서 유아교육을 실천하려고 노력했다(Scheuerl et al., 1991a: 394). 그는 페스탈로치를 자신의 정신적 아버지라 불렀다. 그럼에도 불구하고 그는 점차 페스탈로치와 차별된 입장을 보이게 된다. 그의 표현에 따르면 페스탈로치는 인간을 현존하는 현상 자체로 이해하는 데 반해 그는 인간을 영원한 존재로 파악하는 데서 차이가 있다고 하였다(Scheuerl et al., 1991a: 405). 그는 인간을 신성한 식물로 파악하였는데, 교육자는 정원사와 같아서 빛과 영양분을 주지만 본질적인 것인 학생의 생명력에

맡길 수밖에 없다. 그는 자연-인간-신의 관계를 만유신론의 관점에서 파악했고, 모든 개별 현상에는 신적인 삶이 포함되어 있다고 보았다. 이처럼 프뢰벨은 유기체적-신비적 관점에서 인간과 세계를 이해하였으며, 그것이 그의 사상의 기초를 이루고 있다(Reble, 1999: 289-291).

모든 사물들의 최고 사명은 자신 안에 포함된 신을 드러내는 것, 즉 유한한 것에서 무한한 것을 표현하는 것이다. 마찬가지로 어린이 교육에 있어서도 신적인 전체 안에서 삶을 형성하고 삶의 통일에 이르도록 하는 것이 교육의 목적이다.

이와 같은 목적 달성을 위한 교육 방법에서는 자발성을 강조하였다. 따라서 수업과 교육은 '뒤따라가면서' '보호하는 것'이어야 한다.

신의 속성은 창조하는 것이며, 따라서 인간 안에 주어진 창조적 충동과 활동의 충동은 신적인 요소이다. 그러므로 노작은 예배와 마찬가지로 성스러운 가치를 갖는 활동이다. 노동을 통해서 한 번 취득된 능력들이 좀 더 복잡한 능력들과 연결되고 간직된다. 또한 노동을 함으로써 인간과 자연의 '합일'이 이루어진다. 노동은 내적인 능력들을 발전시키고 개화시키는 성격을 가지고 있다. 이와 같은 노동의 이해에서 나타나듯이 그의 교육에서는 내면의 본성 속에 감추어진 고유성을 드러내는 것이 중요하다. 교육이란 내적 삶의 양육을 말한다(Scheuerl et al., 1991a: 414).

내적 삶의 양육과 관련해서 매우 중요한 개념이 놀이이다. 삶의 원초적 욕구들은 아이들의 행위나 작업을 통해서 표현된다. 놀이를 통해서 사회의 영향을 받지 않은 순수한 행위 충동이 나타난다. 놀이는 감각적이고 정신적인 기능들이 능력의 형태들로 나타나는 틀이다. 놀이는 자신과 타인의 내적 그리고 외적 삶의 거울이다. 그리고 이 거울은 삶을 아름답게 변화시켜서 보여준다(Scheuerl et al., 1991a: 418).

놀이와 매우 깊은 관련이 있는 것으로 은물을 들 수 있다. 은물(Spielgabe)은 놀이선물을 뜻한다. 하느님이 어린이들을 사랑하여 주신 은혜로운 놀이

선물이라는 것이다. 은물은 형체, 면, 선, 점의 4가지 영역으로 나누어진다. 이 형체에서 점까지의 배열은 3차원의 세계(형체), 2차원의 세계(면), 1차원의 세계(선) 순으로 감각에 의하여 세계를 관찰하는 정신구조에 바탕을 두어 배열하였고, 마지막으로 이념의 세계(점)는 통일점에 해당하는 것이다. 이러한 분류에 따라서 그의 은물과 노작은 형체에서 평면으로, 평면에서 직선으로, 직선에서 점으로 나아가고 그것을 거꾸로 반복하는 체계로 되어 있다(곽노의, 1996: 94). 프뢰벨은 가장 단순하고 가장 근원적인 형태에서 어린이의 힘이 가장 잘 발달할 수 있다고 믿었다. 단순한 형태들이 어린이들의 충동을 가능한 모든 방향으로 뻗어나갈 수 있는 자유를 보장하기 때문이다. 따라서 은물은 단순한 형태를 가지는 것이 좋고 너무 빨리 세분화되거나 체계화되지 않는 것이 좋다고 하였다(Reble, 1999: 297).

놀이의 특징에서 알 수 있듯이 유년기는 유전학이나 사회학적인 연구를 통해서 완전하게 규정할 수 없다. 유년기는 성인이 되기 위해서 극복해야 할 불완전한 시기가 아니다. 오히려 인간다운 인간으로 발전하기 위해서 대체될 수 없는 요소이며 교육적으로 잘 보존되어야 하는 시기이다(Scheuerl et al., 1991a: 421). 이런 믿음에 근거해서 프뢰벨은 모든 유아적인 것이 참된 인간을 만들어 내는 순수한 것으로서 의미 있다고 보았다. 그래서 프뢰벨은 이성과 비이성을 인간을 구성하는 동일한 것의 양면으로 이해하였다. 그러므로 유아기를 이성적 측면에서 통제하고 비이성적인 것을 배제하는 것은 아이들을 수용소에 가두는 것과 같은 상황으로 만들 수 있다고 경고하였다(Scheuerl et al., 1991a: 424).

프뢰벨의 유아교육사상과 실천은 오늘날 어린이에 대한 이해의 심화와 유아교육제도의 확산에 결정적으로 기여하였다. 루소에게서 비롯된 어린이에 대한 새로운 각성과 이해는 페스탈로치와 프뢰벨 등의 헌신적인 실천과 노력을 통해서 현실 교육 안으로 도입되고 정착되기 시작하였다. 또 이들의 영향을 받은 듀이와 진보주의 교육운동 등의 영향으로 현대 교육의 가장 큰 특징

중의 하나인 어린이 중심 교육의 전통이 확립되게 된 것이다.

프뢰벨의 교육적 공헌은 매우 크다. 무엇보다 유아기를 포함하는 어린이 이해를 한 차원 더 높은 단계로 끌어올렸다. 놀이에 대한 깊이 있는 이해와 어른과 구별되는 어린이의 특징에 대한 숙고는 이후의 교육에 매우 깊은 영향을 미쳤다. 교육제도 면에서도 매우 큰 공헌을 하였다. 그가 시작한 유치원(Kindergarten) 운동은 이후 전 세계에 걸친 유아교육의 기틀을 마련하였다. 또한 유아교사로 여성과 어머니에 주목함으로써 교사로서의 여성의 지위를 확립하는 데 있어서도 크게 기여하였다.

# 제 15 장
# 현대 서양의 교육

## 1. 시대적 특징

현대 서양 역시 당면한 문제와 그 문제를 바라보는 관점에 따라서 특징이 형성되었다. 이 시대의 문제는 무엇보다도 산업화의 진전과 그에 따른 인간 사회의 급격한 변화였다. 농경사회에서 산업사회로의 전환과 더불어 자본주의와 물질문명의 발전에 따라서 전통적인 기독교적 가치가 물질주의로 변화되어 갔다. 자본의 축적과 한없는 확장은 결과적으로 자본의 불평등에 따른 심각한 문제를 낳게 되었다. 이러한 문제를 보는 관점에 따라서 크게 두 가지 입장이 등장했는데, 이는 자본주의를 옹호하거나 유지하려는 입장과 자본주의를 부정하고 새로운 질서를 만들어 내고자 하는 입장이다. 이 두 입장을 둘러싼 갈등이 이 시대의 또 다른 특징을 만들어 내었다. 자본주의와 공산주의의 이데올로기 대결이 20세기의 가장 큰 특징 중의 하나이다.

그러나 소련의 붕괴와 공산주의라는 공동의 이데올로기로 묶여 있던 동구 공산국가의 동반 몰락으로 인해서 이데올로기 대립이 갑자기 해소되었다. 여기에는 중국의 자본주의 요소 도입도 큰 역할을 한 것이 사실이다. 이제 세계에서 공산주의를 지향하는 국가는 북한을 비롯하여 몇몇 곳에 지나지 않는다. 이에 따라 이데올로기 대립도 큰 의미를 갖지 않게 되었다.

세계는 이제 미국이 중심이 되는 하나의 지구촌화의 흐름으로 가느냐 혹은 유럽공동체(EU), 중국, 러시아 등의 여러 중심을 갖는 다극체제로 가느냐의 갈림길에 서 있다. 다른 한편으로는 이데올로기를 대체하는 새로운 정신적인 지주로서 종교와 민족주의 등이 새롭게 힘을 얻고 있다. 그런 가운데 공산주의 역시 완전히 힘을 잃지 않고 새로운 가능성을 모색하고 있다. 자본주의로의 전환에 어려움을 겪고 있는 구 공산주의 사회나 자본주의 체제 아래서의 극도의 빈부격차 등으로 인한 문제를 경험한 국가들에서 여전히 공산주의는 큰 위력을 발휘하고 있다.

그럼에도 불구하고 국제화는 지속적으로 강화되어 가고 있는 것이 사실이다. 세계는 다양한 상호 협력관계로 묶여 있으며, 교통과 통신의 발달로 인해서 점차 그 거리가 가까워지고 있다. 경제, 환경, 정치 등에서 세계적인 공동관심사들이 점차 증대하고 있으며 이에 따라 전 지구적인 노력이 공동으로 요청되고, 다양한 협력들이 이루어지고 있다. 그 가운데 '지속 가능한 성장'이나 '생태주의' 등의 새로운 주제들이 부각되고 있다.

하나의 위기가 지나가고 나자 새로운 위기가 인류에게 닥쳐 왔다. 역사는 변화 속에서 늘 새로운 위기와 기회를 실어 오고, 우리는 문제를 해결하기 위한 부단한 노력과 인간 성숙을 위한 교육을 통해서 그것을 극복해 가야 한다. 그것이 늘 인간의 삶과 교육 앞에 주어진 과제이다. 인간의 삶에 완전한 문제의 해결이 없듯이 인간의 교육에 있어서도 완성의 순간은 없다. 우리는 언제나 다시 새로운 과제 앞에 서고, 그것에 직면하고, 해결해 나가야만 한다. 우리는 이같은 시대에 살고 있으며, 아직 확정되지 않은 채 빠르게 변화해 가는 미래세대를 교육할 책임을 가지고 있다.

## 2. 20세기 교육의 특징

20세기의 교육을 이해하는 데 있어서 산업화와 자본주의는 핵심적인 요소라고 할 수 있다. 서구의 자본주의와 결합한 산업사회들은 20세기 초반에는 19세기부터 계속된 제국주의적인 경향을 강화하면서 식민지 개척에 열을 올렸다. 이에 따라 전 세계적으로 수많은 지역과 국가들이 제국주의 국가들의 식민지로 전락하였다. 그리고 식민지에서는 식민화 교육이 시행되었다. 이에 따라 제국주의적 식민화 교육과 이에 저항하는 교육적 대응관계가 20세기 전반기의 커다란 교육적 특징을 형성하였다. 이것이 20세기의 첫 번째 교육적 대립이다.

20세기의 두 번째 교육적 대립은 자본주의와 공산주의의 교육적 대립이다. 자본주의와 공산주의는 각기 서로를 적으로 간주하고 상대를 붕괴시키고 자신을 옹호하기 위한 이데올로기 교육 및 이데올로기 비판교육을 시행하였다. 20세기 중반의 가장 큰 교육적 특징과 대립은 이와 같은 자본주의와 공산주의의 이데올로기 교육의 대립이다.

20세기 후반의 공산사회 붕괴는 이데올로기 대립을 급격하게 해소시켰으며, 이에 따라서 이데올로기 교육의 대립도 해소되었다. 이제 교육의 중심은 국제화로 옮겨갔다고 할 수 있다. 세계는 단일 경제권으로 묶여 가고 있으며, 이에 따라서 국가 간의 경쟁 또한 치열해지고 있다. 이와 같은 세계화와 국가 간 경쟁의 심화는 교육 분야에서 국제적 소양의 강화로 이어지고 있다. 영어를 비롯한 외국어 교육의 중요성이 점차 부각되고 있고 또한 산업사회가 정보화 사회로 옮겨감에 따라서 점차 정보화 교육의 비중 역시 전 세계적으로 커지고 있다.

20세기에 인류가 경험한 다양한 위기들은 그에 대응하는 과정에서 몇 가지 중요한 교육적인 조류들을 강화하거나 혹은 새롭게 만들어 내었다.

첫 번째로 19세기에 독일을 중심으로 본격적으로 실천되기 시작한 아동 중심의 교육사상이 비공산권 세계 전체로 확산된 것이다. 가장 두드러진 것이 듀이(J. Dewey)를 중심으로 하는 미국의 진보주의 운동이다. 이 밖에도 영국의 닐(A. S. Neill), 이탈리아의 몬테소리(M. Montessori) 등 수많은 교육사상가와 실천가들을 통해서 아동 중심의 관점이 교육현장의 주도적인 흐름으로 정착되었다. 이에 따라서 20세기는 진정한 의미에서 '어린이의 세기'를 달성하였다고 평가된다.

두 번째로 자본주의와 공산주의 교육사상의 대결과 확산이다. 자본주의 국가들에서는 민주주의 교육사상이 점차 확산되어 갔으며, 이러한 교육의 결과로 여러 나라의 정치체제가 민주주의 형태로 변화되었다. 공산 세계에서는 철저하게 공산주의 정신에 입각한 교육이 이루어졌다. 공산주의 사회 건설을 위한 혁명 전사의 양성을 목적으로 하는 교육이 이들 세계의 공통된 교육의 목표였다. 이러한 공산주의 교육은 공산세계의 연쇄적인 붕괴로 함께 몰락하였으며, 현재는 민주주의적인 교육사조가 전 세계적으로 보다 큰 영향력을 발휘하고 있다. 그렇지만 자본주의와 공산주의의 극단만이 존재한 것은 아니었다. 수많은 국가들에서 자본주의 요소와 공산주의 요소들이 혼합되었고 서로의 장점을 도입하여 체제의 약점을 보완하였다. 현재 중국은 많은 부분에서 자본주의 요소를 도입하였고 영국, 독일, 프랑스 등 서구의 선진국들에서 사회주의를 표방하는 정당들이 집권하고 사회주의 정책을 펼치는 데서 그와 같은 예들을 쉽게 발견할 수 있다. 이들 국가들의 장기간에 걸친 무상교육이나 평준화된 교육체제 등은 대표적인 사회주의 교육정책이라고 할 수 있다.

세 번째로 새로운 위기와 문제에 따른 새로운 대안 교육론들의 등장이다. 두 차례에 걸친 세계대전과 이데올로기 갈등에서 비롯된 군비경쟁, 지금도 세계 각처에서 끊임없이 이루어지는 국지적인 전쟁 등의 여파로 등장한 평화교육학이 대표적이다.

또한 산업화의 가속화가 만들어 낸 전 지구적인 환경 위기는 환경교육이라는 중요한 주제를 부각시켰다. 어쩌면 다음 시대의 가장 큰 교육적 대립은 지속적인 자본주의 발전의 추구와 환경교육 사이의 대립이 될 수도 있다.

국제화의 가속화로 인해 국제적 역량에 대한 교육과 함께 타문화에 대한 이해를 위한 교육의 필요성 역시 증가하고 있다. 그동안은 교류할 기회도 없었고 따라서 이해할 필요를 크게 느끼지 않았던 다른 문화권의 교류와 혼합이 가속화되고 있다. 이에 따라서 서로 다른 문화적 배경을 가진 사람들 사이에서 서로를 이해하고 존중하기 위한 교육의 필요성이 점차 증가하고 있다. 우리나라에서도 최근 다문화교육이 활발하게 논의되고 세부적인 프로그램들도 증가하고 있어서 실질적인 도움을 주고 있다.

## 3. 교육사상가

### 1) 듀이

#### (1) 생애와 사상

듀이(John Dewey, 1859~1952)는 미국에서 태어나 일생을 민주주의 교육개혁을 위한 저술과 실천에 힘썼다. 시카고 대학과 컬럼비아 대학의 교수로 있으면서 실험학교를 운영하고 다양한 저술과 교육개혁운동을 통해 자신의 생각을 확산시켰다. 『학교와 사회』(1900), 『민주주의와 교육』(1916), 『경험과 교육』(1925) 등을 포함하여 현대 교육에 커다란 영향을 미친 많은 저서들을 출판하였다. 그의 영향으로 20세기 미국 교육뿐만 아니라 전 세계적으로 많은 국가들에서 진보주의적이고 아동 중심적인 교육개혁이 이루

듀이

어졌다. 그 영향으로 듀이는 20세기를 대표하는 교육사상가로 평가받고 있다. 광복 후 우리나라에도 그의 사상이 수용되어 '새교육운동'을 탄생시켰다.

(2) 교육사상

그의 일생은 삶과 교육의 민주주의적인 개혁을 위한 노력이었다. 그에게 있어서 민주주의는 정치 형태가 아니라 삶의 형태였으며 성취하는 삶, 소외되지 않은 삶이었다(Scheuerl et al., 1991b: 152). 학교에서의 민주주의는 학습자가 자신의 학습과정, 목적, 수업자료와 학습방법을 스스로 선택하도록 자신의 생각과 지적 책임감을 키워 가는 것이다. 그렇기 때문에 아무런 흥미도 주지 않고 강요되는 수업은 비민주적인 것이다. 또 무엇인가를 위한 교육의 도구화도 비민주적이다. 교육은 그 자체가 목적이어야 한다.

학교는 미리 제조된 지식과 완성된 해답을 강제로 주입해서 어린이를 질식시켜서는 안 된다. 학교는 외부 세계와 연결되어 있어야 하고, 이 연결이 끊어지면 가짜 지식교육이 그 자리를 대신 차지하게 된다(Dewey, 1916: 66). 또한 학교는 학생들이 공동으로 결정한 계획을 통해서 운영되어야 한다. 민주적인 학교와 학습에서는 학습자 스스로 결정하고 참여하는 것이 중요하다. 결국 민주주의적인 교육, 민주주의적인 삶이란 스스로 결정하는 것을 배우는 것이며 스스로 결정하는 삶을 사는 것이다(Scheuerl et al., 1991b: 165). 그래서 교사의 역할은 관찰자이자 도움을 주는 사람이 된다.

듀이는 삶을 성장이라고 하였다. 교육 또한 끊임없는 변화와 성장이다. 학습자들은 자유로워야 하며, 경험과 문제해결을 통해서 변화되고 성숙해 가야 한다. 이와 같은 교육에서 교육의 과정은 그 자체 이외의 다른 목적을 갖지 않으며, 교육 자체가 목적이다. 교육의 과정은 끊임없는 재조직, 재구성, 변형의 과정이기 때문이다(Dewey, 1916: 82). 학생들은 경험의 축적을 통하여 미성숙 단계에서 끊임없이 성장해 간다. 어린이나 어른이나 성장하기는 마찬가지이며, 성장의 방향이나 습관의 차이만 있을 뿐이다.

교육은 다른 말로 경험의 재구성으로 표현할 수 있다. 경험의 재구성이란 새로운 경험을 통해서 이전 경험의 의미를 더해 가고 또한 다음 경험의 방향을 결정할 능력을 키워 간다는 것을 의미한다(Dewey, 1916: 123). 경험의 재구성으로서의 교육에서는 목적과 과정이 동일하다. 계속적인 재구성의 과정에서는 종착점이 존재하지 않기 때문이다. 또한 교육은 미래를 위한 준비이거나 미리 주어진 가능성의 실현이나 조작적인 형성일 수도 없다. 현실과의 상호작용을 통한 재구성은 미리 정해져 있지도 않고 예측할 수도 없기 때문이다(Dewey, 1916: 127).

듀이는 단순히 경험만을 강조한 것이 아니다. 그는 경험이 사고로 연결되기를 바랐다. 그는 모든 사고가 이때까지 파악되지 않았던 여러 고려사항들을 새로운 관점에서 조망하는 것이라고 하였다. 그렇기에 사고는 언제나 일정 정도 독창적이다(Dewey, 1916: 252). 이러한 사고는 오직 문제 상황과 직접 부딪쳐 씨름하고 해결책을 모색하는 과정에서 이루어진다. 그러므로 모든 교실수업은 일상생활과의 상호 관련을 유지해야 한다. 그래야만 문제해결 과정을 통한 사고의 성숙이 가능해지기 때문이다(Dewey, 1916: 258).

## 2) 몬테소리

### (1) 생애와 사상

마리아 몬테소리(Maria Montessori, 1870~1952)는 이탈리아의 여의사이며 교육자이다. 특히 유치원 교육 분야에서 당시의 교육개혁운동을 확산시키고 새로운 활력을 불어넣는 데 크게 기여하였다. 이러한 기여에 힘입어 20세기 초의 대표적인 교육개혁자이자 교육사상가로 인정받고 있다.

몬테소리

(2) 교육사상

몬테소리 교육의 목적은 어린이가 가진 힘이 그들에게 적합한 방법으로 실현될 수 있게 돕는 것이다. 어린이의 내면에는 영혼의 설계도가 있으며 어린이가 정신적으로 성장하기 위해서는 사물과 교류하는 것, 즉 사물을 다루는 것이 중요하다(Reble, 1999: 373).

이와 같은 생각에서 어린이들에게 가해지는 직접적인 교육적 간섭을 극도로 자제하고, 어린이를 위해 준비된 환경을 만들어 주는 데 관심을 기울였다. 또 자신이 고안한 '몬테소리 교구'를 통해서 어린이의 자발적인 훈련이 가능하도록 돕고자 하였다. 이를 위한 몬테소리의 교육 방법은 정신지체아를 위해 개발된 방법에 기초하고 있다. 그 핵심은 첫째, 어린이의 주도성과 자기활동성을 강화하는 것이며, 둘째, 훈련에 필요한 특별한 도구를 사용하여 장애를 보상하는 것이다(Scheuerl et al., 1991b: 231). 후에 그녀는 이것을 일반아동들에게도 확대해서 적용하였다.

그녀에 따르면 어린이들에게는 어떤 힘이나 감각능력이 나타나고 발달을 위한 최적의 시기인 민감기가 있다. 이러한 민감기에 어린이들이 집중하고 몰입할 수 있는 환경을 조성해 주면 '정상화(Normalization)'가 이루어진다는 것이다. 이 방법의 기본 원리는 어린이의 자발성을 존중하고 교사가 어린이의 활동을 보호하는 것이다. 잘 준비된 학습교구와 환경, 침묵의 상황, 주의집중 등을 통해서 어린이들은 스스로 정신을 정돈하고 정상화될 수 있다는 것이다.

몬테소리는 체계적인 이론가도 아니고 교육학자도 아니었다. 오히려 그녀는 실천가이며 교육개혁자였다. 그렇기에 그녀의 사상에는 논란의 여지가 있고 상반되는 요소들이 포함되어 있다. 가톨릭 신앙에 뿌리를 둔 그녀의 교육목적은 어린이의 자율성을 강조하는 입장과 모순되는 측면이 있다. 그녀가 설정한 침묵훈련, 집중, 교구들 역시 어린이의 자율성에 대한 강조와는 다른 요소들이다. 정신적으로 문제가 있는 아동들을 위해서 고안된 방법을 일반 아동에게 널리 적용하는 데 따른 문제 역시 많은 논란을 불러 왔다.

그럼에도 불구하고 몬테소리의 교육적 실천과 방법은 그녀의 생전에 이미 유럽을 넘어 전 세계적으로 확산되었다. 특히 유치원 교육과 관련해서 그녀는 프뢰벨과 더불어 현대 유치원 운동의 대표적인 공헌자로 인정받고 있다.

## 3) 부버

### (1) 생애와 사상

부버

부버(Martin Buber, 1878~1965)는 오스트리아 빈 태생의 유대교 사상가이다. 그는 폴란드에서 생겨난 유대교의 신비주의적 경향이었던 하시디즘(Chassidismus, Hasidism)의 영향 아래서 성장하였다. 빈 대학에 다니는 동안은 니체의 영향을 강하게 받기도 했다. 시오니즘에 대해 관심을 가지면서 다시 유대교의 정신으로 돌아간 그는 취리히 대학에서 신비주의에 대한 연구를 통해 박사학위를 취득하였다. 프랑크푸르트 대학의 교수로 활동하다가 나치스에 쫓겨 여러 나라에서 망명 생활을 하다가 이스라엘이 건국된 후에는 히브리 대학의 교수로 정착하였다. 유대교의 신비주의적 경향의 하나인 하시디즘에 기초한 대화적 인본주의, 실존주의 사상을 펼쳐 현대 사상계에 큰 영향을 미쳤다. 그의 사상의 위대한 점 가운데 하나는 유대인으로서 유대 민족주의의 틀에 갇히지 않았으며 유대인과 아랍인의 공존을 주창하며 실천한 점이다. 그의 이와 같은 사상과 실천은 그의 생애 후반에 그리고 그의 사후에 더욱 인정받고 있다. 주요 저서로 『나와 너』(1923), 『교육에 관하여』(1926), 『인간의 문제』(1943), 『유토피아에 이르는 길』(1950) 등이 있다.

(2) 교육사상

부버의 모든 사상은 인간을 '대화적 실존'으로 파악하는 데 기초하고 있다. 인간은 서로 마주 서 있는 존재이며, 더불어 사는 존재라는 것이다. 그와 같은 인간이해의 핵심은 나와 너 사이의 관계는 나와 그것 사이의 사물 관계로 보충하거나 대체할 수 없고, 따라서 객관적으로 파악할 수도 없는 관계라는 것이다(Scheuerl et al., 1991b: 348-349).

부버의 교육사상을 가장 잘 담아내고 있는 저서인 『나와 너』의 시작부분에서 그는 다음과 같이 말하고 있다.

> 세계는 사람이 취하는 이중적인 태도에 따라서 사람에게 이중적이다. 사람의 태도는 그가 말할 수 있는 근원어의 이중성에 따라서 이중적이다. … 근원어의 하나는 '나-너'(Ich-Du)라는 짝말이다. 또 하나의 근원어는 '나-그것'(Ich-Es)이라는 짝말이다(Buber, 1974: 5).

이와 같은 이중적인 근원어의 제시를 통해서 그는 현대 세계의 인간의 실존에 대해서 이야기한다. '나-너'의 관계에서 인간은 그 자신의 전체를 투입한다. 이에 대해서 '나-그것'의 관계에서는 전체를 투입하지 않는다. '나-너'의 관계는 자신의 전 인격을 투입하는 관계를, 그리고 '나-그것'의 관계는 현대의 기술공학적 사회에서 사물을 다루듯이 타인과 자기 자신을 다루는 관계를 나타낸다.

그에 의하면 모든 관계는 상호적이다. 그러므로 일방적인 노력으로 관계가 성립되는 것은 아니다. 그럼에도 불구하고 관계를 향한 의지와 노력은 필수적이다. 관계란 선택받는 것인 동시에 선택하는 것이다(Buber, 1974: 99). 이것이 관계와 만남을 위한 노력과 교육의 필요성 및 가능성의 토대이다.

부버에 의하면 이 세상의 모든 참된 관계는 배타적이다. 내가 어떤 사람을 나의 '너'로서 마주 대하고 그에게 근원어 '나-너'를 말할 때, 그는 사물 중의 하나가 아니고 여러 가지 사물들로 이루어진 것도 아닌 유일한 존재가 된다(Buber, 1974: 12, 13). 내가 나의 모든 것을 투입해서 관계할 때 '나-너'의 관계가 이루어질 수 있다. 그렇지만 나의 존재를 투입하는 것만으로 되는 것도 아니다. '나'는 너로 인하여 '나'가 된다. '나'가 되면서 '나'는 '너'라고 말한다. 모든 참된 삶은 만남이다(Buber, 1974: 17).

이와 같은 관계적 존재, 대화적 존재로서의 인간 이해 안에서는 인간은 독립된 주체로서 이해되지 않는다. 언제나 인격적인 관계와 인격적인 대화와 인격적인 만남만이 진정한 인간 존재를 가능하게 한다. 여기에서 '대화'는 서로 함께 말하는 것 이상의 의미이다. 비언어적인 영역을 포괄하는 함께 살아가는 인간 사이의 관계의 상호성을 표현하는 말이다.

부버는 신중하고 사람됨을 가능하게 하고 자극하지만 지시적으로 강요하지는 않는 교육을 옹호하였다. 교사는 학생의 영혼에 불을 붙이고 이후에 학생의 영혼들이 스스로 그를 감싸고 그의 길을 비춘다. 교사와 학생 사이에서 일어나는 관계의 상호성이 교육을 구성하는 근본적인 체험이다(Scheuerl et al., 1991b: 357-360). 아울러서 인격은 오로지 여러 인격과의 관계에서만 형성될 수 있다고 하였다. 이는 인간의 교육에 있어서 관계와 만남의 필연성을 의미하는 것이다. 그러므로 그의 교육사상에 있어서 관계, 대화, 만남은 필수적이고 핵심적인 요소이며, 이를 통해서 인격적인 공존을 지향하고자 하였다.

이와 같은 부버의 사상은 인격적 존재로서의 인간의 상호관계, 교육에 있어서의 상대방에 대한 존중과 배려와 감수성, 인지적 정의적 행동적 생활적 측면을 포괄하는 폭넓은 차원의 통합 등 여러 가지 시사점을 남겼다. 또 실존주의에서 이야기하는 '만남의 교육'은 부버 사상에 크게 의존하고 있다.

## 4) 닐

닐

### (1) 생애와 사상

알렉산더 닐(Alexander S. Neill, 1883-1973)은 아동 중심 교육운동과 자유주의 교육에서 현대를 대표하는 영국의 교육사상가이며 실천가이다. 세계적으로 유명해진 섬머힐 학교(Summerhill School)를 창립하여 아동에 대한 신뢰에 기초한 자유주의 교육을 실천하였다. 주요 저서로 『문제아』(1926), 『문제의 부모』 (1932), 『문제의 교사』(1939), 『자유로운 아동』(1953), 『섬머힐』(1960) 등이 있다.

닐은 에든버러 대학을 졸업하고 신문기자로 활동하다가 1914년 스코틀랜드의 그레타 그린의 교사가 되었다. 1921년에는 스스로 섬머힐 학교를 설립하여 철저한 아동존중과 자유주의에 기초한 교육을 실시하였다. 섬머힐 학교를 중심으로 한 그의 교육적 실천은 전 세계적으로 초등교육의 혁신에 큰 영향을 미쳤다. 특히 엄격한 형식교육으로부터의 탈피, 아동의 본성에 대한 신뢰에 기초한 자율성의 존중, 열린 교실 등의 여러 방면에서 현대 학교교육의 개혁에 크게 기여하였다.

### (2) 교육사상

그는 인생의 목적을 행복의 추구에서 찾았다. 교육 역시 행복한 인간의 실현에 봉사해야 한다고 생각하였다. 이러한 생각에 따르면 "삶을 충만시키는 것, 즉 인간의 내적인 행복을 추구하는 그런 커다란 문제들과 비교해 본다면, 학과란 아무런 의미도 없는 것이다"(Neill, 1960: 67). 그런 의미에서 그는 일반적인 학교교육과 섬머힐의 교육을 반대되는 교육으로 대비하였다. 강요된 교육은 어린이들의 창의성을 죽이고 불행하게 만드는 것일 뿐이며, 책은 가장 좋지 못한 교육자료이다. 공부를 하는 것이 나쁘지는 않지만 노는 것이 더욱 중요하다(Neill, 1960: 69-70).

어린이의 행복은 어른들의 신뢰와 격려, 사랑에 비례한다고 하였다. 닐은 프로이트의 정신분석학의 영향을 받아서 어린이의 무의식의 중요성을 강조하였다. 그러나 프로이트와는 반대로 어린이의 선한 본성을 신뢰하였다. 궁극적으로 섬머힐 학교가 강조하는 것은 전인으로서의 인간 교육이었다. 두뇌나 신체나 감정만 발달한 치우친 인간이 아니라 전인으로서의 인간을 지향하는 것이 섬머힐의 목적이다.

그 길은 어린이의 자유를 최대한으로 보장하는 데서 찾고자 하였다. 어린이들은 모두 스스로 자신의 발전과 완성을 추구하는 경향이 있다. 스스로 자신의 발전을 위해서 노력하고 보다 나은 존재를 향해 노력할 수 있다는 것이 닐의 어린이 이해의 특징이다. 그러므로 어린이들에게는 억압이나 강제적인 훈육이 불필요하다. 종교적이고 윤리적인 훈육은 어린이에게 불필요한 불안을 조성할 뿐이며, 어린이의 자율성을 약화시킨다(박용석, 2002: 117 이하).

어린이의 선한 본성에 대한 신뢰와 자율성의 존중은 그의 섬머힐 학교의 실천에서 그대로 드러난다. 닐은 섬머힐을 설립할 때 "학교를 어린이들에게 알맞게 해야지 어린이들을 학교에 알맞게 해서는 안 된다."는 생각을 하였다고 한다. 그래서 어린이들이 '자기 자신이 될 수 있는' 그런 자유를 누릴 수 있는 학교를 만들고자 하였다(Neill, 1960: 30).

섬머힐의 어린이들은 일체의 간섭을 받지 않았으며, 겁이나 미움에 오염되지 않은 건전하고 자유로운 어린이로 생활할 수 있었다. 섬머힐이 표방하는 자유의 대표적인 것으로는 수업에 들어가거나 빠질 수 있는 자유를 포함하는 학습의 자유, 놀이의 자유, 도덕적 훈육으로부터의 자유, 성적 억압으로부터의 자유, 자율적 자치활동 등이 포함된다.

이러한 자율의 원리 아래에서 섬머힐의 학생들은 자율적인 학교회의를 통해서 규율을 스스로 정하고 그에 따라서 행동하였다. 수업에 대한 참여 여부도 개인적인 의사결정에 따라서 이루어졌으며, 타인의 자유를 침해하지 않는

범위에서는 거의 모든 것이 학생들의 자율적 판단에 맡겨졌다. 나의 자유만을 주장하는 것은 방종이며, 타인의 자유 역시 존중해 주는 것이 진정한 자유라는 것이 섬머힐의 자유의 원리이다.

섬머힐에는 다음과 같은 다섯 가지 기본 원칙이 있다(박용석, 2002: 184-185).

첫째, 어린이들이 그 자신의 보조에 맞춰 발달하고 자신의 이익에 따를 수 있는 선택과 기회를 준다.

둘째, 어린이들이 강제적이고 강요된 평가에서 자유롭게 하고 스스로의 목표와 성취감을 계발하도록 허용한다.

셋째, 창조적이고 상상력이 있는 놀이가 아동기의 발달에 중심적인 부분이다. 따라서 어린이들이 원하는 만큼 자유롭게 놀 수 있도록 허용되어야 한다.

넷째, 어린이들이 어른들의 판단이나 개입에서 벗어나서 감정의 모든 단계를 경험할 수 있도록 해야 한다.

다섯째, 어린이들이 스스로 책임 있는 구성원이 되어 그 안에서 자유를 향유할 수 있고 민주적으로 공동체의 생활을 변화시킬 수 있는 공동체 안에서 살 수 있도록 한다.

# 참고문헌

강영심 외(2003). 『한국민족운동사연구』. 나남출판.

강재언(1982). 『(新編) 韓國近代史硏究』. 한울.

강재언(1990). 『한국근대사』. 한울.

강혜숙(1994). "실력양성론자로서의 도산 안창호에 대한 교육적 고찰-사회진화론을 중심으로-". 연세대학교 대학원 석사학위논문.

고경화(1998). "로크". 연세대학교 교육철학연구회 편. 『위대한교육사상가들 II』. 교육과학사. 63-93.

곽노의(1996). 『프뢰벨』. 양서원.

김경미(1999). "甲午改革 前後 敎育政策 展開過程 硏究". 연세대학교 대학원 박사학위논문.

김기석 · 류방란(1999). 『한국 근대교육의 태동』. 교육과학사.

김대용(2001). "조선후기 교육의 변화와 향촌사회". 『대구사학』 64, 95-126.

김대용(2002). "한국 언론의 교육현실에 대한 인식과 그 문제점 비판". 『교육철학연구』 27, 19-36.

김도형(1989). "大韓帝國末期의 國權恢復運動과 그 思想". 연세대학교 대학원 박사학위논문.

김무봉(2015). 『훈민정음, 그리고 불경언해』. 도서출판 역락.

김성학(1996). "西歐 敎育學 導入過政 硏究(1895-1945)". 연세대학교 대학원 박사학위논문.

김숙자(1980). "獨立協會의 敎育思想-독립신문의 敎育論說 分析-". 『韓國史硏究』. 77-106.

김영우(1997). 『韓國 開化期의 敎育』. 교육과학사.

김유원(1999).『100년 뒤에 다시 읽는 독립신문』. 경인문화사.

김인회(1985).『교육사 교육철학 강의』. 문음사.

김인회(1987).『한국 무속 사상 연구』. 문음사.

김인회(1984). "教育 目的觀의 變遷過程".『韓國 新教育의 發展研究』. 한국정신문화연구원. 67-123.

김인회(2002).『한국교육의 정신과 실천』. 문음사.

김정환(1987).『교육철학』. 박영사.

김창환(1996), "아우구스티누스".『위대한 교육사상가들 I』. 교육과학사. 211-244.

김창환(2005). "한국교육철학의 학문적 정체성".『교육철학』33, 7-22.

노인화(1989). "大韓帝國 時期 官立學校 教育의 性格 研究". 이화여자대학교 대학원 박사학위논문.

도용호 · 이재헌(1995). "유학적 질서규범에 의한 향교건축의 배치에 관한 연구".『대한건축학회 논문집』제11권 제7호, 77-89

똘스또꿀라로프, I. A. 정석배 역(2006). "발해와 이웃들의 문화 · 정치적 접촉".『고구려발해연구』25, 278-285.

류방란(1995). "韓國近代教育의 登場과 發達". 서울대학교 대학원 박사학위논문.

목영해(2003). "구성주의와 제7차 교육과정과의 관련성 연구".『교육철학연구』29, 27-43.

민경배(1981).『教會와 民族』. 대한기독교출판사.

박영신(2002).『우리 사회의 성찰적 인식-전통, 구조, 과정-』. 현상과 인식.

박용석(2002).『가장 자유로운 학교 이야기』. 문음사.

박의수(2004). "한국교육철학의 연구 동향과 과제-21세기 한국 교육철학 연구의 방향 모색을 위하여-".『교육철학』31(2004. 2), 1-22.

박의수 · 강승규 · 정영수 · 강선보(2007).『교육의 역사와 철학』. 동문사.

박찬승(1990). "日帝下 '實力養成運動論'研究". 서울대학교 대학원 박사학위논문.

박창언 · 김유라(2016). "2015개정 교육과정의 쟁점과 교육철학의 과제 - 핵심역량과 교육목적을 중심으로 -".『교육철학』59, 1-25.

손승남(2001). "교육적 인간상으로서 '신지식인'의 가능성과 한계".『교육철학연구』25, 55-71.

손인수(1987). 『한국교육사 Ⅰ, Ⅱ』. 문음사.

손인수(1998a). 『한국교육사 연구 상』. 문음사.

손인수(1998b). 『한국교육사 연구 하』. 문음사.

송기호(1993). "발해 문왕대의 개혁과 사회변동". 『한국고대사연구』 6, 55-90.

신용하(2001). 『한국 근대의 민족운동과 사회운동』. 문학과 지성사.

안경식(2011). "전통사회의 교육공간으로서의 불교의 사원". 한국교육사학회 편. 『역사 속의 교육공간, 그 철학적 조망』. 97-137. 학지사.

양금희(1996). "마틴 루터". 연세대학교교육철학연구회 편. 『위대한 교육사상가들 I』. 교육과학사.

역사문제연구소 편(1988). 『한국근현대연구입문』. 역사비평사.

연세대학교 언어정보개발연구원 편(1998). 『연세 한국어 사전』. 두산동아.

오인탁(1980). "J. A. Comenius의 범교육이론". 「신학사상」 29, 312-350.

오인탁(1982). "民族敎育과 宗敎敎育의 葛藤-日帝下 民族敎育 및 宗敎敎育과 植民敎育의 葛藤에 관한 硏究-". 한국정신문화연구원 연구보고논문.

오인탁(1990). 『현대교육철학』. 서광사.

오인탁(1996). "포스트모던 교육학과 교육학적 반성". 오인탁 · 최종욱 외. 『해석학과 정신과학적 교육학』. 351-386.

오인탁(2001a). 『파이데이아 -고대 그리스의 교육사상-』. 학지사.

오인탁(2001b). 『현대교육철학』. 서광사.

오인탁(2004). "21세기 교육철학의 방향 모색". 『교육철학』 31, 71-86.

오인탁 · 김창환 · 윤재흥(2001). 『한국현대교육철학과 교육사학의 전개』. 학지사.

오춘희(1998). "코메니우스". 연세대학교교육철학연구회 편. 『위대한 교육사상가들 II』. 교육과학사.

유재봉(2004). "영 · 미 교육철학의 동향에 나타난 교육철학의 성격과 방법 탐색: 분석철학적 전통을 중심으로". 『교육철학』 31, 87-110.

윤재흥(1999). "'울타리'의 교육인간학적 의미 연구". 연세대학교 대학원 박사학위논문.

윤재흥(2004). 『우리 옛집, 사람됨의 공간』. 집문당.

윤재흥(2010). "교육공간으로서의 전통마을". 한국교육사학회 편. 『역사 속의 교육공간, 그 철학적 조망』. 341-402. 학지사.

윤재홍(2015). 『빌림 어울림 되돌림』. 민속원.

이광린(1994). 『開化期研究』. 일조각.

이광린(1999). 『韓國 開化史研究』. 일조각.

이규호(1985). 『현대철학의 이해』. 대영사.

이규호(2005). 『단계 이규호 전집』 1-9. 연세대학교출판부.

이기범(2001). "남북한 상호이해와 상호작용적 보편주의: 탈분단을 위한 보편주의와 상대주의의 재검토". 『교육철학연구』 25, 91-116.

이만열 편(1985). 『아펜젤러-한국에 온 첫 선교사-』. 연세대학교출판부.

이원재(2001). 『과거시험을 알아야 우리교육이 보인나』. 문음사.

이윤미(1998). "韓國 開化期 教育에 나타난 東洋觀과 民族 概念-開化論者들의 論議를 中心으로-". 『韓國教育史學』 20, 259-296.

이전복 · 손옥량(1987). 정진헌, 서길수 역(2002). "발해국". 『고구려연구』 13, 197-247.

이종수(2010). "고고자료를 통해 본 부여의 대외교류 관계 검토". 『선사와 고대』 33, 207-234.

이형행 · 권영성(2010). 『교육학개론』. 공동체.

임상선(2003). "발해 정치사의 연구 현황과 과제". 『한국사연구』 122, 197-222.

임현식(1989). Rousseau since Mid Century: An Analysis of Rousseau on Educational Aims and a Critique of His Recent Critics. Harvard University 박사학위논문.

장사형(2017). "다문화사회 및 다문화교육에 대한 논의와 그 적용의 적절성 고찰". 『교육철학』 62, 99-127.

정수일(2001). 『고대문명교류사』. 사계절.

정순우(1992a). "近代教育 導入期에 있어서의 教育政策-東道西器論과 다윈이즘의 適用을 中心으로-". 『韓國教育史學』 14, 9-31.

정순우(1992b). "민족교육의 어제와 오늘 그리고 내일". 『새교육』 (1992년 8월호), 34-41.

정순우(2006). "실학과 교육론의 '근대성' 문제: 담헌과 연암을 중심으로". 『한국실학연구』 12, 147-178.

정영근(1996). "아리스토텔레스". 연세대학교 교육철학회 편. 『위대한 교육사상가들 I-고대에서 근대 초기까지-』. 161-210. 교육과학사.

정영근 · 정혜영 · 이원재 · 김창환(2006). 『교육학적 사유를 여는 교육의 철학과 역사』. 문음사.
정혜영(2003). "교육인간학의 의미-비판과 새로운 시도에 대한 고찰-". 『교육철학』 29, 103-122.
주영흠 · 이승원 · 심승환(2010). 『교육철학 및 교육사』. 신정.
주진오(1986). "獨立協會의 對外認識의 構造와 展開". 『학림』 8, 69-105.
총성의(2000). 『근대 한국 지식인의 대외인식』. 성신여자대학교출판부.
최기영(1997). 『韓國近代啓蒙運動硏究』. 일조각.
최남선(1973). "故事通". 『六堂崔南善全集』. 玄岩社.
최석민(2016). "국가 수준 인성교육 정책에 대한 철학적 고찰". 『교육철학』 59, 141-168.
최재정(2002). "개혁교육학". 연세대학교 교육철학연구회 편. 『위대한 교육사상가들 V』. 교육과학사. 3-86.
하정숙(1987). 『Rousseau의 교육사상 연구』. 학민사.
한국교육사학회 편(2010). 『역사 속의 교육공간, 그 철학적 조망』. 학지사.
한국기독교교육학회 편(1999). 『한국 교단의 기독교교육사』. 기독교교육 논총 5. 한국기독교교육학회.
한국정신문화연구원 편(1992). 「한국 근 · 현대 교육정책의 역사적 평가」. 한국정신문화연구원 사회과학연구부 교육윤리연구실.
한일조(2017). "공립학교에서의 종교교육의 필요성과 역할". 『교육철학』 62, 155-181.
한전숙 · 차인석(1980). 『현대의 철학 I』. 서울대학교출판부.
황인규(2006a). "고려 유생의 하과와 사찰". 『종교교육학연구』 22, 15-36.
황인규(2006b). "고려 후기 유생의 사찰독서-제 기록의 검토 및 그 실태를 중심으로-". 『한국불교학』 45, 227-255.
『독립신문』.
『고종실록』.
Bachelard, G. (1958). *La poétique de l'espace*. 곽광수 역(1990). 『공간의 시학』. 민음사.
Baker, S. (2006). Ancient Rome: The Rise and Fall of Empire. BBC Books.
Benner, D. (1978). *Hauptströmungen der Erziehungswissenschaft*. München.
Benner, D. (1994). *Studien zur Theorie der Erziehungswissenschaft: Pädagogik als*

*Wissenschaft, Handlungstheorie und Reformpraxis.* Bd. 1 Juventa Verlag.

Bollnow, O. F. (1959). *Existenzphilosophie und Pädagogik*. Stuttgart: Kohlhammer. 윤재홍 역(2008).『실존철학과 교육학』. 학지사.

Bollnow, O. F. (1984). *Mensch und Raum*. Stuttgart: Kohlhammer.

Bollnow, O. F. 오인탁 · 정혜영 공역(1988).『教育의 人間學』. 문음사.

Boyd, W. (1972). The History of Western Education. Rowman & Littlefield Publisher. 이홍우 · 박재문 · 유한구 공역(1994).『서양교육사』. 교육과학사.

Brubacher, J. S. (1964). A History of the Problems of Education. 이원호 역(1999).『교육문제사』. 문음사.

Buber, M. (1970). *Ich und Du*. Tr. by W. Kaufmann, I and Thou. Edinburgh : T.&T. Clark.

Buber, M. (1974). Ich und Du. Heidelberg. 표재명 역(1991).『나와 너』. 문예출판사.

Curtis. S. J. (1975). *A Short History of Educational Ideas*. London: University Tutorial Press LTD.

Danner, H. (2006). Methoden geisteswissenschaftlicher Padagogik. UTB. 조상식 역 (2004).『독일교육학의 이해-정신과학적 교육학의 방법론』. 문음사.

Dewey, J. (1916). *Democracy and Education: An Introduction to the Philosophy of Education*. 이홍우 역(1987).『민주주의와 교육』. 교육과학사.

Gadamer, H. G. (1960). *Wahrheit und Methode*. Tübingen. Tr. by J. Weinsheimer & D. Marshall. (2002). Truth and method. New York: The Continuum Publishing Company.

Gail, A. J. (1974). *Erasmus von Rotterdam*. Hamburg: GmbH. 정초일 역(1998).『에라스무스』. 한길사.

Haydon, G. (Eds.) (1998). *50 Years of Philosophy of Education: Progress and Prospects*. London: Institute of Education, University of London.

Heidegger, M. (1953). *Sein und Zeit*. Tübingen.

Heyting, F., Lenzen D., & White, J. (Ed.) (2001). *Methods in Philosophy of Education*. London & New York: Routledge.

Hirst, H., & White, J. (Ed.) (1998). *Philosophy of Education: Major Theme in the*

*Analytic Tradition*. London & New York: Routledge.

Horn, Klaus-Peter. (1994). *Systematiken und Klassifikationen in der Erziehungswissenschaft*. Deutscher Studien Verlag.

Inglehart, R. (1997). *Modernization and Postmodernization*. New Jersey: Princeton Unversity Press.

Kneller, G. F. (1971). *Introduction to the Philosophy of Education*. New York: John Wiley & Sons Inc.

Lassahn, L. (1976). *Einführung in die Pädagogik*. Heidelberg: Quelle & Meyer.

Lenzen, D. Hrsg. (1982). *Erziehungswissenschaft im Übergang-verlorene Einheit, Selbstteilung und Alternation*. Stuttgart.

Neill, A. S. (1960). Summerhill. 강성위 역(1991). 『섬머힐/ I 』. 배영사.

Noddings, N. (1995). *Philosophy of Education*. Colorado & Oxford: Westview Press.

Paffrath, F. H. Hrsg. (1987). *Kritische Theorie und Pädagogik*. Weinheim.

Palmer, J. A. (Ed.) (2001). *Fifty Modern Thinkers on Education*. London & New York: Routledge.

Peters, R. S. (1978). *Ethics and Education*. London: George Allen and Unwin.

Plato. 최명관 역(1981). 『플라톤의 대화 – 에우튀프론/소크라테스의 변명/크리톤/파이돈/향연』. 종로서적.

Platon. 박종현 역주(1997). 『플라톤의 국가』. 서광사.

Pollak, G. (1994). *Von der Erziehungswissenschaft zur Pädagogik?* Deutscher Studien Verlag.

Reble, A. (1999). *Geschichte der Paedagogik*. 정영근 외 역(2002). 『서양교육사』. 문음사.

Rosenau, P. M. (1991). *Post-Modernism and The Social Sciences*. New Jersey: Princeton Unversity Press.

Rousseau. J. J. 오증자 역(1988a). 『에밀 (상)』. 박영사.

Rousseau. J. J. 오증자 역(1988b). 『에밀 (중)』. 박영사.

Rousseau. J. J. 오증자 역(1988c). 『에밀 (하)』. 박영사.

Scheler, M. (1975). *Die Stellung des Menschen im Kosmos*. Darmstadt.

Scheuerl, H. et al. (1991a). *Klassiker der Pädagogik I*. 정영근 외(2004). 『교육학의 거장들 I』. 한길사.

Scheuerl, H. et al. (1991b). *Klassiker der Pädagogik II*. 정영근 외(2004). 『교육학의 거장들 II』. 한길사.

Seibert, N. (1994). *Bildung und Erziehung an der Schwelle zum dritten Jahrtausend: Multidisziplinäre Aspekte, Analysen, Positionen, Perspektiven*. PimS.

Sterba, J. P. (Ed.) (2001). *Social and Political Philosophy*. London & New York: Routledge.

Usher, R., & Edwards, R. (1994). *Postmodernism and Educaion*. London & New York: Routledge.

Wulf, K. (1983). *Theorien und Konzepte der Erziehungswissenschaft*. München.

## 참고한 사이트

http://encykorea.aks.ac.kr/

https://giantsofeducation.wordpress.com/

http://terms.naver.com/entry.nhn?docId=1528972&cid=47323&categoryId=47323

http://www.beltz.de/html/frm_Zfpaed.htm

http://www.blackwellpublishers.co.uk/journal.asp

http://www.cha.go.kr/korea/heritage/search

http://www.springerlink.com/app/home/main.asp

# 찾아보기

## 인명

## 내용

# 저자 소개

**윤재흥**(Yun Jae Heung)

연세대학교 교육학 박사

나사렛대학교 교무처장, 교양교육원장, 교육개발센터장 등 역임

학술원 우수도서(2012), 문화관광부우수도서(2007), 청소년 권장도서(2005) 등 수상

현 나사렛대학교 교수

### 저서 및 역서

빌림 어울림 되돌림(민속원, 2015)

교육철학 및 교육사(학지사, 2012)

역사 속의 교육공간, 그 철학적 조망(공저, 학지사, 2011)

울타리와 우리의 교육인간학(한국학술정보, 2007)

새로운 학교교육문화운동(공저, 학지사, 2006)

교육학 연구의 논리(공저, 학지사, 2006)

우리 옛집 사람됨의 공간(집문당, 2004)

실존철학과 교육학(역서, 학지사, 2008)

### 논문

전통가옥의 담과 울타리에 반영된 바깥세계에 대한 이해(2014). 숭실대학교「인문학연구」43.

주거에 반영된 한국인의 자연과의 관계방식과 그 교육적 해석(2013).「한국교육사학」35(2).

한옥에 반영된 구별의 질서와 그 교육적 적용에 대한 해석(2012).「한국교육사학」34(2).

전통사회의 어린이 공간으로서의 마당과 골목의 특징(2012).「한국교육사학」34(4).

전통 주거에 나타난 한국인의 자연관과 그 교육적 의미(2011).「한국교육사학」33(1).

타자철학의 관점에서 본 Bollnow의 만남의 교육론: 홀리스틱 교육과 관련해서(2008).「홀리스틱 교육학회지」12-3.

집의 교육인간학(2003).「한국교육사학」25-2.

골목과 이웃의 교육인간학(2002).「교육철학」27.

전통주거에 반영된 조화적 자연관과 환경교육적 시사(2000).「한독교육학연구」5(1).

마당의 교육인간학적 고찰(2000).「연세교육연구」12(10).

'울타리'의 교육인간학적 의미 연구(1999). 연세대학교 대학원 박사학위논문.

관점의 차이와 변화를 중심으로 쓴
교육철학 및 교육사
Philosophy and History of Education

2018년 1월 30일 1판 1쇄 발행
2022년 3월 20일 1판 3쇄 발행

지은이 • 윤 재 흥
펴낸이 • 김 진 환
펴낸곳 • (주) 학지사
04031 서울특별시 마포구 양화로 15길 20 마인드월드빌딩 5층
대표전화 • 02) 330-5114 팩스 • 02) 324-2345
등록번호 • 제313-2006-000265호
홈페이지 • http://www.hakjisa.co.kr
페이스북 • https://www.facebook.com/hakjisabook

ISBN 978-89-997-1442-9 93370

정가 17,000원

저자와의 협약으로 인지는 생략합니다.
파본은 구입처에서 교환하여 드립니다.



이 도서의 국립중앙도서관 출판시도서목록(CIP)은 서지정보유통지원시스템 홈페이지(http://seoji.nl.go.kr)와 국가자료공동목록시스템(http://www.nl.go.kr/kolisnet)에서 이용하실 수 있습니다.
(CIP제어번호: CIP2017033669)